생활속의 응용윤리

딜레마와 마주하다

생활속의 응용윤리

딜레마와 마주하다

초 판 1쇄 발행 2016년 8월 10일
제3판 1쇄 발행 2023년 1월 20일
제3판 3쇄 발행 2024년 9월 5일

–

지은이 박찬구
펴낸이 이방원
책임편집 정조연 **책임디자인** 손경화
마케팅 최성수 · 김 준 **경영지원** 이병은

–

펴낸곳 세창출판사
신고번호 제1990-000013호 **주소** 03736 서울시 서대문구 경기대로 58 경기빌딩 602호
전화 02-723-8660 **팩스** 02-720-4579 **이메일** edit@sechangpub.co.kr **홈페이지** http://www.sechangpub.co.kr
블로그 blog.naver.com/scpc1992 **페이스북** fb.me/Sechangofficial **인스타그램** @sechang_official

–

ISBN 979-11-6684-156-9 93190

제3판

생활 속의 윤리

딜레마와 마주하다

박찬구 지음

세창출판사

요즘 세상은 변화의 속도가 빨라서 최신 이슈라 여겨지던 일도 어느덧 익숙한 일이 되어 버리고 금세 새로운 뉴스가 그 자리를 대신하곤 한다. 2년여 만에 이 책의 3판을 내게 된 것도 이런 사정 때문이다. 응용윤리를 다루는 책의 운명인 것 같다. 그러나 다른 한편으로는 이처럼 시대의 변화에 맞춰 책 내용을 업데이트하는 기회를 갖게 된 것 자체가 독자 여러분의 호응 덕분인 듯하여 이에 깊이 감사드린다.

가장 크게 달라진 부분은 「정보윤리(2): 비대면 시대의 인공지능과 SNS 윤리」라는 장이 신설된 점이다. 4차 산업혁명과 더불어 디지털 사회로 급속히 전환되는 시대의 흐름, 코로나19 팬데믹으로 인한 비대면 시대의 도래, 여기에 고도 인공지능AI의 등장까지 맞게 된 최근의 상황은 우리로 하여금 '인공지능과 SNS 윤리'라는 주제에 대해 깊이 성찰하지 않을 수 없도록 만든다.

그 밖에 변한 부분은 최근에 등장한 이슈들을 반영하여 일부 본문과 〈생각해 볼 문제〉의 지문을 수정하거나 교체한 점이다. 본문의 경우에는 '환경윤리'의 도입부와 마무리 부분에서 기후위기와 팬데믹 사태로 인한 최근의 문제의식을 담았다. 〈생각해 볼 문제〉의 경우에는 1장 윤리 이론 부분에서 '장애인 단체의 지하철 시위 사건'을 놓고 '우리는 윤리적 딜레마를 어떻게 이론적으로 다룰 것인가'의 문제를 고민하였다. 「경제윤리(1)」에서는 '반지하 방 일가족과 세 모녀 사건의 비극'에 대해 성찰하였고, 「환경윤리」에서는 '기후위기와 에너지위기가 상충하는 딜레마 상황'을 살펴보았다. 그리고 「생명윤리(3)」에서는 '영화 〈가타카〉와 유전자 편집 아기'에 대한 쟁점들을 점검하였고, 「정보윤리(2)」에서는 '인공지능 챗봇의 윤리'를 검토하였으며, 「과학과 윤리」에서는 '백신 접종을 거부할 권리'에 대한 논쟁을 다루었다.

이 밖에 이 책이 추가적으로 다루어 주기를 요청한 주제들이 더 있었지만 이 정도 선에서 그치게 된 데 대해 독자 여러분의 양해를 구하며, 다음 개정판에서 더욱 알찬 내용으로 만나 뵙게 되기를 기약해 본다.

2023년 1월

박찬구

머리말

응용윤리applied ethics는 사회생활의 각 영역에서 생기는 윤리 문제들을 윤리의 기본 원리와 대표적인 이론들에 입각하여 검토함으로써 그 대안이나 해결 방안을 모색하는 시도이다. 윤리란 원래 실천을 지향하는 것이지만, 이론윤리theoretical ethics가 주로 순수한 이론적 측면을 다룬다면, 응용윤리는 구체적인 삶의 현장에서 제기되는 윤리적 쟁점들을 직접 다루기 때문에 그 실천적 성격이 더욱 강하다. 그래서 응용윤리를 공부하는 것은 우리가 현실 삶에서 직면하는 윤리적 딜레마를 헤쳐 나가는 데 큰 영향을 미칠 수 있다.

응용윤리를 공부하는 사람에게 요구되는 몇 가지 조건이 있다. 첫째는 해당 분야에 대한 깊이 있는 이해이다. 특정 분야에서 생기는 문제를 해결하려면 우선 그 문제의 성격을 잘 알아야 하는데, 이를 위해서는 해당 분야에 대한 정확한 지식과 전문적 식견이 필요하기 때문이다. 둘째는 윤리 이론에 대한 이해이다. 아무리 현안 문제를 잘 파악했다 하더라도 거기에 적용할 이론을 잘 알고 있지 못하다면 올바른 윤리적 판단을 내리기 힘들 것이기 때문이다. 셋째는 도덕적 용기이다. 윤리는 궁극적으로 실천을 지향하기 때문에 윤리학도는 사회과학자처럼 사태를 객관적으로 바라보고 분석하는 관찰자의 입장에 머물러 있을 수만은 없다. 말하자면 그는 늘 실존적 결단을 내리지 않을 수 없는데, 이를 위해서는 용기가 필요하기 때문이다.

그렇다고 해서 이 책을 읽기 위해 이 모든 조건을 갖추어야 한다는 뜻은 아니다. 이러한 문제를 의식하여 여기서는 각 주제 영역이 지닌 핵심 내용을 가능한 한 쉽고 간결하게 서술했으며, 이론적 틀도 최소한으로 소개하는 데 그쳤기 때문이다. 따라서 독자에게 요청하고 싶은 것은 오직 '도덕적 용기'뿐이다. 독자 여러분의 용기가 오늘날 우리가 직면한 윤리적 난제들을 극복하는 데 큰 힘이 되어줄 것을 기대해 마지않는다.

이 책은 제1장 윤리 이론들을 소개하는 부분을 포함하여 응용윤리의 각 주제들을 다룬 16개의 장으로 구성되어 있다. 각 장은 모두 독립된 내용을 담고 있어서 독자들이 관심사에 따라 어떤 순서로 읽더라도 이해하는 데 어려움은 없을 것이다. 각 장의 구성은 도입부에 해당 장의 핵심적 논제를 암시하는 '영화 이야기', 해당 분야의 현안과 쟁점들을 간결하게 소개하는 본문 내용, 끝으로 토론의 주제가 될 만한 최근의 딜레마 사례들을 제시하는 형식으로 되어 있다.

원래 이 책은 『우리들의 응용윤리학』(울력, 2012)의 개정판으로 기획되었으나, 집필 과정에서 체제가 바뀌고 내용이 통폐합되었을 뿐만 아니라, 다루는 주제의 수도 증가하는 바람에 새 책으로 출간하게 되었다. 이 자리를 빌려 이러한 시도를 양해해 준 울력 측에 감사드리며, 이 책의 출간과 관련하여 참신한 아이디어를 제공하고 세심한 배려를 아끼지 않은 세창출판사 측에도 깊이 감사드린다. 동시에 그간 열심히 수업에 참여하고 훌륭한 과제물을 제출함으로써 이 책의 내용을 더욱 풍부하게 만들어 준 서울대학교 윤리교육과 학부('사회윤리')와 대학원('응용윤리연구') 학생들에게도 고마운 마음을 전한다.

2016년 7월 관악캠퍼스 연구실에서

박찬구

| 차 례 |

1장

윤리 이론들

응용윤리학Applied Ethics은 우리 삶의 여러 가지 영역들, 예를 들어 가정이나 경제활동 분야, 환경이나 생명의료 분야, 과학기술 및 정보통신 분야 등에서 발생하는 윤리적인 문제들에 대해 각기 적절한 윤리 이론을 적용함으로써 그러한 문제들에 대처하고자 하는 시도이다.

우리는 이러한 윤리학적 검토 과정을 통해 문제들의 성격과 의미를 더욱 분명히 이해하고 대안을 모색하며, 그러한 대안을 이론적으로 정당화함으로써 문제들을 해결하는 데 기여할 수 있을 것이다.

1. 현대 응용윤리학의 동향

우선 응용윤리의 구체적인 문제들이나 윤리 이론들을 다루기에 앞서 현대 응용윤리학계의 동향에 관해 간단히 살펴보고자 한다.

응용윤리학은 20세기 후반기에 접어들어 비로소 본격적으로 논의되기 시작한 신생 학문 중 하나이다. 물론 윤리학 자체는 역사가 오래된 학문이지만, 현실 문제를 다루기보다는 대체로 이론적 차원의 논의에 머물러 있었다. 그것도 1960년대까지는 거의 한 세기 가깝게 주로 도덕적 지식의 본질이나 주요 도덕 용어의 의미에 관한 기술적descriptive 문제를 논하는 데 몰두해 있었다. 그 결과, 윤리 연구는 의미론과 인식론에 치우쳐 있었으며, 실천적인 주제들에 대한 연구는 거의 무시되었다. 사실 이 시기의 윤리학은 두 가지 도그마에 의해 지배되고 있었다. 첫째는 도덕적 중립성moral neutrality의 논거이다. 이에 따르면 도덕철학의 결론들은 구체적이고 규범적인 문제들에 관한 한 항상 중립을 지켜야 한다. 그래서 메타윤리학metaethics[01]과 규범윤리학normative ethics[02] 사이에는 분명한 선이 그어졌다. 이 논거에 의하면, 윤리학자의 임무는 메타윤리학에 한정되고, 그 탐구 결과는 현실의 규범적 윤리 문제와는 무관하다. 두 번째 도그마는 이른바 사실-가치fact-value의 이분법과 관련된 문제이다. 말하자면 사실적 탐구와 가치 탐구 사이에는 논리적 장벽이 있어서 누구도 '있는 사실'에 관한 전제로부터 '있어야 할 당위'에 관한 결론을 이끌어 낼 수 없다는 것이다. 이러한 논거에 따르면 자연과학, 사회과학, 또는 역사 연구의 결과들과 같은 사실적 명제들(사실판단)로부터는 어떠한 규범적 명제(가치판단)도 이끌어 낼 수 없다.

그러나 당시에 윤리학자들이 표방하던 위의 두 가지 신조는 1960년대의 수많은 사회적·도덕적 난제들 앞에서 윤리학자들의 판단에 기대를 걸었던 많은 사람들에게 매우 실망스러운 결과를 안겨 줄 수밖에 없었다. 왜냐하면 도덕적 중립성의 논거는 윤리학자들의 연구가 실제 도덕 문제들과는 아무런 상관이 없다는 것을 뜻하며, 사실-가치의 이분법은 사실적 탐구에 근거한 어떠한 이론도 윤리적으로 타당할 수 없다는 것을 의미하는 듯이 보였기 때문이다. 결국 윤리

01 윤리학이 하나의 학문으로서 성립 가능한지 여부를 따지거나 주로 윤리적 용어 및 개념의 의미를 분석하기 때문에 분석윤리학이라고도 함.

02 선과 악, 옳고 그름 등의 가치판단과 그러한 판단을 내릴 수 있게 해 주는 규칙이나 원리의 타당성에 대해 탐구하는 전통적 의미의 윤리학.

학은 윤리적 도움이 필요했던 당시 사회의 절박한 요구에 부응하기 위해 스스로 변할 수밖에 없었다.

이러한 변화는 한마디로 '규범윤리학의 부활'로 나타났다. 1970년대 초반 롤스J. Rawls는 그의 책 『정의론*A Theory of Justice*』을 통해 그 전환점을 마련했으며 칸트의 의무론을 현대적으로 해석하였다. 이에 맞서 공리주의 혹은 결과주의 이론들도 재조명되었는데, 헤어R. M. Hare와 싱어P. Singer 등이 대표적인 인물이다. 뒤이어 1970년대 중반에는 칸트주의와 공리주의를 모두 비판하는 신 아리스토텔레스주의neo-Aristotelian가 등장하였다. 1981년에 나온 매킨타이어A. MacIntyre의 『덕의 상실*After Virtue*』은 덕 윤리virtue ethics의 부활을 알리는 신호탄이었고, 테일러C. Taylor 등은 이 이론이 발전하는 데 중요한 기여를 하였다.

이처럼 20세기 메타윤리학의 중흥 및 쇠퇴에 이어서 등장한 규범윤리학의 세계는 서로 다른 이론과 관점들이 경쟁하는 각축장이 되었다. 그리고 이는 규범윤리의 부활을 촉발한 논쟁거리나 윤리적 딜레마들을 어떻게 다루어야 할지에 대해 우리에게 또 다른 고민을 안겨 준 셈이 되었다. 예전에는 윤리학이 '도덕적 중립성'과 '사실-가치의 이분법'을 내세움으로써 실천 분야에서의 문제 해결에 무능한 것이 문제였다면, 이제는 윤리적 문제를 다루는 데 상반되는 너무나 많은 이론들이 있다는 점과 그것들을 판별할 명쾌한 방법이 없다는 문제에 직면하게 된 것이다. 이제 응용윤리의 영역에 적용할 만한 대표적인 이론들을 살펴보기로 하자.

2. 응용윤리의 주요 이론들

공리주의

공리주의는 결과주의consequentialism와 행복주의eudaemonism를 내세운다. 그래서 공리주의는 행동을 평가할 때 그 행동이 결과적으로 얼마나 많은 행복을 산출해 냈는지에 주목한다. '공리주의utilitarianism'라는 개념은 '유용성utility'이라는 말에서 기원하는데, 어원에서 보듯이 이 이론은 행복을 가져다주는 유용성으로부터 윤리적 규칙을 도출한다. 공리주의자들은 특정한 상황에서 우리가 무엇을 해야 할지를 결정할 때 사용할 수 있는 간단한 도덕 원칙을 자신들이 제공해 줄 수 있다고 주장한다. 그 원칙은 바로 '모든 사람이 최대 다수의 최대 행복을 가져올 수 있도록 행위해야 한다'는 것이다.

공리주의에 따르면 다른 모든 가치들이 의존하고 있는 본질적 가치를 지닌 것, 그리하여 옳고 그름의 최종적 판단 근거로 사용할 수 있는 가치를 지닌 것은 바로 행복이다. 행복이야말로 본질적이고 궁극적인 선이다. 따라서 행복 이외의 모든 것은 오직 행복을 얻기 위한 수단으로서의 가치를 지닐 뿐이다. 인간의 행동에 대한 도덕적 평가도 그 행동이 얼마나 많은 행복을 가져오는가에 따라 내려진다. 다시 말해서 그 행동이 가져올 행복과 불행의 총량을 따져 보는 것이다. 이 경우 가장 많은 양의 행복(행복에서 불행을 뺀 총량)을 가져올 수 있는 행동이 옳은 행동이다.

_ 공리주의의 대표적인 이론가 존 스튜어트 밀의 캐리커처와 초상화

여기서 공리주의와 이기주의를 혼동하지 않도록 주의해야 한다. 이기주의는 나 자신만을 위해 최선의 결과를 가져오는 행위를 지향하지만, 공리주의는 그러한 이기적 관점을 넘어 이 세상에서 행복의 총량을 문제 삼는다. 그리하여 행위자가 어떤 가능한 대안들을 평가할 때 그것이 모든 사람의 행복에 어떤 영향을 미칠지 따져 볼 것을 요구한다. 경우에 따라서는 전체의 행복을 위해 행위자 개인의 행복을 포기해야 할 수도 있다.

공리주의는 특히 입법을 하거나 사회정책을 수립하는 데 중요한 근거로 활용되고 있다. 예상되는 비용(위험 부담)과 수익의 비율을 따져 봄으로써 어떤 정책을 결정하는 방식은 바로 공리주의에 기초한 것이다. 임신중절이나 연명치료 중단(존엄사)을 인정하는 입법을 할 때, 그러한 법의 시행이 가져올 수 있는 이점과 함께 나타날 수 있는 해악(위험성)을 고려하는 것 등이 그 예이다. 즉 어떤 계획을 추진할 때 예상되는 부정적인 효과와 긍정적인 효과(총체적인 선)를 계산하고 따지는 것이다. 정보윤리의 예를 든다면, 인터넷 내용 규제를 시행할 것인지에 대해, 그것을 시행할 경우에 기대되는 청소년 보호의 효과와 함께 표현의 자유가 위축된다는 반발과 같은 부작용을 저울질해 봄으로써 정책을 결정하는 경우 등이 있다.

칸트 의무론

공리주의에서 행위의 옳고 그름을 판단하는 기준은 행위 바깥에 있다. 즉 행위의 결과가 기준이 된다. 이와 반대로 의무론은 행위 자체의 내적 성질에 주목한다. 의무론자의 경우 행위의 옳고 그름은 그 행위 자체에 깃들어 있는 성질에 의해 좌우된다. 만약 어떤 행위가 오로지 의무감에서 행해지고 그 행위의 원리가 보편화될 수 있다면 그것은 옳은 행위이다. 예를 들어 내가 어떤 진실을 말할 때 단지 그렇게 하는 것이 옳다고 믿기 때문에, 혹은 도덕법칙에 따라야 한다는 의무에서 그렇게 한 것이라면 이 행위는 옳다. 그러나 거짓말이 탄로 나는 게 두려워 진실을 말하거나 어떤 보상을 기대해서 그렇게 한다면, 그 행위는 도덕적으로 가치가 없다. 도덕은 이와 같이 무조건적으로 따라야 할 법칙, 즉 정언명법에 근거해야 한다. 정언명법이란 그 명령의 전제가 되는 어떤 상위의 목적이 전제되지 않은 명령이다. 다시 말해서 어떤 목적을 추구하기 위한 수단으로서의 명령이 아니라 그 자체가 목적인 명령이다. 행복이라는 목적조차도 여기서 예외가 될 수 없다. 따라서 의무론에 의하면, 공리주의는 행복을 인간이 추구할 궁극적 목적으로 규정한 데에서 이미 잘못을 범한 것이다.

칸트가 제시한 정언명법의 대표적인 정식은 "너 자신의 행위 원리가 보편적 법칙이 되기를 원할 수 있도록 행위하라!"[03]는 것과 "너 자신이나 타인의 인격을 단지 수단으로 여기지 말고 항상 목적으로서 대우하라!"[04]는 것이다. 이러한 칸트 정언명법의 두 가지 정식으로부터 우리는 응용윤리의 영역에서 항상 염두에 두어야 할 기본 원리를 얻을 수 있다. 첫째, 도덕적 원리는 모두에게 동일하게 적용될 수 있는 객관적 타당성을 지녀야 한다는 것과 둘째, 그것이 인간 존엄성의 이념에 따라야 한다는 것이다. 만약 우리가 이를 일상에서 행위의

_ 칸트의 초상화

03 I. Kant, *Grundlegung zur Metaphysik der Sitten*, in: Kants Werke in zehn Bänden, Bd. 6 (Darmstadt: Wissenschaftliche Buchgesellschaft, 1983), A 52.

04 위의 책, A 66.

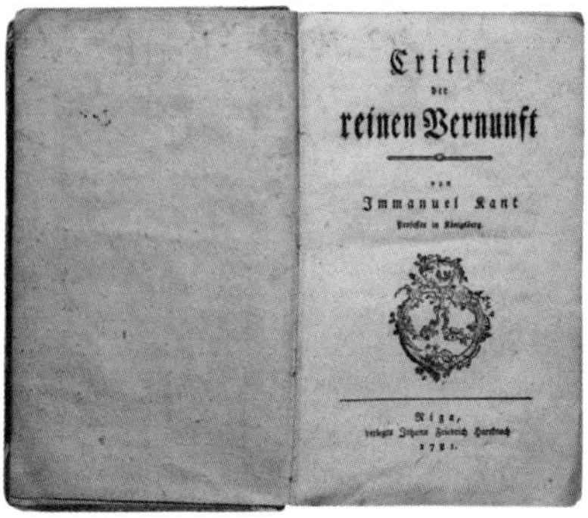

_『순수이성비판』 표지

[저작자] by Fofo durch H.-P.Haack, Leipzig. H.-P.Haack at de.wikipedia (CC BY-SA 3.0)
[이미지출처] https://commons.wikimedia.org/wiki/File:Kritik_der_reinen_vernunft_erstausgabe.jpg (CC BY-SA 3.0)

검증 원리로 삼는다면, 우리 각자는 항상 다음과 같이 자문自問해 볼 수 있을 것이다. "나의 이러한 행위는 다른 모든 사람이 나와 똑같이 행위한다고 가정할 경우에도 여전히 내가 일관되게 원하는 행위인가?" "나의 이러한 행위는 목적 자체로서 인간성의 이념에 합치되는가, 다시 말해서 혹시 타인을 어떤 다른 목적을 위한 수단으로 삼는 행위는 아닌가?"

이러한 원리를 응용윤리에 적용해 본다면, 예컨대 미성년자에게까지 무차별적으로 음란물을 발송하는 사람에게 "만일 그 수신자가 당신 자식일 경우에도 당신은 이러한 행위를 일관되게 원할 수 있는가?" 혹은 "당신의 이러한 행위는 인간을 목적 그 자체로서가 아니라 단지 누군가의 욕구 충족을 위한 수단으로 취급하는 것은 아닌가?" 스스로 물어보도록 촉구할 수 있을 것이다.

덕 윤리

오늘날 응용윤리학에서 영향력이 가장 큰 규범윤리 이론은 역시 공리주의와 의무론이다. 그런데 이 두 가지 이론은 실제 응용윤리 현장에 적용하는 과정에서 종종 충돌하기도 한다. 왜냐하면 실제 현장의 많은 문제에서 도덕적 의무와 결과적 이익이 서로 갈등하는 것처럼 보이기 때문이다. 다시 말해서 도덕적으로 문제가 있는 것 같은 행동이 큰 이익을 가져다줄 것으로 생각될 경우, 그런 행동이 과연 정당화될 수 있는지에 대해 많은 사람이 의문을 가지기 때문이다. 생명윤리의 예를 든다면, 의사가 환자를 치료하는 과정에서 알게 된 정보를 공개함으로써 다른 사람들의 큰 피해가 예방될 수 있다고 여겨질 경우, 그 환자의 동의 없이 그렇게 해도 좋은가? 의사가 환자에게 거짓말하는 것이 치료 효과를 높이고 병의 악화를 억제할 수 있다고 여겨질 경우, 그렇게 해도 좋은가? 이러한 문제들은 위와 같은 행동들(예컨대 동의 없는 정보공개, 거짓말)을 '절대로 해서는 안 된다'는 생각과 그런 행동을 함으로써 좋은 결과가 초래될 수 있다면 언제든 '해도 좋다'는, 아니 '해야 한다'는 생각 사이의 일반적인 갈등을 드러낸 것이라고 볼 수 있다. 이는 의무론과 결과주의 사이의 전형적인 갈등을 잘 보여 주는 예다.

덕 윤리가 주목받게 된 이유는 우선 위와 같은 공리주의와 의무론 사이의 딜레마를 피해 갈 수 있는 대안으로서 기대를 모았기 때문이다. 또한 윤리 문제가 자주 발생하는 현장에서 일하는 여러 행위자들(예컨대 전문가, 기술자, 연구원 등)의 인성character에 대해 새로이 관심을 가지게 되었기 때문이다. 일부 사람들은 관련 분야 종사자들에게 규칙을 가르치는 일보다 그들의 인성을 함양하는 일이 더욱 실효성 있는 대책이라고 생각했다. 왜냐하면 응용윤리 영역에서는 모든 것이 빠르게 변하고 규칙들도 금세 낡은 것이 되어 버리기 때문이다.[05]

일반적으로 덕 윤리에서는 행위의 옳고 그름을 판단하는 도덕 원칙보다는 널리 유덕하다고 인정되는 인격의 모델에 주목한다. 왜냐하면 현대의 복잡한 상황 속에서는 어떤 고정된 원칙이나 규칙에 의존하는 사람보다 세련된 감수성과 폭넓은 식견을 지닌 사람이, 즉 실천적 지혜를 지닌 사람이 제대로 된 도덕 판단을 할 수 있다고 보기 때문이다. 그래서 윤리 문제 해결을 위한 대안으로 어떤 도덕 원리에 호소하기보다 바람직한 도덕 공동체를 구성하고 발전시켜 나가는 데 필요한 덕목(예컨대 인간 존중, 성실, 정직, 절제, 공정, 타인 배려, 준법 등)과 인격적 모델을 설정한 후 이를 교육하고 계몽하는 데 주력한다.

위의 세 가지 이론(의무론, 공리주의, 덕 윤리)은 오늘날 응용윤리 담론 중 가장 지배적인 윤리 이론으로 간주되고 있다. 이 세 가지 접근법의 특징을 살펴본다면, 결과주의 혹은 공리주의가 인간의 행위를 평가하기 위한 근거로서 좋은 결과를 강조하고, 의무론이 도덕의 근거로서 보편적 법칙과 인간에 대한 존중을 중시한다면, 덕 윤리는

05 D. Solomon, "Normative Ethical Theories," in: W. T. Reich (ed.), *The Encyclopedia of Bioethics*, 2nd ed. (New York: Macmillan, 1995), p.746 이하 참조.

도덕적 문제를 유덕한 성품이나 동기를 지닌 도덕적 행위자의 관점에서 바라본다고 요약할 수 있다.

3. 이 책의 기본 입장

이제까지 현대 응용윤리학의 흐름과 대표적인 이론들을 살펴보았다. 그렇다면 이 책은 과연 어떤 입장에 서서 응용윤리의 여러 문제를 다룰 것인지를 잠정적으로라도 밝혀 두는 편이 좋을 듯하다.

첫째, 이 책은 도덕·윤리의 개념을 이해하는 방식으로서 일단 칸트와 비슷한 입장을 취하고자 한다. 도덕이라는 개념에 대한 칸트의 기본 입장은 그것이 '자기중심성을 넘어서야 한다'는 것이다. 흔히 '보편화 가능성'을 검증하라는 요구로 이해되는 그의 정언명법의 핵심적 취지도 실은 우리 안에 자기중심적 동기가 숨어 있지 않은지 검사해 보라는 것이다. 도덕의 개념을 이와 같이 이해하는 입장에서 볼 때, 이른바 '합리적 이기주의'는 도덕의 담론에 속하지 않는다. 아무리 장기적인 안목과 이성적인 태도를 견지한다 하더라도 그것은 결국 자기 이익을 추구하는 자기중심적 노선에 속한 것이기 때문이다.

동서고금을 막론하고 '도덕적'이라는 단어는 보통 '이기적'이거나 '자기중심적'이라는 단어와 반대의 의미로 사용되어 왔다. 따라서 도덕의 개념을 이렇게 이해하는 것은 하나의 상식이며 평범한 진리라고 할 수 있다. 그런데도 도덕의 개념을 자기 이익과 연결시키고자 하는 합리적 이기주의가 오늘날 주목받는 것은 어찌된 일일까? 도대체 어쩌다가 원래 정반대로 쓰이는 개념을 이처럼 부자연스럽게 일치시키려고 시도하게 된 것일까? 이것은 서구 근대문명의 발달 및 확산 과정과 관련된 것으로 보인다. 상공 시민계층의 대두, 자본주의 경제체제의 성립, 자유주의 정치 이론의 발전 등과 같은 서구 근대사회의 흐름을 떠올려 볼 때, 우리는 합리적 이기주의의 대두 배경을 어렵지 않게 짐작할 수 있다.

원래 시장이란 각자가 자기 이익을 추구한다는 전제하에서만 성립한다. 여기서 요구되는 윤리는 상인의 윤리이다. 그래서 자본주의가 정착한 현대사회에는 과거 농경사회 시절에 지배적이었던 공동체 윤리 대신 이해관계를 따지는 상인의 윤리가 퍼지게 된 것이다. 워낙 상업문명이 지배적이다 보니 이제 우리는 모든 것을 돈의 가치로 환산해서 따져 보는 데 습관이 되었다. 그런데 문제는 우리가 상인으로서만 살아가는 게 아니라는 데 있다. 가족이나 친지, 친한 친구 사이에서 우리는 흔히 이해관계를 따지지 않는다. 또 자신이 믿는 중요한 가치나 삶의 의미를 추구함에 있어 우리는 상인의 이해타산을 넘어선다. 따라서 도덕의 근거를 자기 이익에서 찾으려는 시도는 오직 삶의 부분적인 장場, 즉 시장에서만 타당성을 지닐 뿐이며, 여기서 사용되는 '도덕'의 의미 또한 (자기 이익이라는 목적을 달성하는 데 유효한 삶의 전략이라는) '가언적인hypothetical' 의미의 도덕이 된다.

하지만 우리의 상식적 이해와 같이, 또 칸트가 지적한 바와 같이 원래 도덕이란 '정언적인categorical' 것이 아닌가? 즉 도덕이란 단순히 자기 이익을 얻기 위한 효과적인 전략의 차원에 머무는 것이 아니라, 오히려 이기적이거나 자기중심적 이해타산을 넘어선 어떤 것이 아닌가? 참으로 도덕이란, 우리 자신만을 위한 목적을 추구하는 것이 아니라 설사 자기희생이 따르더라도 모두를 위한 목적을 추구하는 것이 되어야 하지 않겠는가?

둘째, 윤리란 자기중심성의 극복에서 한걸음 더 나아가 타자에 대한 관심과 배려를 요청한다는 입장을 취하고자 한다. 사실 자기중심적 입장을 벗어난다는 것은 곧 자기 이외의 존재에 관심을 가진다는 것을 의미하므로, 이것은 새로이 진전된 입장이라기보다 도덕의 기본 개념에 대한 이해의 연장선에 있는 것이라 할 수 있다.

우리가 자기중심성을 넘어서 타자로 눈을 돌릴 때 일차적으로 관심을 기울이고 배려해야 할 대상은 당연히 동료 인간일 수밖에 없다. 그리고 이러한 인간들 사이에서 지켜져야 할 규범의 체계가 바로 윤리라는 것은 이미 잘 알려져 있다. 더 나아가 타인을 자신과 동등한 존재로 대우하고 존중하라는 윤리의 기본적 요구가 충족된 토대 위에서라면, 상호 의존하고 있는 (인간 이외의) 다른 생명체나 존재를 향해 윤리적 고려의 범위가 넓어지는 것도 자연스러운 일이다. 이를 가능하게 하는 것은 이미 많은 윤리학자들이 공감, 동정심, 자비 등으로 표현한 인간의 능력이라는 것 또한 잘 알려져 있다.

_ 쇼펜하우어

이렇게 타자를 향해 관심과 배려를 넓혀 가는 과정의 마지막 지점은 아마도 '타인과 나는 서로 다른 존재가 아니라 본질에 있어서 하나'라는 깨우침일 것이다. 물론 이는 단지 말이나 생각만으로 쉽게 다다를 수 있는 경지는 아닐 것이다. 그러나 윤리란 언제나 당위이자 이상理想임을 생각할 때 쇼펜하우어A. Schopenhauer의 말처럼 이 점이 바로 윤리의 형이상학적 기초가 될 수 있지 않겠는가?[06]

이제까지 논한 '이 책의 기본 입장'이란 사실 그리 새삼스러운 것이 아니다. 이른바 '조건부적 의무prima facie duty'[07]나 응용윤리의 대표적인 원칙들[08]로서 제시된 것과 별로 다른 게 없기 때문이다. 첫 번

06 "그러한['모든 영혼은 하나임'이 세계의 본질이라는] 이해는 윤리의 형이상학적 기초일 것이고, 이는 한 개인이 타인에게서 자신의 참된 존재를 직접적으로 재인식하는 데에서 가능할 것이다. 그에 따라 실천적 지혜, 옳은 행위, 선행은 결과적으로 가장 잘 알려져 있는 이론적 지혜의 심오한 학설과 정확히 만날 것이다. 그리하여 실천 철학자, 올바른 사람, 선행을 하는 사람, 고결한 사람은 오직 그의 행위를 통해 위대한 통찰이나 이론철학의 난해한 연구 결과와 똑같은 인식에 이를 것이다." 쇼펜하우어, 『도덕의 기초에 관하여』, 김미영 역, 책세상, 2004, 239쪽.

07 로스(W. D. Ross)가 제시한 '조건부적 의무'는 약속 지키기(Promise keeping), 성실(Fidelity), 호의에 대한 감사(Gratitude for favors), 선행(Beneficence), 정의(Justice), 자기개발(Self-improvement), 해악금지(Non-maleficence)의 7가지이다. 루이스 포이만, 제임스 피저, 『윤리학: 옳고 그름의 발견』, 박찬구·류지한·조현아·김상돈 역, 울력, 2010, 269-271쪽 참조.

08 생명의료윤리의 원칙들(Principles of Biomedical Ethics)이란 "자율성 존중(Respect of

째로 언급한 '자기중심성을 벗어나야 한다'든가 '보편화 가능한 것이어야 한다'는 입장은 공정성을 주장하는 '정의Justice'의 원리에 해당하고, 인간의 존엄성을 강조하는 입장은 '자율성 존중Respect of Autonomy'의 원리와 통한다. 두 번째로 언급한 '타자에 대한 관심과 배려'라는 것은 소극적으로 표현하면 '해악금지Non-maleficence'의 원리이고 적극적으로 표현하면 '선행Beneficence'의 원리라고 할 수 있다. 다음 글은 우리가 응용윤리의 다양한 이론들을 어떻게 다루는 것이 좋을지에 관해 잘 말해 준다.

> 현대 생명의료윤리에는 상당히 복잡한 이론적 차이들이 있으며, 그러한 이론들이 얼마나 실천적인 타당성을 갖느냐에 대해서도 서로 다른 해석들이 존재한다. 그럼에도 우리는 이러한 모든 이론들로부터 배울 점이 있는 것 같다. 한 이론이 도덕적 삶의 어떤 부분을 설명하는 데 약점을 지닌다면, 종종 다른 이론은 강점을 지닌다. 때때로 모든 일반적 이론이 어떤 점에서 우리의 실제 도덕적 신념들과 상충한다 하더라도, 각 이론은 우리가 어쩔 수 없이 포기해야만 하는 시각들을 섬세하게 다뤄 주고 있다. 그러므로 다른 이론들을 배제하는 하나의 이론을 선택하지 않고서도, 우리는 다양한 이론들 속에 들어 있는 수용 가능한 측면들에 주목할 수 있을 것이다.[09]

Autonomy), 해악금지(Non-maleficence), 선행(Beneficence), 정의(Justice)"를 가리킨다. 탐 비첨, 제임스 췰드리스, 『생명의료윤리의 원칙들』, 박찬구 · 최경석 외 역, 이화여대 생명의료법연구소, 2014, 4장-7장 참조.

09 앞의 책, 639-640쪽.

생각해 볼 문제

1. 다음 사례를 읽고 물음에 답해 보자.

> 장기간 신장 투석 치료에도 차도가 없는 다섯 살짜리 진행성 신장병 소녀에게 의료진은 신장이식을 고려하고 있다. 신장이식의 기대효과는 현재로서는 "반반이다." 소녀의 부모는 신장이식 계획에 동의한다. 소녀에게는 두 살과 네 살짜리 자매가 있는데, 신장을 기증하기에는 너무 어려서 일단 제외한다. 조직검사를 해본 결과 어머니는 조직이 부적합하지만 아버지는 적합하다는 판정이 나온다. 그런데 신장내과 의사와 단독 면담하는 자리에서 아버지는 자신의 신장을 딸에게 기증하지 않겠다고 선언한다. 그 이유는 수술에 대한 두려움, 이식한다 해도 불확실한 딸의 예후, 사체 신장이식에 대한 약간의 기대, 그의 딸이 이미 고통을 견디고 있다는 것 등이다. 이어서 그는 의사에게 "가족들에게는 자신의 조직이 부적합하다고 말해 줄 것"을 요청한다. 만약 가족들이 진실을 알게 될 경우 그를 비난하고 급기야 "가정이 파괴되는" 결과를 가져올 수도 있다는 것이다. 의사는 이러한 그의 요구를 불편하게 받아들였지만, 좀 더 논의한 후 "의학적인 이유로" 아버지가 신장을 기증해서는 안 된다고 그의 부인에게 말해 주기로 동의한다.[10]

1) 소녀의 아버지와 의사의 태도에 대해 공리주의자와 칸트주의자는 각기

어떤 이유로 어떤 평가를 내릴 것인지 추론해 보자.

2) 자신이 아버지 또는 의사라는 가정하에 자신의 행위를 정당화할 수 있는가? 정당화할 수 없다면 어떤 이유에서 그런지 생각해 보자.

2. 다음 글은 인간이 동물을 윤리적으로 어떻게 대우해야 하는지에 대해 묻고 있다. 이 문제에 대해 공리주의자(예컨대 벤담이나 피터 싱어)와 의무론자(예컨대 칸트)[11]는 각기 어떤 입장을 취할 것인지 추론해 보자.

> 다음은 어느 도축업자의 말이다. "너에게 유감스러운 일이 있다. 사랑하는 베르타(소의 이름)야, 너는 지금 죽어야 한다. 그러나 생각해 보아라, 인간이 너의 고기를 그렇게 즐기지 않는다면 너는 존재하지 않았을 것이다. 너는 2년을 시골집에서 살았고, 항상 좋은 것을 먹었다. 지금 너는 거기에 대가를 치러야 한다. 만약 우리가 너를 사육하지 않고 보살피지 않았다면 너에게 좋았을까?" …
> 다음은 어느 식인종이 누군가의 딸의 목에 칼을 갖다 대고 하는 말이다. "너는 이제까지 18살이 되도록 편안하게 잘 살았다. 너는 지금 죽어야 한다. 만약 우리가 너를 세상에 내보내지 않았더라면 좋았겠니?"[12]

10 앞의 책, 594쪽.

11 동물권(animal right)에 대한 벤담, 싱어, 칸트의 입장에 관해서는 "11장 생명윤리(4)"의 1절과 2절을 참고할 것.

12 볼프강 렌, 『사랑, 삶, 죽음』, 배선복 역, 철학과현실사, 2006, 304-305쪽.

3. 다음 기사는 장애인 단체가 '장애인의 이동권 보장'을 요구하며 시위를 벌이는 바람에 출근 시간대 지하철 운행이 지연된 사건을 다루고 있다. "이 문제는 '정의'의 원리로 바라볼 사안인가, 혹은 '사회적 약자의 권리(복지)' 차원에서 접근할 사안인가, 아니면 관련 당사자들 간 '이해관계의 충돌'로 바라볼 사안인가?"에 대해 토론해 보자.

장애인 단체의 기습 시위로 서울 지하철 5호선의 열차 운행이 또 다시 지연됐다. 바쁜 출근 시간대 지하철 운행이 지연되자 시민들은 불만을 쏟아냈다. 그러나 이번 시위를 주도한 장애인 단체는 "시민들을 방해하기 위한 것이 아니라, 더불어 살 방법을 찾기 위한 불가피한 선택"이었다고 항변한다.

왜 이들은 '나쁜 장애인'을 자처하며 거리로 나올 수밖에 없었을까.

전국장애인차별철폐연대(전장연)가 20일[2021년 12월] 오전 서울 지하철 일부 역에서 '장애인 이동권 보장' 시위를 벌여 출근 시간대 열차 운행이 지연됐다. 서울교통공사에 따르면 전장연은 이날 오전 7시 12분경부터 5호선 왕십리역에서 휠체어 바퀴를 전동차와 승강장 사이 틈에 끼워 문이 닫히지 못하게 막는 방식으로 시위를 시작했다.

(- 중략 -)

우리나라뿐만 아니라 해외도 비슷하다. 미국의 '휠체어 워리어(휠체어 전사)'들도 '위 윌 라이드We will ride(우린 탈 것이다)'를 외치며 버스를 막아섰다. 그 결과로 저상버스 도입을 의무화한 1990년 미국 장애인법 제정을 이끌어 낼 수 있었다.

이들이 이토록 절실하게 시위에 나서는 것은 대중교통 환경이 단순히 '이동이 불편한' 것을 넘어 '목숨을 위협하는' 수준이기 때문이다. 실제로 엘리베이터를 대신해 지하철역에 설치된 휠체어 리프트는 2001년 오이도역에서 첫 사망사고가 발생한 이후 지속적으로 사망·부상 사고가 일어나고 있다. 전장연에 따르면 수도권에서만 한 해 5건 이상의 사망·부상사고가 일어나고 있다.

이처럼 사고가 끊임없이 이어짐에도 불구하고 여전히 일부 역사에는 엘리베이터가 설치되지 않은 상황이다. 올해 4월 기준, 서울 지하철 역사 22곳에 엘리베이터가 설치되지 않은 것으로 알려졌다. 지하철과 더불어 주요 대중교통인 버스 역시 장애인들이 타기 어렵다. 국토부에 따르면 지난해 말 기준으로 전국 저상버스 도입률은 28.8%였다. 장애인들은 버스 10대 중 7대를 탑승할 수 없는 것이다. 장애인들에게 대중교통은 위험과 불편을 감수하고 타거나 아예 탈 수 없는 대상이다.

일각에서는 이들의 시위 방식이 지나치게 과격하고 타인에게 불편을 유발한다고 지적한다. 정당한 비용을 지불하고 대중교통을 이용하는 비장애인들의 권리를 해친다는 것이다. 그러나 장애인들은 반대로 '나쁜 장애인'이 될 수밖에 없는 답답함을 토로하기도 한다. 시민들에게 불편을 준다는 사실을 잘 알고 있지만, 대중교통을 방해할 목적이 아니라 단순히 함께 이용하자는 취지였다는 것이다.

변재원 전장연 정책국장은 "사실 장애인과 비장애인이 출퇴근 시간에 함께 대중교통을 이용한다는 것 자체를 상상해 보지 못한 경우가 많다"며 "방해가 목적이 아니라, 출퇴근 시간에 장애인과 비장애인이 함께 대중교통을 이용해 보자는 취지였다. 교통수단을 장애인·비장애인이 모두 포용적으로 이용할 수 있는 방법을 디자인해야 하지 않을까 생각한다"고 밝혔다.

이어 변 국장은 "시민들이 불편을 겪으셨을 것을 잘 알고 있다. 비판하시는 시민들의 마음도 이해한다. 너무나 죄송한 부분이다"라며 "그러나 시민 대 시민이 이러한 갈등을 벌이는 것보다는 정부와 국가가 갈등을 조정하는 역할에 최선을 다해 주었으면 좋겠다"고 말했다.[13]

13 이민재, "왜 지하철을 막아야만 했나… 그들이 '나쁜 장애인' 자처한 이유," 「이투데이」, 2021. 12. 20.

2장

가정윤리:

가정의 의미와 가정윤리에 대한 재인식

영화 〈가족의 탄생〉과 〈어느 가족〉은 혈연관계 없이 특별한 사연을 통해 가족이 되기를 선택한 사람들의 이야기를 다루고 있다. '정상 가족 이데올로기'나 기존 사회적 통념으로는 온전한 가족이라 부를 수 없는 사람들이 모여 '마치 가족처럼' 살아가는 모습을 그리고 있다. 〈가족의 탄생〉은 우리에게 '피가 섞이지 않아도, 엄마·아빠 대신 엄마만 둘이어도, 결혼하지 않아도 상관없다'고, 또 '서로 의지하고 사랑하는 사이라면 가족이 될 수 있다'고 항변하는 듯하다. 한편 〈어느 가족〉은 이런 가족을 향한 사회적 편견을 폭로하면서 '정상 가족이라는 개념이 과연 정당한가?'를 묻는 듯하다. 두 영화를 통해 비춰지는 가족의 모습은 '비정상적'이지만, 정서적 유대를 이루며 가족의 기능을 충분히 수행하고 있다. 아니 오히려 현실의 '정상적인' 가족보다 더욱 이상적인 가족의 서사를 들려주고 있다. 이제는 우리도 정상 가족 이데올로기에서 벗어날 때가 된 것은 아닐까?

2016년 한국보건사회연구원의 보고서에 따르면, 한국 사회의 사회통합지수는 OECD 국가 중 이스라엘 다음으로 낮았으며, 1995년부터 거의 변함없이 최하위 수준을 면치 못한 것으로 드러났다. 또한 〈한국 삶의 질 학회〉(2016)의 분석 결과에 따르면, 한국인의 삶의 질은 분석 대상 12개 영역 가운데 특히 가족 및 공동체와 관련한 영역에서 10년 전에 비해 유일하게 하락한 것으로 나타났다.[01] 이는 사회적 통합이 무너져 가고 있는 우리 사회의 위기를 보여 줌과 아울러 그 중심에는 가정의 위기가 놓여 있음을 말해 준다.

과연 우리가 직면한 가정의 위기는 어느 정도 심각한가? 오늘날 급변하는 우리 사회, 아니 미래사회에서도 가족제도는 반드시 존속해야 할 제도인가, 아니면 새로운 형태로 변해야 할 구시대의 유물에 불과한가? 만일 전통적 가족제도가 여전히 지켜져야 할 삶의 장치라면 우리는 그것을 어떻게 지켜 낼 수 있을 것인가? '가정이야말로 개인윤리와 사회윤리의 뿌리'라고 말할 수 있는 핵심적인 이유는 무엇인가? 아래에서 이와 같은 물음에 대해 다각도로 검토해 보자.

1. 현대 가정의 위기와 가족 형태의 변화

우선 가족의 사전적 의미를 살펴보면 주로 부부를 중심으로 한, 친족 관계에 있는 사람들의 집단(표준국어 대사전), '배우자, 직계혈족 및 형제자매, 직계혈족의 배우자, 배우자의 직계혈족 및 배우자의 형제자매(민법 제779조)', '혼인, 혈연, 입양으로 이루어진 사회의 기본 단위(건강가정기본법 제3조)'라고 되어 있다. 한편 우리가 '가족'을 연상할 때 떠오르는 전형적 이미지는 '환하게 웃고 있는 아빠·엄마

01 '가족·공동체 분야의 삶의 질'은 가족관계 만족도, 가족 형태, 사회적 관계, 지역사회나 사회단체 참여율 등을 고려해 평가한다. 가족관계 만족도, 지역사회 소속감, 사회단체 참여율이 높거나 사회적 관계망이 튼실하면 지수가 높아진다. 반면 한 부모 가구, 혼자 사는 노인 비율, 자살률 등이 오르면 지수가 하락한다.

와 아이들'의 모습이다. 그런데 현재 우리나라에서 이러한 전형적인 핵가족 가구(4인 가구) 비율은 전체 가구 수의 20%도 되지 않는다. 1990년대까지는 그 수가 가장 많았으나, 2000년을 기점으로 1~2인 가구가 급증해 2010년에는 1~2인 가구가 각각 4인 가구의 수를 앞질렀다. 특히 1인 가구는 2017년 현재 전체 가구 수 가운데 28.6%의 비중을 차지했으며, 앞으로 더욱 증가할 것으로 예상된다.[02]

가족의 형태도 셀 수 없이 다양해졌다. 딩크DINK, Double Income No Kid 가족, 이혼 가족, 재혼 가족, 별거 가족, 기러기 가족, 주말 가족, 동거 가족, 입양 가족, 다문화 가족, 공동체 가족, 남매 가족, 조손祖孫 가족 등이 그 예이다. 그런데 문제는 가족의 형태가 다양해져 가는 데 있다기보다 가정 안의 내면적 규범과 연대의식이 사라져 가는 데 있다. 현대적 삶의 양식이 보편화되면서 가족 구성원 간의 내면적 결속력은 점차 약해지고, 이에 따라 구성원들 사이에 자연스럽게 우러나는 정情이나 사랑을 찾을 수 없게 된 가정이 많아진 것이다. 이렇게 내면은 속 빈 강정처럼 되어 가는데, 단지 외형적 틀을 유지하기 위해 책임감이나 의무감을 강조한들 그곳이 행복한 가정이 될 수는 없을 것이다.

하지만 이렇게 흔들리는 가정의 모습을 시대적 추세라는 이유로 그대로 방관만 하고 있을 수는 없다. 가정은 여전히 인간에게 꼭 필요한 삶의 터전이기 때문이다. 사람은 외딴섬처럼 고립된 채로만 살아갈 수 없으며 외로울 때 기대고 의지할 누군가를 필요로 하기

02 전체 가구 수 대비 비율: 4인 가구 17.7%, 3인 가구 21.2%, 2인 가구 26.7%, 1인 가구 28.6%, 통계청 2017년 인구주택총조사 자료.

때문에 가정은 사라질 수 없다. 비록 그 형태는 변할지 모르지만 조건 없는 사랑으로 뭉쳐진 '사랑의 공동체로서의 가정'이라는 이상형은 변할 수 없다. 아니, 세상이 험해질수록 모든 이의 피난처이자 안식처가 되는 가정이야말로 더욱 절실히 필요한 것이 아닐까?

2. 결혼은 꼭 해야 하나?

일반적으로 가족은 결혼과 함께 탄생한다. 하지만 오늘날엔 결혼을 통하지 않은 가족 형태도 많이 생겨났다. 이제 결혼은 인간의 삶에서 필수가 아니라 선택이 되어 버린 듯하다. 그렇다면 새로운 시대, 새로운 가족 유형의 출현과 더불어 결혼제도 또한 구시대의 유물로 서서히 사라져 버리고 말 것인가, 아니 사라져야 하는가?

결혼은 '해도 후회하고 안 해도 후회한다'는 말이 있다. 이 말은 결혼해서 사는 삶과 결혼 안 하고 사는 삶에는 나름대로 장점과 단점이 있을 수 있다는 것, 그리고 결혼을 보는 눈은 사람의 관점과 입장에 따라 크게 달라질 수 있다는 것을 시사하고 있다. 과거에는 어떤 특별한 사정이 없는 한 사람은 성인이 되면 누구나 결혼을 하여 가정을 이루고 사는 것을 당연시하였다. 그러나 오늘날에는 이러한 통념도 많이 변했다. 실제로 우리는 주위에서 혼자 살거나 자유롭게 동거하며 사는 사람들을 드물지 않게 찾아볼 수 있다.

인류가 오랫동안 유지해 왔던 가족제도가 흔들리기 시작한 것은 산업혁명 시기부터이다. 과거 농경사회에서는 생산 자체가 긴밀한 가족제도를 필요로 했지만, 산업사회에서는 생산 활동이 더 이상 가족을 중심으로 이루어지지 않기 때문이다. 미래학자 앨빈 토플러A. Toffler는 대가족제도가 제1의 문명인 농업·수공업 시대에 적합한 가족제도이고, 핵가족제도는 산업혁명 이후의 제2의 문명에 적합한 가족제도이며, 도래하고 있는 제3의 문명인 전자·정보 시대에는 또 다시 새로운 형태의 가족제도가 등장할 것이라고 예언한 바 있다. 또한 이 새로운 가족 형태는 어떤 일정한 모습이 아니라 다양한 모습을 띠게 될 것이며, 인류는 이러한 변화 과정에서 적응의 어려움을 겪게 될 것이라고 예상하고 있다.

과연 새로운 시대의 도래와 함께 인류가 오랫동안 유지해 왔던 결혼제도, 가족제도는 점차 사라져 갈 운명에 처한 것일까? 이제는 결혼하지 않고도 일상생활과 사회생활을 무리 없이 영위할 수 있으며, 원한다면 마음대로 자녀를 낳아 기를 수 있는 시대가 오고 있는가? 아니면 결혼은 오늘날에도 그리고 앞으로도 꼭 필요한 제도일까? 이러한 문제와 관련해 결혼과 가족제도를 고집할 필요가 없다고 보는 견해와 그것의 불가피성을 주장하는 견해가 맞서 있다.

결혼을 하지 않고 사는 삶에는 말 그대로 혼자 사는 삶인 '독신獨身'과 애인과 함께 살되 결혼을 하지 않고 사는 '동거同居'의 두 가지 형태가 가장 일반적이다.

성직자나 수도자 등 어떤 특별한 종교적 소명召命의식을 가지고 있는 경우를 제외한다면, 사람들이 '혼자 사는 삶'을 선택하는 이유는 아마도 구속받지 않는 자유로운 삶을 원하기 때문일 것이다. 특히 여성들의 경우는 경제적인 문제만 해결된다면 자유로운 독신 생활을 희망하는 사람들이 더욱 많은 것 같다. 우리나라처럼 아직도 가부장적 가족제도의 흔적이 남아 있는 사회에서는 결혼과 더불어 가사家事와 육아育兒의 부담이 일방적으로 여성에게 떠맡겨지는 경우가 많기 때문이다. 이는 남성들과 똑같이 자아실현을 원하는 오늘날의 여성들에게는 커다란 불만이 아닐 수 없다. 이에 대해 어떤 사람들은 남자가 바깥일을, 여자가 집안일을 맡는 것은 무슨 차별 때문이 아니라, 단지 각 성性이 지닌 특성에 따른 역할 분담일 뿐이라고 말한다. 그래서 '주부'야말로 여성의 가장 떳떳하고 자랑스러운 직업이라고 주장하기도 한다. 그러나 오늘날의 여성들에게, 반복적이고 단조로울 뿐만 아니라 그 노동의 가치조차 제대로 인정받지 못하는 가사일에서 '참된 보람을 찾아보라'고 말하는 것이 과연 설득력을 가질 수 있을까?

그렇다고 해서 혼자 사는 삶이 언제나 자유롭고 즐겁기만 한 것은 아닐 것이다. 인간(人間=사람 사이)이란, 글자 뜻 그대로 '함께 있는 존재'이다. 그래서 인간은 홀로 있으면 누구나 쓸쓸함을 느낀다. 인간은 본래 다른 사람과 더불어 살게 되어 있기 때문이다. 인간은 외적 간섭이 심할 때는 그것으로부터 자유롭기를 열망하지만, 막상 자유로워지면 곧 누군가를 찾게 마련이다. 아마도 사람에게 참된 행복이 있다면, 그것은 혼자만의 완전히 자유로운 삶에서가 아니라, 자기 말을 들어 주고 자기를 진정으로 이해해 주며 사랑해 주는 누군가와 함께 사는 삶에서만 가능한 것이 아닐까?

독신생활의 문제점에 대한 대안의 하나로서 '남녀가 결혼하지 않은 채 단지 동거만 하는 삶'을 생각해 볼 수 있다. 이러한 방식의 장점은, 결혼이라는 사회적 구속 없이 남녀가 자유로이 만나서 살다가 뜻이 안 맞을 경우에 자유로이 헤어질 수 있다는 것이다. 그래서 어떤 사람들은 과거 지역에 따라 흔했던 일부다처제一夫多妻制나 원시 수렵시대에 있었던 일처다부제一妻多夫制의 예를 들면서, 우리가 굳이 일부일처一夫一妻, monogamy를 고집할 필요가 있느냐고 반문하기도 한다.

하지만 조금만 생각해 보아도 우리는 위와 같은 주장의 한계를 알 수 있다. 개인의 자유와 행복을 무엇보다 중시하는 현대인들에게 결혼이라는 공적·제도적 약속에 따른 부담과 그것을 통해 형성된 인간관계에 대한 책임이라는 부담이 전혀 지워지지 않는다면, 현실적으로 결혼이 유지되기는 매우 힘들 것이다. 처음에는 이성異性 간의 매력이 다른 성격과 성장 배경을 가진 두 사람의 차이를 극복할 수 있게 해 줄지 모르지만, 시간이 지남에 따라 자연히 많은 문제와 갈등에 직면하게 될 것이기 때문이다. 만일 결혼과 더불어 생겨난 인간관계의 끈끈한 인연, 자발적으로 짊어진 온갖 책임과 의무라는 구속이 없다면, 남녀 간의 만남이란 언제든 만났다 헤어지는 해프닝에 불과한 것이 되고 말 것이다. 도대체 상대방에 대한 진정한 관심과 배려, 그리고 자기희생 없이 지속될 수 있는 (참된) 인간관계가 있을 수 있겠는가?

3. 가정의 중요성과 전통적 가정윤리에 대한 재인식

사람에게는 누구나 어머니가 있다. 아니, 사람은 누구나 어머니를 필요로 한다. 아이는 엄마 없이 제대로 성장할 수 없다. 그래서 낳아 준 엄마가 기를 수 없을 경우에는 양모養母라도 있어야 한다. 우리말에는 어머니의 역할을 하는 분들이 많다. 이모, 고모, 숙모, 외숙모라는 호칭에서도 이것을 알 수 있다. 가족 간의 호칭을 두루 사용하는 예는 이 밖에도 많다. 연인들끼리 누나나 오빠라는 호칭을 사용하기도 하고, 학교 동창, 선배를 형이나 언니라고 부르기도 한다. 또 같은 종교를 가진 사람들끼리 서로 형제자매라 부르는 경우도 있다. 이처럼 우리가 친척 간이나, 애인 사이, 또 학교나 종교 집단에서 가족 간의 호칭을 사용하는 것은 그것이 단순한 이익집단 속의 관계가 아니라 사랑의 공동체 속의 관계임을 의미한다고 볼 수 있다. 또 그러한 관계 속의 모든 사람들과 부모 형제처럼 지내기를 희망하는 마음이 숨어 있다고도 볼 수 있다. 다시 말해서 우리가 가정에서 가족을 믿고 마음 놓고 살 수 있는 것처럼 이 세상에서도 그들을 믿고 살 수 있기를 희망하는 것이다.[03]

하지만 이러한 우리의 소망과는 달리 현재 우리 사회는 통합의 구심점이라 할 수 있는 공동체 의식이 급속히 약화되고 있으며, 그 중심에는 가정의 해체라는 암癌이 도사리고 있다. 이러한 위기 징후의 원인으로는 황금만능, 물질만능, 쾌락주의 풍조를 비롯하여 개인주의, 자유주의, 성해방 의식의 확산 등 여러 가지를 지적할 수 있을 것이다. 그러나 이러한 분석과 예상을 떠나서 분명한 것은 '우리는 가정이 필요하다'는 것이다. 어떤 특정한 형태의 가정이 아니라도 좋으니 어떤 형태이든 가정의 역할을 하는 그 무엇이 필요하다는 것이다.

자라나는 어린이들의 모습을 지켜보면 우리는 이들에게 안정된 가정환경이 얼마나 중요한지 느낄 수 있다. 어린이들은 모든 면에서 스스로를 돌볼 능력이 없기 때문에 먹을 것, 입을 것에서부터 정서적 배려에 이르기까지 누군가 챙겨 주어야 한다. 이것은 많은 시간과 에너지가 소요되는 일이기 때문에 대개는 사랑과 정성으로 아기를 낳아 기르는 부모가 이 일을 감당하게 된다. 그 결과 아기는 부모의 헌신적인 사랑과 희생을 바탕으로 한 인간으로 성장하게 된다. 만일 이 과정에서 인간이 필요로 하는 무조건적 사랑과 배려가 결핍된다면, 그는 힘겨운 삶을 살게 될 가능성이 크다. 세상을 신뢰

03 진교훈, 『현대사회윤리연구』, 울력, 2003, 330쪽 이하 참조.

하고 타인과 좋은 관계를 맺는 데 꼭 필요한 정서적 안정감을 확보하기 힘들기 때문이다. 이처럼 인간은 누구나 사랑을 필요로 한다. 그리고 서로를 사랑으로 보살펴 주는 안식처가 필요하다. 험한 세상을 살아가느라 힘들고 지쳤을 때도 언제나 이해해 주고 긍정해 주고 용기를 북돋워 주는 가족이 필요한 것이다.

이러한 사랑의 안식처인 가정의 필수적 조건은 무엇인가? 물론 그것은 서로를 사랑하는 사람들의 존재일 것이다. 그중에서도 첫손에 꼽히는 것은 사랑하는 남녀의 만남인 부부일 것이다. 앞에서 우리는 다양한 유형의 현대적 가족 형태들을 살펴본 바 있다. 하지만 그것은 그런 다양성들을 포용하자는 것이지, 부부 중심의 전형적인 가정을 무시하자는 것은 아니다. 참으로 부부야말로 가족을 형성하는 중심축이자 인간과 인간의 만남이 낳을 수 있는 가장 친밀한 관계의 전형을 보여 주는 예라 할 수 있다. 이 부부 관계를 중심으로 다른 모든 인간관계가 전개되며, 또 부부간의 도리로부터 다른 모든 인간관계에서 지켜야 할 도리, 즉 윤리가 도출된다. "'군자의 도'도 부부간의 평범한 삶에서 발단되어 이루어지는 것이니 그 평범한 세계라 할지라도 지극한 데 이르면 하늘과 땅에 꽉 들어차 빛나는 것이다"[04]라는 『중용』의 구절은 이를 잘 표현해 준다. 다음 글 또한 이러한 전통적 가정윤리의 근간을 잘 설명해 주고 있다.

한 가정 안에서 기본적으로 형성되는 인간관계를 요약해 보면, 부부

04 "君子之道 造端乎夫婦 及其至也 察乎天地." 『중용』, 12장.

관계, 부모-자녀 관계, 형제-자매 관계로 말할 수 있는데, 이는 흔히 말하는 오륜五倫 관계 중에서 삼륜三倫에 해당한다. 오륜 중에서 삼륜이 한 가정 안에 있으므로 그 비중이 크다 할 수 있으며, 나머지 이륜二倫 또한 이 삼륜 관계가 밖으로 확장된 데서 이루어지는 것이므로 가정은 인륜의 기초라고 해도 과언이 아니다.[05] …
생명체들이 최초로 인간관계를 형성하고, 인간이 원래 지닌 선한 본성을 그대로 발휘하여 하나의 공동운명체로서 모든 이해관계를 넘어서서 평화로운 삶을 영위하는 가정윤리를 잘 확립한다면, 그것은 다음 사회, 더 나아가 온 누리에까지 파급되는 힘을 가지게 되므로 인간의 모든 문제를 미리 예방하고 또 쉽게 풀어 나갈 수 있는 것이다. 요컨대 가정윤리의 성패는 바로 인류 사회 전반에 걸친 성패와 직결된다고 하겠다.[06]

4. 가정은 윤리의 시작이자 근원!

우리는 성윤리의 관점에서도 가정이 윤리의 시작이라는 점을 조명해 볼 수 있다. 흔히 결혼을 하는 이유 또는 결혼의 기능 중 하나로서 '성적 욕구의 합법적 충족'을 거론하기도 한다. 즉 인간은 결혼을 통해 그의 성적 욕구를 사회적 승인 아래 합법적이고 공공연하게 충족시킬 수 있게 된다는 것이다. 동물의 한 종種으로서 인간은 다

05 김충열, 『유가윤리강의』, 예문서원, 1998, 71쪽.
06 앞의 책, 82쪽.

른 동물과 마찬가지로 종족 보존을 위한 성적 욕구를 지니고 있다. 만약 이러한 욕구가 없다면 인간 사회는 더 이상 존속할 수 없을 뿐만 아니라 결국 멸망하고 말 것이다. 그런데 인간의 성적 욕구는 다른 동물과는 현저히 다른 특징을 보인다. 다른 동물이 대체로 번식기에만 성욕이 발동하는 데 반해, 인간은 그렇지 않다. 즉 다른 동물은 성욕과 성행위, 번식의 과정이 전부 본능적 메커니즘에 의해 진행되는 반면, 인간은 성적 욕구를 충족시키는 데 단지 피동적으로 움직이지만은 않으며 스스로의 판단을 통해 능동적으로 개입할 수 있다. 그는 자신의 성적 욕구에 대해 반성적 의식을 가지며, 대개 그 성적 욕구는 사랑을 통해 사회화社會化의 과정을 거치면서 점차 세련되어 간다. 만약 그러한 과정이 없다면, 인간의 성적 욕구는 온갖 종류의 도덕적 혼란과 범죄, 심지어는 사회의 해체까지도 야기할 수 있다. 그러므로 결혼과 가족제도를 통해 성적인 욕구는 자제自制되고, 그것은 사회윤리의 근간이 되는 것이다. 이처럼 혼인 관계야말로 모든 생활규범의 기초가 되기 때문에, 세계 어디서나 결혼은 법적인 승인을 필요로 한다.

나아가 부부간의 성관계에서 우리는 이보다 더 심오한 뜻을 읽을 수 있다. 물론 남녀의 성관계는 인간에게 본능적으로 주어져 있는 성욕 충족 메커니즘으로 설명될 수 있다. 이는 현상계적 질서의 한 부분으로서 부부 관계라 해서 특별히 다를 것이 없다. 그런데 그 결과는 새 생명의 탄생으로 이어진다. 일단 한 생명이 태어나면 그는 일반적인 정서상으로나 법적·도덕적으로 절대적 가치를 지니게 된다. 그래서 이 관계야말로 가장 감각적인 쾌락과 가장 존엄한 인격체의 탄생이 만나는 순간이며 하나의 신비라 할 수 있다. 윤리란 각기 존엄한 인간들 사이의 관계를 규정하는 질서임을 생각할 때, 우리는 여기에도 윤리가 요청됨을 이해할 수 있다. 다른 말로 하면, 이는 현상계(자연의 인과법칙을 통해 설명될 수 있는 세계)와 예지계(자연의 인과법칙을 초월하여 당위를 규정하는 도덕의 세계)가 만나는 관계로서, 오로지 현상세계의 설명방식(과학적이고 객관적인 관찰자의 설명방식, 예컨대 감각적 쾌락의 메커니즘으로 설명하는 방식)만으로 해명될 수 없으며, 반드시 도덕적 관점으로도 바라봐야 하는 관계인 것이다. 이로써 부부간의 관계는 남녀의 단순한 육체적 결합이라는 현상적 차원을 넘어 도덕의 세계인 예지적 차원으로 고양된다.

가정이 윤리의 시작이라는 것을 우리는 부모와 자식의 관계를 통해서도 조명해 볼 수 있다. 1장 '윤리 이론들'에서 우리는 도덕이란 자기중심성을 넘어서는 것이라는 점을 살펴본 바 있다. 그러나 우리는 끈질긴 자기중심적 성향을 가지고 있는 탓에 도덕의 요구가 늘 부담스럽게 느껴지며 그래서 실천하기도 힘들다. 도덕이 우리에게 의무의 형식으로 부과되는 것도 이 때문이다. 그런데 이렇게 평범한 우리도 자기중심적인 태도를 극복할 수 있게 되는 계기가 있다. 그것은 바로 부모가 되는 경험을 통해서이다. 부모가 아니면 이 세상천지에서 아무도 책임져 줄 수 없는 무력한 새 생명 앞에서 그들은 절대적인 책임감을 느끼게 된다. 이제 그들은 자기 자신의 안위와 행복만을 걱정하던 자기중심적 세계에서 벗어나 아기의 안전과 행복을 더 걱정하는 새로운 차원의 세계로 나아간다. 아기의 안전과 행복을 위해서라면 자기의 안전과 행복은 얼마든지 내던질 수 있다. '여자는 약하다. 그러나 어머니는 강하다'라는 말도 이러한 맥락에서 이해할 수 있다. 내가 책임져야 하는 자식의 출현과 더불어 한 평범한 인간은 이제 도덕의 세계로 진입하게 되는 것이다. 이런 관점에서 보면 자식의 존재는 인간을 이기적 동물의 세계로부터 인륜의 세계로 해방시켜 주는 하나의 축복이라 할 수 있다. 참으로 부모가 된다는 것은 인간으로 하여금 그 지긋지긋한 자기중심성의 굴레를 벗어 버리고 신성한 세계로 나아가게 해 주는 신의 축복이 아니겠는가?

다음 글은 이러한 측면을 생생하게 깨우쳐 준다.

> 아이가 아니었다면, 나는 누군가를 먹이고 어르기 위해 한밤중에 꿀 같은 잠을 억지로 밀쳐 내며 일어나야 한다는 것을 몰랐을 것이다. 스스로 잠들지 못해 부대끼는 아이를 안고 밤새도록 좁은 집안을 뱅뱅 도는 누군가가 있다는 사실을 몰랐을 것이다.
>
> 아이가 아니었다면, 나는 펄펄 끓는 불덩이를 안고 새벽에 응급실로 뛰어가는 일은 없었을 것이다. 새벽에 종합병원 응급실을 가득 메우고 있는 사고 환자들 사이에서 염치없게 의사의 가운을 움켜잡고 제

발 눈길을 건네 달라고 애원하지도 않았을 것이다.
아이가 아니었다면, 나는 우리 주변에 그토록 많은 턱과 계단이 존재하는지 몰랐을 것이다. 유모차를 밀고 장애물을 헤쳐 가는 일이 얼마나 버거운지, 그런 장애물들 앞에서 언제나 무력했을 장애인과 약한 자들의 분노와 슬픔을 몰랐을 것이다.
아이가 아니었다면, 나는 빙그레 머금는 웃음에 온 세상이 환해지는 경험을 하지 못했을 것이다. 나를 까맣게 잊고 누군가에게 맹목적으로 몰두할 수 있다는 것을. 그토록 회의를 품어온 '사랑'이라는 말의 실체가 이토록 엄연함을 알지 못했을 것이다. …
아이가 아니었다면, 나는 내 안에 도사리고 있던 이기심과 욕망, 아집과 편견을 똑바로 바라볼 수 없었을 것이다. 나라는 인간이 대단히 특별하지도 않고 선인은 더더구나 아니라는 사실을 쉽게 인정할 수 없었을 것이다. 내가 길들여진 방식으로 결코 제압되지 않는 아이 앞에서, 노골적으로 드러나는 내 숱한 단점들 때문에 스스로 당황하여 쩔쩔매는 일 따윈 없었을 것이다.
아이가 아니었다면, 나는 더 많은 시간의 여유와 자유를 누릴 수 있었을지도 모르지만, 이 불편한 양육의 번거로움이 내게 가르쳐주는 숭고한 희생의 진실은 알지 못했을 것이다. 인간의 한 생애에서 가장 영예로운 일은 부와 명예와 지위와 업적을 쌓아 올리는 것이 아니라, 마침내 한 잎으로 떨어져 썩어 거름이 되고 한 알의 밀알로 고요히 묻혀 새싹을 틔우는 것이라는 진리를.[07]

07 김별아, 『식구』, 베텔스만, 2004, 215-218쪽.

우리는 가정생활 속에서 자기중심성의 극복이라는 도덕의 시작과 본질을 모두 찾아볼 수 있다. 그것은 바로 부부간의(혹은 구성원들 간의) 배려와 헌신을 통해서, 그리고 부모와 자식 간의(혹은 구성원들 간의) 사랑과 희생을 통해서 발견되는 진리이다.

생각해 볼 문제

1. 다음 두 편의 글을 읽고, 오늘날 결혼과 경제적 여건의 상관관계를 따져 본 다음, 자본주의 사회의 극심한 소득 양극화로 인해 결혼 문화가 어떻게 변형될 수 있는지에 관해서도 생각해 보자.

> ① 이제는 결혼도 '자유연애'의 이상과 거의 무관한 경제적 거래로 이루어지는 것이 다반사다. 한국에는 2,500개 이상의 결혼정보업체들이 현재 성업 중이며, 한국만큼 결혼정보업체를 통해서 결혼이 많이 이루어지는 사회도 드물다. 업체에서 커플 매칭을 할 때 재력과 (부모의 재력이 뒷받침하는) 학력, 그리고 (부모와 자신의 재력과 학력이 얻어준) 직장 등은 남성의 주된 '매력 포인트'로 작용한다. 결국 결혼은 남자의 (광의의) 사회경제적 자본과 여성의 외모·상징자본 사이의 교환행위쯤 될 것이다.
>
> 이 교환행위 자체도 결코 싸지 않다. 주택자금을 포함해서 평균 결혼비용은 2억 원이 넘는다. 과연 처음부터 끝까지 '돈' 위주로 이루어지는 결합은 행복할 수 있을까? 한국의 행복지수가 세계적으로 하위권(143개국 중 118위)에 속하는 이유 중의 하나는 바로 내밀한 사생활까지 '돈'에 잠식되는 지금과 같은 상황 때문은 아닐까? 가정이 돈이 아닌 서로에 대한 애정과 배려로 자유롭게 이루어질 수 있는 사회야말로 사람 살 만한 세상일 것이다. '자유연애'는 근대적 환상이라 해도, '돈'을 넘어 '사랑'에 근거를 두는 더불어 살이가 가능해질 때 비로소 한국 사회는 '헬조선'을 벗어날 수 있

지 않을까.[08]

② 지난번 형수님께서 접견 오시던 날의 이야기입니다.

제가 재소자 접견 대기실에서 잠시 기다리고 있을 때 몹시 침울한 표정으로 접견실을 나와 제 옆자리에 맥 놓고 앉은 젊은 친구가 있었습니다. 초면이지만 저는 그를 위로할 작정으로 몇 마디 말을 걸었습니다. …

"고생이 많습니다. 누가 오셨어요?"

"… 제 처가 왔어요. …."

"무슨 안 좋은 이야기라도 들었습니까?"

"… 일 나가나 봐요. 말은 않지만 …."

"그야 먹고 살자면 일 나가야지요."

"그런 일이 아니에요."

"…."

"가 버릴 것 같아서 그래요."

형수님은 아마 이 대화에 담긴 의미를 알지 못할 것입니다. 그가 의미하는 '일 나간다'는 말은 한마디로 '몸을 판다'는 것을 뜻합니다. 지금 와서 생각해 보면 생면부지인 제게 제 아내의 일을, 그도 자랑이 될 수 없는 일을 서슴없이 이야기해 준 것이 아무래도 잘 납득되지 않습니다만, 추측건대 아마 자기의 근심에 너무 골똘한 나머지 다른 것은 미처 생각할 겨를이 없었을 수도 있고, 또 같은 재소자라는 동료의식이 그렇게 하였을 수도 있고, 그리고 '일 나가

08 "박노자의 한국, 안과 밖: 결혼이라는 이름의 시장?," 「한겨레」, 2018. 1. 30.

는 여자'가 그에게 특별히 수치스럽게 여겨지지 않았기 때문일 수도 있습니다.

제가 받은 충격은 이 세 번째 것과 관련된 것입니다. 몸을 팔아 살아가는 여자를 부정不貞한 여자로 보지 않는다는 사실, 설사 부정한 여자로 본다고 하더라도 그를 자기 아내의 자리에 앉히기를 조금도 꺼리지 않는다는 사실이 저로서는, 알고 있는 일이기는 하나 정작 부딪히고 보면 상당한 충격이 아닐 수 없습니다. 아내의 정절에 대한 세상의 모든 남편의 당연한 요구가 그의 삶에 있어서는 얼마나 고급한 것인가를 일깨워 줍니다.

사실 그 젊은 친구뿐만 아니라 우리의 벽촌에는 그와 비슷한 생각을 가지고 살아가는 사람들이 많이 있습니다. 일부일처제는 그들이 향유하기에는 너무나 고급한 제도입니다. 그들은 일부반半처, 일부1/3처…, 일부1/10처…, 그리고 여자 쪽에서 보면 일처반半부, 일처1/3부…, 일처1/10부…라는 왜소하고 영락된 삶의 형식을 가까스로 꾸려 나가는 사람들입니다. 그들은 옹근 한 여자를 데리고 살 처지가 못 되는 지아비들이며, 아내의 자리 하나 온전히 차지할 수 없는 지어미들입니다.

이를테면 창녀와 그의 '가난한 단골'과의 관계가 곧 일부1/10처, 또는 일처1/10부의 전형적인 예라고 할 수 있습니다. 이들의 관계는 일부일처제의 가정을 꾸릴 형편이 못 되는 사람들의 소외된 결혼형태로 파악되어야 한다고 생각합니다. 그것은 서울의 외곽에 빈촌이 있듯이 일부일처제의 외곽에 있는 빈혼貧婚, 즉 貧男貧女들의 群婚 형태라고 할 수 있습니다. 그것을 성도덕 문란이 만들어낸 윤리적 차원의 문제로 파악하는 태도는 본말을 전도한 피상적인 것이 아닐 수 없습니다. 남의 집 방 한 칸을 얻어 세 들어 사는 사람이 있는가 하면, 세상에는 이처럼 아내를 또는 남편을 세 들어 사는 그런 삶도 없지 않습니다.[09]

2. 다음 두 분의 도덕 선생님이 쓴 글을 읽고, 오늘날 우리의 청소년 문제와 가정 문제의 관련성, 그리고 그러한 문제의 해소 방안에 관해 토론해 보자.

① 지난 학기, 현재 근무하고 있는 고등학교에 2학년으로 다시 들어오게 된 23살의 복학생과 대화할 기회가 있었다. 그 학생은 나이 차이가 많이 나지 않는다는 이유에서인지 나를 굉장히 편하게 대하는 것 같았다. 팔뚝에 문신을 하고 담배를 벅벅 피워 대며 한 손에 아메리카노를 들고 학교에 출근(?)하는 그 학생을 처음에는 경계했던 나도 그의 삶에 대한 궁금증이 생겨 쿨한 척 떨리는 마음으로 대화를 시도했다. 왜 자퇴를 했느냐, 검정고시를 보지 왜 굳이 학교로 다시 돌아왔느냐 등의 질문을 던지다가 우연히 현재의 학급에서 자발적으로 맡고 있는 그의 역할을 알게 되었다. '선배' 노릇이었다. 인생을 몇 년 더 살아 보고 이미 산전수전 겪어 볼 대로 겪은 그는 애송이 18살 후배들이 우러러보는 인생 선배였다. 가끔씩 급우들을 불러 모아 그들의 이야기를 들어 주며 옥상에서 삼겹살도 구워 주고 소주도 사 주는 모양이었다.

09 신영복, 『감옥으로부터의 사색』, 돌베개, 2006, 317-318쪽.

갑자기 그가 건방진 표정으로 나에게 질문을 했다. 선생님은 학생들의 진짜 고민이 무언지 아느냐고. 나는 대답했다. 지금 고등학교 2학년이니까 성적, 대학 입시, 진로 진학 문제가 가장 큰 고민이겠지. 그는 틀렸다면서 나를 가소로운 듯 쳐다보았다. 혼란스러운 표정을 짓는 나에게 그는 '가정'이에요 선생님, 하고 건조하게 대답했다. 전교 1등도, 가출을 밥 먹듯이 하는 학생도, 수업시간 내내 책상에 엎드려 잠만 자는 학생도, 항상 쾌활하게 학교생활을 잘하고 있는 것처럼 보이는 아이까지도 모두 가족에 대한 고민이 일 순위라는 주장이었다. 당연히 그는 학생들의 문제행동의 원인을 모두 가정으로 돌렸다. 자기 또한 방황하게 된 계기가 가족이라고 했다.

『식구』(김별아)의 '프롤로그' 부분에는 "가족 붕괴와 해체의 책임을 '비정상'에게 돌리며 비난하는 사람들에게, 당신의 가족은 정말 행복한가 묻고 싶다"라는 구절이 나온다. 나 역시 이러한 물음에 자신 있게 대답하기가 힘들다. 고백하건대 현재 교직생활 수년 차인 나는 '결혼과 가족의 윤리'라는 단원을 수업하기가 너무 힘들다. 지난 학기에도 모의고사에서 자주 등장하는 음양, 부부유별을 포함한 오륜 등과 같이 어려운 단어들만 정리하고는 급하게 넘겨 버렸다. 부모에게 버림받은, 매일 아버지에게 맞고 자란, 효孝에 대해 이야기하는 것조차 분노를 표출할 것만 같은 아이들의 상처를 건드리기가 몹시 두렵다.[10]

10 현직교사, 서울대학교 윤리교육과 대학원생 전○○이 제출한 과제물, 2017년 2학기.

② 학창 시절, 내게 가장 아픈 기억 중 하나는 친구의 가족에 비해 화목하지 못한 것처럼 보였던 내 가족에 대한 좌절의 경험이다. 그래서 나는 지금도 내 제자들 중 일부는 다른 가족들의 겉모습만 보고 자기 가족에 대해 지나치게 절망하는, 예전의 나와 같은 경험을 하고 있지는 않을까 염려된다. 전에 중학교에서 근무할 때 보면, 이제 막 타인의 시선에 신경 쓰기 시작하는 사춘기의 아이들은 대부분 친구 간의 관계보다 부모와의 관계에서 더 스트레스를 많이 받고 있었다. 부모는 자신의 아이가 독립적인 인격으로 성장한다는 사실을, 아이는 자신이 여전히 보호의 대상이라는 사실을 쉽게 받아들이지 못하는 과도기이기 때문이다. 그런 학생들이나 학부모들과 상담할 때면 추임새처럼 늘 들리는 말이 '다른 애들 엄마는 안 그러시는데', '다른 집 애들은 안 그러는데'와 같은 것들이었다. 누구나 이상적인 부모와 자녀, 가족을 꿈꾸지만, 현실에서 이상에 가까워지는 것은 결코 쉽지 않다. 가족 관계는 누구나 맺고 있는 필수적인 관계이기에 남의 가족은 자기 가족을 비교하는 기준이 된다. 여기서 문제는 내가 바라보는 남의 가족이 늘 '대외적으로' 조금은 꾸며진 모습이라는 것이다.

고등학교로 옮긴 후 나는 담임으로서 조금은 어른에 '가까운' 학생들과 소통하고 있다. 코로나로 인한 위기 속에서도 학생들은 가장 가까운 어른 중 하나인 교사와 소통하고 싶어 했다. 그들은 상담 시간의 대부분을 자기 고민을 이야기하며 보냈는데, 그중 가족과 관련된 문제를 심각하게 토로한 친구들이 절반 이상이었다. 일하지 않는 아버지, 이혼한 부모, 정을 주지 않는 새어머니, 지적 장애가 있는 동생, 무능력한 어머니, 돌아가신 아버지, 자신에게만

의지하는 할머니, 무시하기를 일삼는 누나, 이유 없이 귀찮게 느껴지는 어머니…. 학생들이 가족에 대한 원망과 불만을 털어놓을 때 나는 애써 아무렇지도 않은 척했다. 줄곧 '오 그럴 수도 있지' 하는 태도로 그들을 대했다. 너의 가족은 그 자체로 이미 가족이라고, 남들과 비교하지 말라고 말해 주고 싶었기 때문이다.

가족 때문에 힘들어하는 학생들을 보면, 나의 학창시절이 생생하게 떠오른다. 동시에 지금은 서로에 대한 애틋함과 고마움의 감정이 앞서는 우리 가족을, 그 당시에는 왜 그렇게 미워하고 원망했을까 하는 후회가 밀려오곤 한다. '정상적인' 가족에 속하지 못했다는 이유로 스스로 위축되어 우리 가족의 가치를 폄하했던 사춘기 시절로 돌아가고 싶어진다. 나이가 들며 내가 처한 삶의 조건에 대한 허용 범위가 늘어남과 동시에 우리 가족이 있는 그대로의 모습으로 나의 삶에 주는 '안정감'을 경험하고 있기 때문이다. 이 안정감은 내가 우리 가족의 가치를 인정하고 직시하면서 생기게 된 것이다. 그리고 이 안정감을 토대로 나는 청소년 시절보다 훨씬 더 도전적이고 당당한 삶을 보내고 있다. 나는 내 제자들이 나보다는 더 빨리 이런 경험을 하길 바란다.[11]

11 현직교사, 서울대학교 윤리교육과 대학원생 조○○이 제출한 과제물, 2020년 2학기.

3장

성윤리:
욕구의 충족인가 인격의 만남인가

영화 〈라스베가스를 떠나며〉에서 심한 알코올중독자이자 죽을 날이 가까워진 '벤'은 자기 인생의 마지막 나날을 보내기 위해 가족을 떠나 라스베가스로 온다. 벤은 그곳에서 우연히 매춘부인 '세라'를 만나게 되고, 여자로서가 아니라 대화상대로서 그녀에게 의도적으로 접근한다. 서로에게 연민의 정을 느끼게 된 두 사람은 서로의 삶(벤의 알코올중독, 세라의 직업)에 간섭하지 않는다는 조건으로 동거를 시작한다. 하지만 사랑이 깊어지면서 동거의 조건을 어기게 되자, 벤은 집을 떠나고 세라는 다시 매춘부 일을 하게 된다. 서로 상처를 안은 채 우연히 다시 만나게 된 두 사람은 처음이자 마지막인 사랑을 나눈다. 이미 죽음을 앞둔 벤에게는 세라와의 슬픈 사랑이 지상에서의 마지막 사랑이었던 것이다. 그런데 이 둘의 정사 장면은 관객에게 전혀 야하게 다가오지 않는다. 그 이유는 무엇일까?

최근 우리는 뉴스를 통해 지하철에서, 학교에서, 어떤 때에는 군대에서 성희롱이나 성추행 사건이 일어났다는 보도를 접하곤 한다. 이제 성윤리 문제는 어느 특정 집단만의 문제가 아니라 온 사회가 함께 논의하고 해결해야 할 주요 현안으로 떠오른 듯하다.

이렇게 성윤리가 갑자기 주목받게 된 이유는 무엇일까? 아마도 SNS 등의 발달로 과거에는 그냥 묻혔던 문제들이 드러나는 측면도 있겠지만, 우리 사회가 지닌 문화적 특성도 한 요인인 듯하다. 즉 한편으로 성은 부끄러운 것, 숨겨야 하는 것이라는 식의 보수적인 유교 문화 전통이 아직도 남아 있는 반면, 다른 한편으로는 서구화·개방화 추세에 따른 성 담론 해방 분위기가 급속히 퍼져 가는 이중적인 측면에도 주목할 필요가 있을 것 같다.

그래서 성 문제는 종종 윤리적으로 첨예한 논쟁거리가 되곤 한다. 과연 성적 자유를 어디까지 허용해야 할 것인지, 청소년에 대한 성윤리 교육을 어떻게 해야 할 것인지 등에 관해 이제 우리의 생각을 정리해 볼 필요가 있다.

1. 성윤리에 관한 다양한 입장들

어떤 사람들은 우리가 굳이 성性을 특별히 윤리적인 주제로 삼아 논할 필요가 있는지에 대해 의문을 제기한다. 아마도 성이란 개인의 프라이버시와 관련된 것으로서 타인에게 피해를 주지 않는 한 특별히 윤리적으로 문제 삼을 필요가 없다는 생각 때문인 듯하다. 피터 싱어Peter Singer는 이 점을 다음과 같이 지적하고 있다.

> 윤리에 속하지 않는 첫 번째 것은 일련의 금지조항들, 특히 성性과 관련된 것이다. 성은 특별한 도덕적 문제를 야기하지 않는다. 성과 관련된 문제를 결정할 때 고려할 사항은 정직성, 타인에 대한 배려, 분별력

등이다. 그러나 이러한 점에서 성에는 아무런 특별한 것도 없다. 왜냐하면 자동차 운전과 관련된 문제를 다룰 때에도 이와 똑같은 점들이 고려되기 때문이다(사실 자동차 운전이 야기하는 도덕적 문제들은, 환경상의 관점에서든 안전상의 관점에서든 성행위가 야기하는 문제들보다 훨씬 더 심각하다).[01]

과연 성은 윤리적 영역에서 다룰 만한 주제가 될 수 없을까? 우리는 보통 윤리의 핵심요소로서 '자기중심성의 탈피(즉 보편화 가능성), 인간 존엄, 타인에 대한 배려' 등을 꼽는다. 그런데 인간의 성은 분명히 다른 인간과의 관계를 전제하고 있다. 다른 인격체와의 만남, 그것도 진정한 만남을 지향하고 있다. 여기서 생길 수 있는 온갖 문제가 자기중심성의 탈피, 인간 존엄성에 대한 고려, 다른 성을 지닌 인간에 대한 배려와 깊이 관련되어 있는데 이것이 윤리 문제가 아니란 말인가?

이제 성윤리에 관한 다양한 입장을 살펴보기로 하자. 성윤리를 둘러싼 논쟁거리로는 대체로 성과 사랑의 관계, 혼전 순결, 혼외정사, 음란물 등과 관련된 문제들을 들 수 있는데, 이에 대한 입장은 크게 세 가지로 나누어 살펴볼 수 있다.

우선 보수주의적 입장이다. 이것은 서구의 경우 대개 보수적 그리스도교 윤리에서, 우리의 경우 전통적 유교윤리에서 찾아볼 수 있다. 이런 입장들에 따르면 성이란 결혼 및 자녀 출산과 관련될 때만

01 피터 싱어, 『실천윤리학』, 황경식 · 김성동 역, 철학과현실사, 1991, 17-18쪽.

도덕적이고 온전한 것이 된다. 따라서 이러한 입장은 청소년에게는 혼전 금욕과 절제의 삶을, 결혼한 성인에게는 배우자에 대한 성적 지조를 지킬 것을 강조한다. 이와 같은 보수주의적 입장이 이제까지 우리 삶의 근간인 전통적 가족제도를 유지하는 데, 즉 부부간의 신뢰와 사랑, 안정적이고 책임 있는 자녀교육 등을 뒷받침해 왔다는 데는 이의가 없을 것이다.

다음으로 자유주의적 혹은 쾌락주의적 입장이다. 이러한 입장에서 볼 때 성은 일차적으로 쾌락을 위한 것이다. 단, 성적 쾌락을 추구하는 것과 관련하여 다음과 같은 기본 조건이 충족되어야 한다. 성관계는 자신이 선택한 행위에 대해 충분한 분별력과 책임의식을 지닌 성인들 사이에서 이루어져야 한다. 또한 반드시 양쪽 모두의 합의 아래 이루어져야 하며 타인에게 해악을 끼쳐서는 안 된다. 이와 같은 조건을 충족시키는 한 혼전의 성이건, 혼외의 성이건, 동성애이건, 특이한 형태의 성적 실험이건 전혀 문제될 것이 없다. 또한 이 입장은 사랑이 동반된 성만이 허용되어야 한다는 주장에 동의하지 않는다. 이들에게 있어 성은 마치 그때그때 스포츠를 즐기는 것과 같기 때문에, 성에 반드시 사랑이 전제되어야 한다는 조건을 둘 필요가 없다.

끝으로 중도적 입장이다. 오늘날 많은 젊은이들은 사랑과 성을 굳이 결혼이나 자녀 출산과 결부시키려 하지 않는다. 그래서 그들은 혼전 성관계도 상호 간 사랑의 서약이 전제될 경우에는 아무런 문제가 없다는 주장을 편다. 또 사랑하는 사람들 사이의 성애性愛는 서로의 관계를 돈독히 하는 데 필수적이며, 성적 쾌락을 그 자체로서 즐기는 데 (출산이나 피임 등과 관련된) 어떤 제약도 있을 필요가 없다고 생각한다.[02] 이러한 입장을 '중도적'이라 표현하는 이유는 이 입장이 전통적인 보수적 성윤리로부터 벗어나 있는 것은 분명하지만 '참된 사랑이 동반되지 않는 성은 옳지 않다'는 생각을 지닌 점에서 완전한 쾌락주의적 입장으로부터도 거리를 두고 있기 때문이다.

2. 쾌락과 욕망, 그리고 인간소외

인간에게는 누구나 식욕이나 성욕과 같은 본능적 욕구가 있다. 만일 어떤 사람이 식욕을 전혀 느끼지 못한다면, 그 사람은 곧 죽음의 위험에 직면하고 말 것이다. 또 만일 사람들에게 성욕이 완전히 사라진다면 인류는 머지않아 멸종되고 말 것이다. 그러므로 자연은 인간을 포함한 모든 동물에게 이런 본능을 심어 놓음으로써 개체를 보존하고 종족을 보존하도록 하였을 것이다. 물론 우리는 이와 같은 인간의 자연적 욕구를 나쁜 것으로 볼 필요가 없다. 말하자면 그

02 1982년 대학신문의 설문조사 결과, 여학생의 78%가 '혼전 순결'을 주장했으며, 성 경험이 있는 여학생은 3%에 불과했다. 하지만 30년이 지난 2012년 한 결혼정보회사에서 미혼남녀 887명을 대상으로 진행한 설문조사에서는 여성의 성의식이 확연히 달라졌다. 여성 응답자 중 66.3%는 '혼전 순결서약이 필요하지 않다'고 답했고, 이 중 35.7%는 '사랑하는 사이라면 결혼 전 관계를 맺을 수도 있다'는 입장을 보였다. 남성의 경우, 예나 지금이나 설문 응답자 80% 이상이 혼전 순결에 대해 중요하지 않다고 답한 것과 비교하면 여성의 성의식은 파격적으로 변화했다고 볼 수 있다. 유희연, "30년 전과 달라진 성의식이 '곤지름' 환자 만든다," 「newsis」, 2014. 10. 31.

것은 아직 도덕 이전 단계에 있는 것으로서 도덕적으로 볼 때 중립적이라 할 수 있다. 하지만 문제는 욕구 충족의 과정에서 윤리의 핵심적 요소인 자기중심성의 탈피, 인간 존엄, 타인에 대한 존중 및 배려와 관련하여 발생한다. 성에 대한 쾌락주의적 접근은 위의 요소들을 만족시키고 있는가?

잘 알다시피 쾌락은 욕구 충족의 결과물이다. 즉 쾌락이란 우리의 욕구가 충족될 때 뒤따르는 심리적 상태를 의미한다. 따라서 쾌락을 얻으려면 욕구가 충족되어야 한다. 욕구는 뚜렷한 목적, 즉 지향하는 대상을 가진다. 예를 들면 식욕의 목적은 음식을 먹는 것이고 성욕의 목적은 이성과의 육체적 결합이다. 만일 우리가 욕구를 지니고 있는 한 인간의 입장에서 욕구를 충족시키고 그 결과로서 쾌락을 얻는 과정에만 주목할 경우, 음식을 먹는 행위나 성행위는 별로 차이가 없어 보인다. 다시 말해서 욕구를 지닌 한 인간이 자신의 필요를 충족시킴으로써 만족감을 얻는다는 점에서는 양자가 같다는 것이다.

물론 이러한 견해에 대해서 우리는 '전자의 욕구 충족에 필요한 대상이 음식물(즉 단순한 사물)이라면 후자의 욕구 충족에 필요한 대상은 인간(즉 인격체)'이라는 점을 들어 양자의 차이를 지적할 수 있을 것이다. 하지만 쾌락주의자는 즉각 '음식점에 가서 허기를 채우는 것이나 자위행위 내지 성관계를 통해서 성욕을 채우는 것이나 모두 욕구 충족을 통한 쾌감 획득이라는 측면에서는 같은 것이 아니냐'면서 반론을 제기할 것이다. 이로써 우리는 쾌락주의적 입장이 순전히 자기중심적 욕구 충족에 초점이 맞추어져 있으며 여기서의 대상은 —그 대상이 설사 인간이라 할지라도— 그 욕구 충족을 위한 수단이 된다는 것을 알 수 있다.

이상의 고찰을 통해 우리는 인간의 성과 관련한 쾌락주의적 접근이 어떻게 인간소외를 함축하는지 짐작할 수 있다. 여기서는 자유의지의 담지자인 존엄한 인간이 사라지고 모든 존재가 오로지 쾌락 획득을 위한 수단으로 전락하고 말기 때문이다. 또한 위와 같은 고찰은 왜 포르노가 문제가 되는지도 암시해 주고 있다. 이러한 문제점을 더욱 분명히 하기 위해 다음의 예를 보자.

> 한창 젊은 나이의 민수는 포르노 영상을 보고 있다. 그 영상은 아주 자극적이어서 민수는 거기에 깊이 몰입해 있다. 그런데 어느 순간 영상 속의 주인공이 어딘지 낯이 익다는 느낌이 들었다.
> "아! 이제 누군지 알 것 같다. 이게 웬일이야, 이 사람은 어린 시절 나를 귀여워해 주셨던 ○○○ 아냐?"
> 민수는 조금 전까지 자기를 지배하고 있던 감정이 갑자기 변하는 것을 느꼈다.

만약 위의 장면에서 여러분이 민수였다면 여러분은 그의 심정 혹은 충격을 이해할 수 있을 것이다. 아마도 민수의 감정이 변하게 된 이유는 위 영상 속의 주인공이 미지未知의 인물에서 친숙한 인물로 바뀌었기 때문일 것이다. 만일 그 인물이 어린 시절부터 아주 친밀한 인간관계를 가져왔던 사람이라면 그 충격은 더욱 클 것이다. 포르노에 등장한 주인공이 평소 우리와 잘 아는 사람일 경우, 우리는 왜 충격을 받는 것일까?

이러한 사고실험을 통해 우리는 쾌락주의적인 접근이 전인全人으로서의 인간의 측면을 무시한 채 단지 한 측면만 부각시킨다는 것을, 그리고 모든 것을 오로지 쾌락의 창출을 위한 수단으로 단순화시켜 버린다는 것을 알 수 있다. 어떻게 인간이 쾌락의 도구이기만 할 수 있겠는가? 위 예시에서 영상의 주인공도(또는 성매매의 현장에 있는 누구라도) 실제로는 누군가의 자식이자 누나이자 동생일 것이며, 또 누군가의 아줌마이자 조카일 것이다. 비록 그가 그 상황에 놓이게 된 자세한 사정은 알 수 없을지라도, 그 또한 부모의 꿈과 기대를 안고 태어났을 것이며, 어린 시절부터 간직해 온 자신의 꿈과 희망을 지니고 있을 것이다. 말하자면 그는 살아 있는 인격체인 것이다.

성관계가 오로지 자기중심적인 욕구의 해소 차원에 머물러 있지 않고, 실제의 이성異性 상대와 이루어지는 한 그것은 인간과 인간의 만남일 수밖에 없다. 그리고 그 인간은 존엄성을 지닌 인격체이다. 만일 상대방 이성을 단지 성적 쾌락 추구의 수단으로만 삼는 사람이 있다면, 그는 상대방을 소외시키고 있는 것일 뿐만 아니라 자기 자신도 소외시키고 있는 셈이다. 그는 인간과 인간의 만남이 이룰 수 있는 가장 이상적인 모습의 상징인 남녀의 만남을 단지 자기중심적 쾌락의 수단으로 삼음으로써, 삶의 가능성을 스스로 제약하고 있을 뿐만 아니라 '남녀 관계란 결국 다 그렇고 그런 거야'라면서 냉소적이 되고 마는 것이다.

이런 관점에서 볼 때 우리는 왜 포르노나 성매매가 문제가 되는지 이해할 수 있다. 포르노나 성매매는 인간의 성욕이라는 자연적 현상에 기대어 결국 인간을 소외시키고 있기 때문이다. 그리고 인간을 단지 사고파는 물건에 불과한 것으로 격하시킴으로써 인간의 존엄성을 훼손시키고 있기 때문이다. 이렇게 볼 때 우리는 포르노나 성매매가 성의 참된 의미와 인격가치를 훼손함으로써 문화의 쇠락을 초래할 뿐이라는 것을 짐작할 수 있다.

다음과 같은 칸트의 말은 성과 관련하여 '인간을 결코 수단으로 대우하지 말고 언제나 목적 그 자체로 대우해야 한다'는 정신을 잘 보여 준다.

> 만약 사람이 이익을 위해 자기 자신을 타인의 성욕 충족의 대상으로 삼는 데 동의한다면, 그래서 자기 자신을 타인의 욕구의 대상으로 만든다면, 이때 그는 마치 물건을 처분하듯이 함부로 자기 자신을 처분하고 있는 것이다. 타인의 욕구가 지향하고 있는 것은 성sex일 뿐 인간성humanity이 아니기 때문에, 그는 부분적으로 자신의 인간성을 포기하

고 있는 것이며, 따라서 윤리의 견지에서 볼 때 그의 인격은 위기에 처해 있는 것이다.[03]

3. 성의 진정한 의미는 결국 인격의 만남!

성은 단지 생물학적 성질(자연적 본능)의 측면뿐만 아니라 인간의 전체성, 즉 인간의 생각, 감정, 의지와 깊이 연관되어 있다. 전자가 욕구 충족, 생식, 쾌감 등과 관련된다면, 후자는 책임감, 수치감, 가치감, 인간 존엄성 등의 윤리적 측면과 관련된다. 이러한 두 차원, 즉 생리적·기능적 차원과 인격적 차원은 한 인간에게서 분리될 수 없다. 예컨대 극단적인 성해방을 주장하는 자유연애주의자도 자기가 사랑하는 사람이나 자기 자식의 문란한 성생활을 찬성하지 않는다는 사실은 성에는 단순한 생리적 기능 이상의 의미가 있다는 점을 말해 준다.

인간에게 있는 성적 수치심 역시 성이 지닌 윤리적 측면을 반영하고 있다. 이 성적 수치심은 단순히 습관이나 학습의 산물이 아니며, 오직 인간만이 지닌 본질적인 감정으로서 '단순히 본능적인 존재로 떨어지지 않겠다'는 하나의 자연적 방어기제이다. 일반적으로 그것은 성적 성숙과 더불어 생겨나는데, 타인과 거리를 두어 자신을 성적으로 방어(보호)하고 삼감으로써 새로운 방식의 결합을 예비(결혼

03 I. Kant, "Of Duties to the Body in Regard to the Sexual Impulse," in: *Lectures on Ethics*, ed. Peter Heath and J. B. Schneewind (Cambridge University Press, 1997), p.157.

할 때 깨끗하게 증여할 가치를 적립)하는 기능을 한다.

이렇게 볼 때 인간의 성행위는 남녀가 서로 자신을 증여하는 헌신적인 영육靈肉의 표현이며 상호완성에 이르기 위한 행위가 된다. 그것은 처음부터 자제와 헌신과 같은 윤리적 성격을 지니고 있는 것이다. 그러므로 그것은 결코 자기중심적인 것이 되거나 쾌락만을 위한 것이 되어서는 안 된다.

시대적인 조건을 떠나서 인간의 성이 갖는 보편적 의미가 있다. 인간에게 성이란 인간과 인간이 만날 수 있는 가장 이상적인 모습을 보여 주는 하나의 상징이다. '人間(사람 사이)'이라는 한자어가 보여주듯이, 인간은 원래 개인으로 존재하는 것이 아니다. 그는 관계(부모의 만남)의 산물이자, 관계(가정적 삶) 속에서 성장하여 결국 하나의 자립적 개인이 되는 듯하지만, 마침내 진정한 관계(남녀의 만남)를 통해서 자신의 인간성을 실현한다. 그래서 인간의 성은 겉모습으로는 단순한 육체적 결합처럼 보일지 모르지만 그 참모습은 인격적 만남이요, 그래서 신성한 행위이다.

4. 남은 문제 — 성욕은 억제하는 것이 좋은가?

그렇다면 남녀의 인격적 만남을 지향하지 않는 성이나 오로지 쾌락만을 지향하는 모든 성적 욕구는 억제되어야 마땅한가? 알다시피 오늘날 우리 주변에는 성적인 욕구와 충동을 자극하는 매체와 정보들이 난무하고 있다. 그런데도 이를 (특히 미성년자들의 경우) 제한하는 것은 사실상 기술적으로도 한계가 있다. 이런 상황에서 우리는 어떻게 우리의 성생활을 영위해 나가야 하는가?

앞에서 살펴본 바와 같이 포르노나 성매매는 인간의 참된 성을 지향하는 사람이라면 삼가야 마땅하다. 하지만 정상적인 성인들 간의 합의에 의한 성관계에도 어떤 제한이나 절제가 필요한가? 다음 글은 왜 우리가 일정 범위를 넘는 성관계를 삼가야 하는지 불교적 '자비' 정신의 측면에서 잘 설명해 주고 있다.

> 왜 인간은 욕망과 성에 있어 서로 조심해야 하는가? 왜 아무하고나 악수를 나누고 말을 하듯이, 한순간 마음에 드는 아무하고나 사랑을 표현하고 포옹을 해서는 안 되는 것인가? 성욕이나 성행위 자체가 저속한 신체의 산물이라서 수치스럽고 죄스럽기 때문인가? 그것 자체가 부정하고 악하기 때문인가?
>
> 우리가 성을 조심해야 하는 것은 그것이 저속한 신체에 속한 일이기 때문이 아니라, 오히려 그것이 너무나도 정신적인 것이기 때문이다. 성은 서로에 대해 더 많은 애정을 갈구하게 하여 더 많은 애착과 미련과 집착을 남겨 준다. 때문에 그 관계가 지속될 수 없을 경우에는 말할 수 없는 고통을 일으키게 되고, 둘 사이의 성이 제삼자에게는 죽고 싶을 정도의 절망까지도 가져다줄 수 있다. 결국 우리가 성에다 그렇게

많은 제한을 두게 되는 것은 서로의 마음에 상처를 남기고 고통을 주어서는 안 된다는 자비심 때문이다. 그러므로 평생을 손잡고 있을 수 없는 사람이라면 아예 손잡지 말고, 평생을 하나로 지낼 수 없는 사람이라면 아예 가까이 다가서지 말라고 하는 행동방식이 나오게 된 것이다. 한마디로 말해 타인에 대한 자비심에서 행동에 있어서의 자기제한이나 자기절제가 요청되는 것이다. …

간음하지 말아야 하는 것은 그 행위 자체가 부정하기 때문이 아니라 그 행위가 야기하는 고통이 너무 크기 때문이다. 그런 고통을 막으려는 자비심으로부터 성에 있어 우리의 몸짓에 제한이 요구되는 것이며, 그런 제한을 실행하지 못한 자, 간음한 자는 자비심이 없는 자로서 정죄되는 것이다. …

자비의 정신은 우리의 욕망에 넘지 말아야 할 선線을 그어 준다. 그것은 그 이상의 말이나 행동이 부정하기 때문도 아니며 그 욕망 자체가 비윤리적이거나 아름답지 못하기 때문도 아니다. 그것은 단지 넘지 말아야 할 선 너머의 행동이 자제된 행동보다 타인에게 더 많은 고통을 가져다주기 때문이다. 욕망을 절제하며 사는 자는 그것을 표출하며 사는 자보다 어쩌면 스스로 더 많은 고통 속에 사는 자일지도 모른다. 그러나 타인에게 고통을 일으키지 않기 위해 자신의 고통을 감내하겠다는 마음, 고통스런 갈애渴愛를 따뜻한 관심으로 받아들이겠다는 마음이 바로 자비의 마음 아니겠는가?[04]

04 한자경, 『불교철학과 현대윤리의 만남』, 예문서원, 2008, 243-245쪽.

성윤리를 통해서 우리는 타인에 대한 존중과 배려, 그리고 자비의 실천이라는 윤리의 본질과 만나게 된다. 성은 인간의 가장 강력한 욕망과 결부되어 있다. 하지만 인간은 단지 본능적 존재에 그치는 것이 아니라 동시에 도덕적 존재이기 때문에 그러한 욕망을 넘어서고자 하며, 이로써 인격가치의 실현을 향해 나아갈 수 있다. 이런 점에서 성은 인간 존엄성이라는 윤리의 뿌리가 가장 잘 드러나는 영역일지도 모른다.

생각해 볼 문제

1. 2019년 6월 27일 대법원이 성인용품 '리얼돌(섹스인형)'의 수입을 허가하면서 우리 사회에서 '리얼돌' 논란이 불붙었다. 그리고 현재 "리얼돌을 수입해도 된다"는 주장과 "안 된다"는 주장이 팽팽하게 맞서고 있다. 찬성 측에서는 "단순한 성 기구일 뿐이다", "성범죄를 줄이는 수단이 될 수 있다", "개인의 사적 영역이다" 등의 주장을 내놓고 있는 반면, 반대 측에서는 "여성에 대한 인격권 훼손", "여성을 상대로 끊임없이 이뤄지는 성적 대상화에 더 큰 악영향을 끼칠 수 있다"는 점 등을 들며 수입 금지를 주장하고 있다. 아래 제시된 2심 법원의 판결문(일부)과 페미니스트 측의 인터뷰 기사를 읽고 찬·반 토론을 벌여 보자.

> ① 리얼돌을 전체적으로 관찰해 볼 때 그 모습이 상당히 저속하고 문란한 느낌을 주지만 이를 넘어서서 사람의 존엄성과 가치를 심각하게 훼손하거나 왜곡했다고 평가할 수 있을 정도로 노골적인 방법에 의해 성적 부위나 행위를 적나라하게 표현 또는 묘사한 것이라 볼 수 없다.
>
> (- 중략 -)
>
> 성 기구는 성적인 내용을 대외적으로 표현하는 일반적인 음란물과는 달리 사용자의 성적 욕구 충족에 은밀하게 이용되는 도구에 불과하다. 우리나라 법률도 성 기구 전반에 관해 일반적인 법적 규율을 하고 있지 않고, 성인의 사적이고 은밀한 사용을 본래 목적으로 한 성 기구의 수입 자체를 금지할 법적 근거는 달리 찾아

보기 어렵다. … 개인의 사적이고 은밀한 영역에 대한 국가의 개입은 최소화돼야 한다.

② 영국 드몽포르 대학교에서 로봇과 AI 윤리를 연구하는 캐슬린 리처드슨 교수에 따르면, 성적 욕구만을 충족하기 위해 만들어진 '리얼돌'은 사람을 사물로 보게 할 가능성이 있는 물건이다. 그래서 그녀는 '리얼돌'이 인간을 '사물화'시킬 뿐만 아니라 인간관계가 단순히 육체적인 관계에 불과하다는 관점을 강화하게 될 것이라고 경고한다. 다음은 리처드슨 교수와의 일문일답이다('리얼돌'은 리처드슨 교수의 답변에 따라 모두 '섹스돌'로 번역함).

– 교수님은 로봇 윤리 전공자입니다. '섹스돌'에 반대하는 목소리를 내는 이유가 있나요?

"섹스돌은 여성을 과도하게 성적 대상화하는 방식으로 만들어집니다. 섹스돌의 제작 방식에는 여성을 포르노 혹은 성매매 대상으로 보는 시각이 깊이 투영돼 있습니다. 섹스돌을 구매하는 남성들은 대체로 여성을 경멸합니다. 섹스돌은 포르노와 성매매에 이어 여성 비하의 다른 방식일 뿐입니다. 우리는 그것을 허용해서는 안 됩니다."

– 어떤 이들은 섹스돌이 성범죄율을 낮출 것이라고 주장합니다. 당신의 생각은 어떤가요?

"남성들이 그렇게 생각한다는 걸 알고 있습니다. 하지만 유감스럽게도 여성과 아동 성범죄에 대해 책임이 있는 것도 남성들입니다. 남성들이 성범죄를 저지르는 이유는 그들이 그래도

된다고, 즉 시스템에 의해 보호받을 수 있다고 생각하기 때문입니다. (섹스돌의 수입을 허용한) 대법원의 판결은 여성들에게는 전혀 이득이 되지 않을 것입니다. 이는 남성의 지배와 남성의 '성적 권리sex rights'를 확대할 뿐입니다. (심지어 여성과 소녀들의 존엄성과 인간성을 훼손시키면서요.)

– 섹스돌이 '그냥 인형일 뿐'이라는 일부의 주장에 대해 어떻게 생각하시나요?

"네, 남성도 섹스돌이 인형이라는 걸 알지만, 섹스돌은 은연중에 우리 문화 속 여성 비하를 강화합니다. 실제로 여성 비하는 포르노를 만드는 데에, 남성의 여성 살인에, 그리고 강간과 살해의 기저에 깔려 있지요."

– 섹스돌에 대해 표현의 자유를 주장하는 사람들도 있습니다. 당신의 생각은 어떤가요?

"섹스돌은 표현의 자유가 아닙니다. '여성 비하'일 뿐입니다. 우리는 '표현'을 수많은 방식으로 제한합니다. 그 이유는 그것이 때로 해롭고 사회적으로 이득보다 비용이 더 크다는 것을 알기 때문입니다. 이 세계의 동등한 구성원인 여성에게 무언가가 부정적인 영향을 끼친다면 이는 사회 전체적으로도 해로운 일입니다. 여성 비하야말로 상업적인 성 산업을 키운 주범이라 할 수 있습니다. 만약 여성들이 [존엄한] 인간 존재로 여겨졌다면, 상업적인 성 산업은 없었을 겁니다. 왜냐하면 여성들이 상품이 아닌 온전한 인간으로 대우받았을 테니까요."

– 인간의 대화와 행동을 본뜬 섹스 로봇이 출현하게 된다면 우리는 어떻게 해야 할까요?

"그럴 가능성은 별로 없습니다. 기계는 인간의 대화를 따라 할 수 없습니다. 로봇들은 질문에 대답하는 데에는 능하죠. 하지만 인간의 대화는 그저 질의응답형 발화로만 되어 있지는 않거든요."[05]

2. 다음 글을 읽고 현재 우리나라의 성매매 실태와 단속 현황, 그리고 성교육의 문제점에 관해 토론해 보자.

성매매특별법이 시행[2004년 9월 23일]된 지 10년이 넘었다. 여성가족부에 따르면, 이 법의 시행으로 그동안 집창촌의 수가 줄어들고 성매매가 범죄라는 사실을 널리 인식시킨 가시적인 성과도 있었지만 근래에는 안마시술소 등을 통한 변종 성매매, 인터넷과 스마트폰 애플리케이션을 통한 성매매, 해외 성매매 등 단속과 처벌을 피해 가는 새로운 유형의 성매매가 증가하는 추세라고 한다. 이러한 풍선효과는 사실 법 제정 당시부터 어느 정도 예견됐던 일이다. 현실을 무시한 지나친 도덕주의가 성공하기 어렵다는 것은 1919년 미국의 '금주법禁酒法'이 결국 실패로 끝난 전례가 잘 보여주고 있지 않은가.

이런 점에서 2000년대 초 집창촌을 집중 단속했던 장본인이면서

05 「오마이뉴스」, 2019. 8. 12. 기사 발췌 요약.

도 성매매특별법에는 줄곧 반대 입장을 보여 온 김강자 전 서울 종암경찰서장의 말에 귀 기울일 필요가 있다. 김 전 서장에 따르면 성매매업소를 일방적으로 단속하는 방식은 성매매를 음성화할 뿐 근본적 해결책이 되지 못한다. 따라서 대응방식을 이원화해야 한다. 부모가 없거나 제대로 된 교육을 받지 못했거나 이른 나이에 가출해 집창촌으로 흘러들어 간 이른바 '생계형' 성매매 여성들은 자활 지원을 강화해 사회로 복귀할 수 있게 해 줘야 한다. 반면 쉽게 돈을 벌어 사치를 하기 위해 안마방이나 오피스텔에서 이중생활을 하는 '비생계형' 성매매 여성들은 업주와 함께 강력히 단속해 엄벌해야 한다. 이를 위해선 '제한적 공창제'를 고려해 봄 직하다. 제한된 지역에서 공개된 집창촌을 허용하되 여기에는 자활 지원을 병행하고, 대신 음성화된 업소는 강력히 단속하는 방식이다.

필자에게는 김 전 서장의 마지막 지적이 특히 가슴에 와 닿았다. "제도 운용에 초점을 맞출 게 아니라 자활 지원이 핵심이다. 성의식은 법이 아닌 교육을 통해 자리 잡힌다. 성교육은 제대로 안 하면서 법으로만 성의식을 바로잡는 데에는 한계가 있다." 이런 점에서 최근 여성가족부가 '성매매 예방교육'을 강조한 것은 시의적절하다.

그러면 우리의 성교육 실태는 어떤가? 현재 초·중·고교에서 의무 성교육 시간은 연간 10시간이다. 하지만 이를 제대로 이행하는 학교는 드물다. 특히 고교에서는 대학입시를 앞둔 현실 때문에 수능 후에 몰아서, 그것도 큰 강당에 많은 학생을 모아 놓고 주입식으로 하는 경우가 많다. 내실 있는 교육이 되지 못하는 이유다. 한 청소년 성문화센터 담당자의 말에 따르면, 현재 대학에 성교육이라는 전공과목이 없다 보니 성교육에 관해 깊이 있게 연구한 전문 교사도 거의 없고, 잘 짜인 내용을 담고 있는 정규 교재도 없어 양질의 교육을 기대하기 힘들다는 것이다.

다음으로 지적할 문제점은, 현재 성교육이 지나치게 지식 위주이며 포괄적 인성 교육의 맥락에서 이뤄지지 못하고 있다는 점이다. 현재 우리의 성교육은 '성을 대할 때의 태도' 같은 윤리적 측면보다 생물학적이고 기능적인 성지식을 가르치는 데 치우쳐 있다. 특히 생명의 소중함과 내 몸의 소중함을 다루고 있는 다른 나라의 성교육에 비해 우리나라 성교육은 낙태·피임·성폭행 예방 등이 주가 되고 있다.

이는 선후先後가 뒤바뀐 교육이다. 성교육은 먼저 생명의 소중함, 나와 타인의 인격 존중, 책임의식, 생명 탄생의 신비, 남자와 여자의 차이 등 개인의 인성을 바로잡을 수 있는 전인격적 차원의 교육이 이뤄져야 한다. 이러한 성윤리 교육을 토대로 우선 바람직한 성의식이 확립된 이후에 생물학적이고 기능적인 내용을 배운다면 학생들이 더 잘 이해할 수 있을 것이다. 성윤리 교육이 결여된 성지식 위주의 교육은 오히려 성적 탈선을 부추기는 계기로 작용할 수도 있다.

성윤리라는 다소 어렵고 무거울 수 있는 주제를 학생들이 재미있게 받아들이도록 하기 위해서는 다음과 같은 방법도 생각해 볼 수 있다. 즉 윤리적인 내용을 담고 있는 만화 영상과 스마트폰 앱 등을 활용한 수업을 통해 일상에서 수시로 성윤리를 접하도록 하는 것이다. 여기에 전문적 능력을 갖춘 강사가 정식 성교육 교재를 바탕으로 학생들과 상호 소통하는 수업을 진행한다면, 학생들도 수업에 적극적일 것이며 자연스럽게 성의 의미와 중요성을 인식하게 될 것이다.

제대로 된 학교 성교육이야말로 성매매를 예방하는 가장 근본적인 대책이 아닐 수 없다.[06]

06 박찬구, "성매매 예방, 법보다 교육이 먼저다," 「문화일보」, 2014. 10. 7.

4장

양성평등윤리:

양성평등 실현의 당위성과 과제

이제까지 주로 남성의 시각에서 만들어진 영화들이 지배적인 한국 영화 풍토 속에서 여성의 시선으로 바라본 영화들이 만들어지기란 쉽지 않았다. 따라서 여성 캐릭터는 남성들이 만든 이상형이거나 왜곡된 여성상인 경우가 많았다. 주체적이거나 자신의 욕망을 과감히 드러내는 여자는 으레 '나쁜 여자' 또는 '이상한 여자'로 매도되기 일쑤였다. 하지만 1990년대를 지나면서 점차 여성의 시각에서 바라본 영화들이 출현하고 여성 캐릭터들도 진화하기 시작했다. 오늘날에는 '미투me too' 운동과 같은 거대한 페미니즘의 물결 속에서 기존에 볼 수 없었던 다양하고 입체적인 여성 캐릭터들도 등장하게 되었다. 이러한 흐름을 반영하듯 2016년에 나온 영화 〈아가씨〉는 자신의 욕망과 정체성을 더 이상 변명하지 않고 험담과 음모를 정면으로 돌파하는 두 여주인공의 모습을 보여 주고 있다. 그뿐 아니라 두 여성 간의 동성애를 적나라하게 묘사함으로써 기존 한국 사회를 지배하고 있던 성적 고정관념과 젠더 의식에도 도전장을 내밀고 있다. 우리는 이러한 흐름을 어떻게 보아야 할까? 또 이에 대한 평가는 남성의 입장과 여성의 입장에 따라 달라질 수밖에 없는가?

전통적으로 남성에 비해 여성의 사회적 지위가 낮다는 것은 동서양을 막론하고 공통된 현상일 것이다. 현대에 와서 이러한 현상이 많이 개선되었다고는 하지만 눈에 보이지 않는 남녀 차별은 아직도 도처에 남아 있다. 예를 들어 직업 전선에 나선 여성들에게 취업의 문은 남성들에 비해 좁으며, 직장에서의 승진 기회 또한 상대적으로 적은 것이 현실이다. 가정생활에서도 주부들에게 시댁의 일은 항상 친정의 일보다 우선한다. 또한 여성들의 가사노동은 그들이 쏟은 시간과 노력에 비해 그 가치를 충분히 인정받고 있지 못하다. 남녀 사이에 엄연히 존재하는 이러한 불평등이 이제까지 남아선호男兒選好 사상을 부추겼던 요인 중 하나였을 것이다.

여성에 대한 사회적 불평등을 제거하려는 가장 적극적인 움직임은 20세기 서구에서 시작되었다. 흔히 '여성주의feminism'라 불리는 이 운동은 1960년대 초 반전反戰, 반인종차별을 내세우며 등장했던 신좌파the New Left 운동의 영향을 받으며 '여성해방운동women's liberation movement'이라는 이름을 얻기도 하였다.

그러나 이러한 움직임에 대한 비판도 적지 않아서 이 문제는 곧잘 논쟁의 대상이 되곤 하였다. 남성과 여성 간에는 과연 여성에 대한 남성의 사회적 우위를 정당화할 만한 차이가 존재하는가? 우리가 볼 수 있는 남녀 간의 차이는 선천적인 것인가, 아니면 남성 우위의 기존 사회적 환경이 조장한 것인가? 남녀 간에 여러 가지 면에서 차이가 있다는 사실이 남녀 간의 불평등한 대우를 정당화할 수 있는가? 여성주의는 혹시 피해의식에 젖은 여성들의 과장된 논법을 대변하고 있는 것은 아닌가? 이제 아래에서 여성주의를 둘러싸고 전개되는 논쟁들을 살펴봄으로써 양성평등의 이슈에 더 깊이 있게 다가가 보자.

1. 남녀 간의 차이는 유전에서 오는가, 환경에서 오는가?

잘 알다시피 남녀 간에는 여러 가지 측면에서 차이가 있다. 통계에 따르면 대체로 여성이 남성보다 더 나은 언어 능력을 가지고 있다. 이것은 여성이 남성보다 말을 더 잘한다는 일반적인 생각과도 일치할 뿐만 아니라, 복잡한 글을 더 잘 이해하고 언어를 더 창의적으로 사용할 수 있다는 것을 의미한다. 반면에 남성은 여성보다 우수한 수학적 능력 및 공간지각 능력을 가지고 있다고 한다.

그러나 남녀 간의 중요한 차이는 지적인 측면보다 심리적인 측면에서 더욱 확연하게 드러난다. 그 대표적인 예로서 남성이 여성에 비해 더 공격적이라는 점을 들 수 있다. 서로 다른 문화권에 살고 있는 아이들에 대한 몇몇 연구는 남자아이들이 여자아이들보다 더 거칠고 공격적임을 보여 주고 있다. 대체로 남성은 여성보다 쉽게 남을 해치는 경향이 있다. 이는 대부분의 폭력범이 남성이라는 사실에서도 드러난다. 한편 공격성은 경쟁심과 지배욕, 즉 어떤 집단 내에서 가능한 한 정상에 올라 남들을 지배하려는 충동과 관련된다고 여겨진다. 그렇다면 남성이 여성보다 '공격적'이라는 사실이 현재 사회에서 남성이 여성보다 지배적인 위치를 차지하고 있는 현상을 '설명'해 줄 뿐만 아니라, 그것을 '정당화'해 주는 논거가 될 수 있을까? 우리는 이 중에서 우선 첫 번째 문제, 즉 남녀 간에 관찰되는 사실적 차이의 원인을 둘러싼 논쟁을 살펴보자.

환경적 요인설

남녀 간에 발견되는 이러한 차이의 원인은 무엇인가? 여성주의자들은 대체로 이것이 타고난 것이라기보다는 다분히 환경적 요인에 의해 만들어지는 것이라고 본다. 보부아르Simone de Beauvoir 여사는 이 점을 다음과 같이 지적하고 있다.

> 여성은 태어나는 것이 아니라 만들어지는 것이다. … 문명 전체가 남성과 '거세된 남성' 사이의 중간 산물을 만든 다음 거기에 여성이라는 명칭을 붙인 것이다.[01]

보부아르가 주장하는 것처럼 여성주의자들은 여성성[02]이라는 것이 사회적 구조와 모순에 의해 발생했다고 주장한다. 그들에 따르면 '남성'이라는 본질이 존재하지 않듯이 '여성'이라는 본질 역시 존재하지 않는다. 그래서 여성다움이라는 것도 문화적 산물에 불과하다고 주장한다. 이들은 그동안 남성이 여성을 지배했던 이유가 목숨을 걸고 야생동물을 사냥해야 했고 적의 침략을 무력으로 지켜야 했던 지난날, 전쟁에서 육체적인 힘이 가장 필요한 능력으로 중시

01 시몬 드 보부아르, 『제2의 性』, 강명희 역, 하서출판사, 1996, 제2부 제1편 제1장 "유년기" 도입부 참조.

02 이른바 젠더(gender)를 말하는데, 이는 생물학적 의미의 성(sex) 개념과 확연히 구별되는 개념이다. 다시 말해서 젠더란 성 역할의 사회화 과정을 통해 후천적으로 결정되는 성 개념을 가리키며, 남성다움(남성성)과 여성다움(여성성)으로 구분한다. 그리고 사회마다 요구하는 남성다움과 여성다움의 기준이 다르기 때문에 그 의미는 사회마다 다양하게 나타난다고 본다.

되었기 때문이라고 설명한다. 이러한 단순한 사회에서는 육체적인 힘과 공격성이 중요했기 때문에 남자들이 지배적인 위치를 차지하게 되었다는 것이다. 그러나 오늘날과 같이 모든 것이 기계화되어 힘보다 기술과 아이디어가 더 중요해지고, 또 법과 권리가 중시되는 사회에서 남성의 여성에 대한 지배는 더 이상 의미가 없다고 말한다.

우리의 성장 과정을 되돌아볼 때, 확실히 우리는 어렸을 때부터 남자와 여자의 역할을 '배우게' 되는 면이 많다. 남자아이들은 선물로 자동차나 총을 받고, 여자아이들은 인형이나 소꿉놀이 장난감을 받는다. 여자아이들은 칭찬으로 대개 '예쁘다'는 말을 듣고, 남자아이들은 '씩씩하다'는 말을 듣는다. 대부분의 아동 도서에서는 아빠가 회사에서 일하고 엄마는 집에서 아기를 돌보고 음식을 만드는 모습으로 그리고 있다.

그래서 대부분의 페미니스트들은 '여성성'이란 자연의 산물이라기보다 의식·무의식적인 사회적 학습의 산물이라고, 아니 사회구조적 차별의 결과라고 단정한다. 과연 이들이 주장하듯 여성성은 사회적 불평등에 의해 조작된 것에 불과한가? 여성 억압의 요인을 단지 남성 대 여성이라는 대립 구도나 가부장적·사회적 관습으로 이해하는 것은 여성이 처한 현실을 너무 단순화하는 것이 아닐까? 차별을 없애자는 주장이 혹 여성성이라는 다름에 대한 부정으로 이어지는 것은 아닌지 우리는 조금 더 자세히 따져 볼 필요가 있다.

생물학적 요인설

일부 여성주의자들이 주장하는 환경설에 대한 반론도 적지 않다. 이 견해에 따르면 사회적·교육적 환경이 남녀 간의 심리학적 차이를 결정하는 데 영향을 미치는 것은 사실이지만, 생물학적·유전적 요인 역시 작용하고 있다. 일례로 남성의 공격성은 인간뿐만 아니라 모든 영장류에서 전반적으로 나타나는 현상으로서, 학습되기 이전의 아이들에게서도 발견된다. 한 연구에 의하면 그 정도는 남성 호르몬의 양에 따라 좌우된다.

실제 우리의 경험상으로도 아이들은 아주 어렸을 때부터 이미 남녀 간에 태도나 관심사에서 차이를 보인다. 남의 집에 처음 들어설 때 남자아이는 대개 그 집의 사물, 즉 장난감에 먼저 관심을 보이는 반면, 여자아이는 먼저 그 집의 사람들을 쳐다보고 인간적 관계에 관심을 보이는 경향이 있다. 이러한 면과 관련하여 대체로 여성은 주변 사람들의 요구에 민감한 반면 남성은 자기 일에 더 열중한다. 또한 여학생들이 문학·예술에 더 능력을 발휘하는 데 반해 남학생들은 수학·과학에 더 재능을 나타내는 것을 볼 수 있다. 또 일부 과학자들에 따르면, 남성의 뇌 구조는 직선적이라 한 번에 한 가지 일밖에 처리하지 못하는 특징을 지닌 반면, 여성의 뇌 구조는 거미줄과 유사하여 한 번에 여러 가지 일을 소화하고 전후 맥락과 관계를 조망하는 데 훨씬 유리하다고 한다.

다음 글은 남녀의 이러한 타고난 차이를 무조건 부정하는 것이 오히려 여성의 참된 가치를 무시하는 결과가 될 수 있음을 지적하고 있다.

이처럼 원하건 원하지 않건 남자와 여자 사이에 확연한 차이가 존재한다면 이러한 천성적 측면을 무조건 부정하는 것만이 근본적 해결책은 아닐 것이다. 더욱이 "사람은 여자로 태어나는 것이 아니라 여자로 만들어진다"는 보부아르의 주장은 우회적으로 남성적인 특성이 여성적인 특성보다 더 가치 있음을 함축함으로써 은연중에 여성이 되는 것은 부정적이라는 의미를 암시하는데, 이는 여성의 여성 자신에 대한 비하로 간주될 수 있을 만큼 위험하다.
일반적으로 여성의 것으로 치부된 모성애, 헌신, 가사노동이 무조건 비하되고 극복해야 할 열등성일까? 모든 남성과 여성이 논리적이고 생산적인 분야에만 참여한다면 사회는 제대로 움직일 수 없게 될 것이다. 만약 모든 여성이 모성애와 가사노동을 거부하고 남성화된 여성만을 찬양한다면 사회는 곧 파국을 맞게 될 것이다. 보부아르의 주장은 은연중에 이성理性중심적인 남성 문화를 답습하고 있는 것이 아닐까?[03]

2. 여성해방운동의 필요성

남성중심적 의식구조와 사회체제가 바뀌어야 하는 이유는 무엇인가? 이는 무엇보다도 그것이 우리 시대의 이념인 인간 평등과 인

03 최영주 엮음, 『세계의 교양을 읽는다 4-윤리학 편』, 휴머니스트, 2006, 196-197쪽.

간 존엄성에 위배되기 때문이며 인간의 진정한 자아실현을 방해하기 때문이다.

남성 우위의 사회에서 남자는 어려서부터 여자보다 유리한 출발선에서 성장할 수 있을 것이다. 반면 여자는 남성 위주의 관행과 불평등한 대우를 경험하는 가운데 불만과 좌절감을 느끼기 쉬울 것이다. 그런 분위기에서는 설사 여성이 어떤 재능을 가졌거나 어떤 업적을 성취하려 해도, "역시 여자는 어쩔 수 없어"라는 등의 경멸적인 언사와 더불어 한 인간으로서의 가능성을 부정당하기 쉬울 것이다.

남성 위주 사회에서의 여성 경시는 이른바 에로티시즘eroticism의 허울 속에도 숨어 있다. 이러한 사회에서는 여성들에게 남성들의(혹은 남성들을 위한) 성적 파트너라는 이미지가 부여된다. 이러한 경향은 특히 경제력을 지닌 남성들이 자신의 성적 욕망을 충족시키기 위해 여성(혹은 여성을 등장시킨 음란물)을 돈으로 사게 되는 상황에서 더욱 조장된다. 여기서 여성은 자율적이며 존엄한 인간으로서의 품위를 상실하고 마침내 남성의 성性을 위한 도구적 존재로 비하되고 만다.

이러한 사회는 한 인간으로서의 여성을 소외시킬 뿐만 아니라 남성 자신도 소외시키는 결과를 낳는다. 특히 남성들이 스스로 '사나이 기질'(강하고, 거칠고, 경쟁적인 기질 등)을 내세우며 여성과 세계를 자신이 지배해야 한다는 이미지에 집착할 때, 그들은 억압받는 여성들과 마찬가지로 여성에 대한, 그리고 세계에 대한 관계를 왜곡하게 된다. 즉 그들 또한 여성들과 마찬가지로 인위적으로 조작된 ―여자는 순종적이어야 하고 남자는 허세를 부려야 하는— 성적인 고정관념stereotype에 얽매임으로써 온전한 인간으로서의 자기완성을 스스로 제약하고 마는 것이다. 이렇게 볼 때 여성해방은 곧 남성해방을 함축한다는 것을 짐작할 수 있다.

그렇다면 오늘날 사회제도의 측면에서, 또 의식구조의 측면에서 남녀의 평등은 어느 정도나 실현되었다고 할 수 있을까? 물론 우리 시대에는 '적어도 외형상으로는' 여성을 차별하는 시대착오적 편견이나 불평등이 더 이상 존재하지 않는다. 하지만 암암리에 여성을 제약하는 남성중심적 의식구조는 아직도 광범위하게 남아 있는 듯하다. 다음 대중가요 가사는 오늘의 젊은 여성들이 이에 대해 어떻게 느끼고 있는지를 잘 보여 준다.

모든 게 나에게 여자가 여자다운 것을 강요해. 날 바라보는 네 야릇한 시선들이 난 싫어. (약한 여자, 사랑에 약한 여자…) 내게 강요하지 마. 틀에 갇혀 버릴 내가 아닌 걸. 전부 나의 뜻대로. 섹시한, 차분한, 영원히 한 남자만 아는 따분함. 그건 바로 착각, 모든 남자들의 관심사… 난 이 세상을 모두 바꿔 버릴 꿈을 다 가진걸. (Get it up, 난 부족해, Get it up, 모든 게 다…) 말이 되지 않잖아. 그들만의 평등 같은 건. 그대들이 만든 기준에 맞게… 나는 나인걸. 누구도 대신하지 마라. (그렇게 만만하게 넘어갈 내가 아니야.) 내 모습 그대로 당당하고 싶어. (그늘에 갇혀 사는 여자를 기대하지 마.) 마음을 더 열어 봐. 우린 같은 곳을 향해

가잖아. 모두 함께 영원할 텐데… 서로 다른 성일 뿐. 존재하기 위한 인간인걸. 이젠 부정하지 마. 남자들 모두가 세상의 진리는 절대로 불변의 법칙이라고… 이 칼을 잡은 난 세상의 지배자, 힘의 논리, 남자만의 법칙들… 아주 웃기시네! 이 세상의 반, 그건 여자들이 만들 거야. 당당하게 난 멀리 앞을 향해 걸어갈래.[04]

한편 최근에는 남성들에 대한 역차별도 논란의 대상이 되는 듯하다. 여성의 권리를 지켜 주기 위해 시행된 여러 가지 제도가 이제는 오히려 남성들을 차별하는 결과를 초래하고 있다는 것이다. 역차별을 받고 있다는 남성들의 주장의 요지는 다음과 같다. 현대에는 양성평등이 완성 단계에 이르렀고 따라서 여성의 차별을 초래하지 않는 사안에서 무고한 다수 남성이 희생되는 일은 없어야 한다는 것이다. 물론 직접적 이해관계가 걸려 있는 일에서 한 개인으로서의 남성이 여성할당제 등에 대해서 불만을 가질 수는 있을 것이다. 그리고 여성의 권리 보장이나 차별에 대한 보상이 지나쳐 많은 남성들이 차별을 받고 있다고 느낄 정도가 된다면 이는 '사안별로' 마땅히 시정되어야 할 것이다. 하지만 전체적으로 볼 때 저울의 추가 아직도 한쪽으로 현저히 기울어 있다면, 우리는 그 저울의 균형이 수평을 이룰 때까지 낮은 쪽을 계속 밀어 올리는 노력을 해야 하는 것이 아닐까? 안네마리 피퍼는 여성주의 철학자의 입장에서 왜 오늘날에도 여전히 여성해방운동이 지속되어야 하는지를 다음과 같이 역설하

04 보아, 〈Girls on Top〉.

고 있다.

여성해방운동은 지금도 계속되고 있다. 남성들은 이에 대해 매우 반발하고 있으며, 여성해방을 지지하는 여성들도 지나친 활동에 대해서는 비판적인 입장을 취한다. 이에 대한 의식을 갖고 있지 않은 여성들의 반대는 더 말할 필요도 없다. 하지만 여성운동은 여성들의 일을 가치 있는 것으로 인정하지 않고 여전히 비천한 것으로만 여기고 있는 현재의 상황에서는 바람직한 것이라고 생각된다. 오늘날 자연과 인류는 희망을 발견할 수 없다. 그것은 무엇보다 남성적 합리성에 근거한 지배구조들에서 비롯된 것이다. 남성적 합리성은 모든 것을 지배하고 막강한 세력을 행사하였다. 하지만 그것은 지배 받는 자, 약한 자, 억압 받는 자들의 희생은 무시한 채 그들을 도구화하였다.[05]

3. 진정한 양성평등을 향하여

1절에서 우리는 남녀 간의 차이가 선천적인 것인지, 환경적 요인에 의한 것인지에 관해 살펴본 바 있다. 그리고 그 차이의 원인에 대한 여러 가지 설명을 검토하는 가운데, 남녀 간의 차이 중에는 단지 '만들어진' 것만이 아니라 선천적인 부분도 있으며, 또 그것을 굳이 무시할 필요도 없다는 점을 논한 바 있다. 그렇다면 이러한 사실이

05 안네마리 피퍼, 『현대윤리학 입문』, 진교훈 · 류지한 역, 철학과 현실사, 1999, 18-19쪽.

지니는 함의는 무엇인가? 즉 이러한 사실을 해석하는 데 주의할 점은 무엇인가?

우선 남녀 간의 차이는 단지 평균적인 것이므로 개인을 평가하는 척도로 삼아서는 안 된다는 점이다. 남녀 간의 심리적 메커니즘에 타고난 차이가 있다 하더라도 그것은 분명 평균적으로만 존재한다. 즉 어떤 여성은 남성보다 더 공격적이며 더 뛰어난 공간지각 능력을 가진다. 그러므로 개인적 특성이나 잠재력을 무시한 채 '너는 여자이므로 엔지니어가 될 수 없다'고 하거나, '너는 여자이므로 정치적 야심을 가져서는 안 된다"고 말하는 것은 분명 무리한 논법이다. 마찬가지로 우리는 남성이라고 해서 무조건 (일하러 나간 아내 대신) 집에서 아이를 잘 돌볼 만한 부드러운 품성을 가질 수 없다고 결론 내릴 수 없다. 다시 말해서 우리가 분야별 능력이나 적성에서 남녀 간에 차이가 있다는 생물학적인 설명을 받아들인다 하더라도, 가지고 있는 능력을 최대한 발휘하는 데에서 만약 여성이 남성과 똑같은 기회를 가지지 못한다면 이는 마땅히 개선되어야 할 것이다.

다음으로 그러한 차이는 차별을 정당화할 수 없음은 물론 오히려 보완이 필요하다는 점이다. 동물의 세계에서라면 특정한 능력의 차이는 곧 약육강식으로 이어지고, 우리는 이를 자연의 질서로 이해한다. 그러나 인간의 세계는 이러한 동물세계의 질서를 넘어 인간 존엄의 이념에 근거한 도덕적 질서를 추구한다. 우리는 모든 사람을 동등한 자격을 지닌 존재로서 존중하기 때문에, 약자라고 해서 함부로 대하지 않으며 오히려 그의 권리를 지켜 주기 위해 특별히 배려해야 한다. 그러므로 만일 여성이라는 이유로 그간 차별 받아 온 부분이 있다면, 이는 마땅히 시정되어야 한다.

그런데 문제는 당위가 아닌 현실이다. 오늘날에는 남녀를 차별하는 법적·제도적 불평등이 더 이상 남아 있지 않다. 그래서 모든 사람이 동등하게 자아실현의 기회를 가질 수 있다. 우리가 추구하는 민주주의 사회는 모든 이에게 동일한 기회를 부여하기 때문이다. 기회균등은 과거에 존재했던 사회적 불평등을 제거할 수 있게 하는 자유민주주의적 이상의 하나이다. 그래서 이제는 여자라는 이유만으로 공직이나 대학입학을 위한 시험에서 불이익이나 제한을 받는 일이 없다. 그러나 기업체나 산업현장 등 사회 각 분야에서는 여전히 여성 인력을 기피하고 있는 것 또한 현실이다. 이와 관련하여 고용주들은 여성들 중에 유능한 자원이 많다는 사실을 인정하면서도 여성의 출산이나 양육에 따른 생산성 저하라는 문제점을 지적하고 있다. 여기서 우리는 기회의 균등만으로 과연 진정한 평등이 이루어질 수 있는지 묻지 않을 수 없다.[06]

06 아직도 우리나라의 양성평등 실현 정도는 매우 낮은 편이다. 세계경제포럼(WEF)이 발표한 "세계 성 격차 보고서 2018"에 따르면 한국은 성평등 순위가 전체 149개 조사대상국 가운데 115위인 것으로 나타났다. WEF는 각국의 양성평등 수준을 측정하기 위해 경제활동 참여와 기회, 교육 성취, 건강과 생존율, 정치적 권한 등 4개 분야에서 14개 지표의 성별 격차를 수치화했다. 한국은 성평등 지수가 0.657(1에 가까울수록 평등)로 115위였는데, 분야별로는 경제 참여·기회 부문(0.549), 정치 권한(0.134) 부문에서 특히 낮은 젠더 평등 지수를 기록하며 각각 124위, 92위를 기록했다. 경제 참여·기회 부문에서 남녀 임금 평등 지수는 0.532로 세계 평균 0.632를 한참 밑돌았다. 추정 근로 소득(구매력 기준) 수준은 남성이 52,590달러지만 여성은 24,054달러에 그쳤다. 정치 권한 부문에서 여성 의원 비율은 102위, 여성 각료 비율은 119위 등 하위권에 머물렀다. 교육 부문은 초·중등 교육 기회에서 각각 1위를 차지했지만 고교 졸업 후 3차 교육 평등은 113위로 개선되지 않았다. 젠더 격차가 가장 작은 나라로는 아이슬란드가(0.858)가 1위를 차지했고 노르웨이(0.835), 스웨덴(0.822) 등이 뒤를

예를 들어 장애인들은 사회적 경쟁에 있어 그 출발점에서부터 불리한 입장에 서게 된다. 또 지나치게 가난하거나, 어릴 적에 필요한 최소한의 보살핌도 받지 못한 사람은 자기의 타고난 재능을 제대로 발휘할 기회조차 얻지 못한다. 그래서 선진국들은 이러한 문제를 해결하기 위해 사회복지 및 교육 재정을 확충함으로써 사회 구성원들에게 '실질적인' 기회균등을 부여하는 동시에 잠재적인 인적 자원을 최대한 활용할 수 있는 정책을 펼친다.

여성 문제에 있어서도 마찬가지다. 만약 기존의 남성 위주의 사회가 여성으로 하여금 구조적으로 불평등한 여건에서 사회생활을 하도록 한 요인이 있었다면 그것을 개선하는 정책이 나와야 할 것이다. 예컨대 자손을 낳고 바르게 키우는 일이 남녀 모두의 관심사인 이상, 사회는 직장 여성을 위한 탁아소 시설을 확충하고 출산과 양육을 위해 여성에게 유급 휴가를 부여할 뿐만 아니라, 남성에게도 실질적으로 육아휴직을 보장하는 등 제도적 장치와 문화를 구축해 나가야 한다. 이러한 것이 바로 진정한 인간의 평등을 구현하는 길이기 때문이다.[07]

남녀는 인간성의 본질적인 속성이 지닌 양 측면이기 때문에, 그것이 서로 함께할 때에만 온전한 전체, 제대로 된 개체가 될 수 있다.

이었다. 아시아 국가 중에는 유일하게 필리핀이 8위(0.799)를 차지했다.

07 이와 더불어 양성평등 의식을 함양하기 위한 교육적 노력도 중요하다. 미국에서는 매년 4월 넷째 목요일에 '딸(아들)들을 일터에 데려가는 날(Take Our Daughters and Sons To Work Day)'이라는 행사를 벌이고 있다. 이 행사는 1993년 양성평등 사회를 만들기 위해 설립한 미즈 재단에서 8~18세 사이의 여자아이들에게 다양한 직업 체험 기회를 제공하고, 성 역할에 대해 생각해 보도록 하기 위해 만들었다고 한다. 처음에는 여자아이들을 위해 만들었지만 2003년부터는 남자아이들도 함께 참가하는 행사로 바뀌었다. 미국에서는 이 행사를 아주 중요하게 여겨 행사 날짜와 시험 날짜가 겹칠 경우 시험 날짜를 다른 날로 바꿀 정도라고 한다. http://www.takeourdaughterstowork.org 참조.

따라서 인간성을 남녀로 양분하여 파악하려 고집하는 것은 어리석은 태도일 뿐이다. "남성 도덕과 여성 도덕은 서로 다툴 것이 아니라, 양성에 공통되는 인간존재의 기반 위에서 서로를 보완해야 한다. 이때 양성은 그 자체로 가치를 지닌 다른 성의 고유한 기능을 인정함으로써 그들 간의 차이를 대화와 담론을 통해 극복하고 조화를 이룰 수 있게 된다."[08]

08 안네마리 피퍼, 앞의 책, 진교훈 · 류지한 역, 305쪽.

생각해 볼 문제

1. 다음 글을 읽고, 남녀의 기질적 차이는 어디까지가 선천적 요인에 의한 것이고 어디까지가 환경적 요인에 의한 것인지 토론해 보자.

> 마가렛 미드Margaret Mead는 1931년부터 1933년까지 원시농경 체제에 속하는 뉴기니New Guinea의 세 마을에서 성과 기질에 대한 현장 연구를 했다. 다음은 그녀의 기록이다.
>
> 아라페시족Arapesh 사람들은 남녀 모두가 비슷한 인성을 나타냈는데, 이 인성의 특징은 서구인들의 문화적 시각에서 볼 때, 부모 역할의 측면에서는 모성적이라 부르고, 남녀 관계의 측면에서는 여성적이라고 할 수 있는 성질이었다. 그곳에서는 여자들뿐만 아니라 남자들까지도 협동심이 강하고, 비공격적이며, 타인의 욕구나 요구사항에 재빨리 반응하도록 길들여지는 것을 보았다. 그리고 성욕이란 남녀 모두에게 있어 그리 강력한 힘이 될 수 없다고 생각한다는 것을 알았다.
>
> 먼더거머족Mundugumor 사람들은 아라페시인들과는 대조적으로, 남녀 모두 무자비하고 공격적이며 성욕을 적극적인 것으로 받아들이는 반면, 자애롭고 모성적인 면은 극히 무시하였다. 그들이 남녀 모두를 표준화시켜 온 인성적 기준은 서구인의 시각에서 본다면 제대로 양육되지 않은 매우 과격한 남성들에게서나 찾아

질 수 있는 성격이었다. …

세 번째 부족인 챔불리Tchambuli에서는 서구 현대인들이 일반적으로 보이는 특성과는 정반대로, 여자는 지배적이고 객관적이며 통솔권을 가지는 반면에 남자는 책임감이 약하고 정서적으로 의존적 성향을 갖는다.

이러한 세 가지 상황은 상당히 명확한 결론을 제시하고 있다. 전통적으로 우리는 수동성, 민감함, 아기를 귀여워하는 마음 등을 여성적인 기질이며 태도라고 간주해 왔지만, 앞의 세 사례에서 이런 기질이나 태도가 어느 부족에서는 남성적 유형으로 간주되고, 또 다른 부족에서는 남자들뿐 아니라 여자들에게까지도 별로 바람직하지 못한 기질로 간주되고 있음을 보았다. 따라서 우리는 더 이상 그러한 기질과 태도 등을 성과 관련지어 보편화할 수 없게 된 것이다. 더욱이 부계제가 공식적으로 존재하면서도, 남녀간의 주도적 지위가 실제로는 뒤바뀌어 있는 챔불리의 경우를 살펴볼 때 그러한 결론은 더욱 문제가 있음을 알게 된다.

이 조사 자료가 시사하는 것은 우리가 흔히 '여성적' 혹은 '남성적'이라고 말하는 인성적 특성들은 전부는 아니더라도 대부분이 본질적으로 성과 관련되어 있지 않다는 점이다.[09]

09 마가렛 미드, 『세 부족사회에서의 성과 기질』, 조혜정 역, 이화대자대학교출판부, 1988, 325-326쪽.

2. 다음은 베스트셀러 소설 『82년생 김지영』을 영화화한 동명 영화에 대한 논란을 다룬 글이다. 이 영화는 왜 논란의 중심에 서게 되었는지, 특히 일부 남녀들의 경우 영화에 대한 평가가 왜 극단적으로 엇갈리는지 그 이유에 관해 토론해 보자.

지금 논란의 한복판에 선 〈82년생 김지영〉은 페미니즘 영화라고 불리기에 너무 담담하다. 여성해방을 부르짖지도, 남성을 가해자로 그리지도, 성대결을 부추기지도 않는다. 메시지를 강조하기 위해 에피소드를 과장하거나 대중을 선동하지도 않는다. 이 영화는 특별히 불행한 여성이 아닌, 평범한 대한민국 여성의 삶에 대한 서사다. 차라리 리얼리즘이다. 영화관에서 내 왼쪽에 앉은 50대 여성은 알파걸 '김 팀장'이 남성 상사의 비위를 맞추는 장면에서 눈물을 훔쳤고, 김지영이 할머니로 빙의하는 장면에서 여기저기서 훌쩍거리는 소리가 들렸다. 나의 얘기, 내 어머니의 얘기, 친구의 얘기였기 때문일 것이다. 나 역시 일상 속에 스며들어 있는 남녀차별과 일·육아 사이에서 동동거렸던 과거의 기억이 주마등처럼 스치면서 몇 번 울컥했다.

영화 〈82년생 김지영〉은 개봉 전부터 말도 탈도 많았다. 100만 명이 넘게 읽은 소설이지만 일부 연예인은 이 책을 언급했다가 남성들의 비난을 받았다. 영화화가 결정되자 제작 중단을 요구하는 청와대 청원, 캐스팅된 배우 정유미에 대한 SNS 공격 등 과잉 반응이 잇따랐다. 영화가 개봉되기도 전에 일부 남성들은 평점 1점을 주는 '평점 테러' '악플 세례'에 이어 '82kg 김지영'이라며 조롱을 퍼부었다. 반면 여성들은 영화관에 가지 않고도 표를 구매해 응원하는 '영혼 보내기' 이벤트에 참여하는 등 젠더갈등이 표면화됐다. 여성들의 시선에서 보면 소설이나 영화는 자극적이지 않다. 그런데도 영화 개봉 전부터 비난이 들끓은 것은 '성차별' 담론이 이슈화되는 것 자체에 반감을 느끼는 남성들이 적지 않아서다. 그들은 여성들이 권리를 주장하는 것, 차별의 고통을 호소하는 것을 짜증스러워하는 경향이 있다. 수많은 통계들이 차별받는 여성의 삶을 증거하고 있지만 이들은 "남성의 고통이 더 크다"는 식으로 '고통의 경쟁화'에 나선다. 물론 남성들에게도 가부장적 고통이 있고, 역차별 피해도 있을 수 있다. 하지만 이는 기득권자가 약자에게 "내가 더 아프다"고 말하는 것과 같다. 그것이 무엇이라 해도 '첫 손님으로 여자 안 태운다' '여자는 그저 조신하게 행동해야 한다'는 얘기를 듣고 살아온 여성들의 고통보다 더 크다고 말할 수는 없다. 이렇게 수위 낮은 비판으로도 소설과 영화가 '문제작'이 되는 것은 한국 사회가 아직 한참 멀었다는 의미다. 진영갈등 못지않게 소모적인 젠더갈등이 한국 사회에 도사리고 있는 것은 불행한 일이다.

고 노회찬 의원은 이 소설을 언급하며 "'남자가 최고의 스펙'인 대한민국의 많은 제도, 문화, 관행을 깨기 위해서라도, 차이를 차별로 만드는 야만으로부터 탈출하기 위해서라도 많은 남성들이 이 책을 접해야 한다고 생각한다"고 했다. 영화도 그래야 하는데 지난주 영화 예매 관객 성비는 여성이 60~70%로 압도적이라고 한다. 여성의 차별적 삶을 수면으로 끌어올린 소설과 영화가 그저 여성들의 공감만으로 끝나선 안 된다. 정작 영화를 봐야 하는 이들은 한국인의 절반인 남성들이다. 영화 속 남편 정대현이 "다 안다고 생각했습니다"라고 고백한 것처럼 차별 없이 살아온 남성들은 여성들의 현실을 모를 수밖에 없기 때문이다. 남성들이 현실을 알아차리고 편견을 깨야 세상이 변한다. 그래야 '우리 주변의 김지영들'과 그들의 딸의 삶이 달라질 수 있다.[10]

10 심윤희, [매경포럼] "김지영들이 행복한 세상," 「매일경제」, 2019. 10. 28.

5장

경제윤리(1):

분배 정의와 빈곤의 문제

'지식채널 e'의 〈무하마드 유누스 이야기〉는 짧은 다큐멘터리이지만, 우리에게 큰 감동을 안겨 준다. 자본주의 사회의 극심한 빈부격차로 인한 절망적인 빈민들의 상황을 민간 차원의 건전한 시민운동을 통해 극복하는 희망의 모델을 제시해 주기 때문이다. 2006년 노벨평화상을 수상한 방글라데시의 무하마드 유누스의 시도는 하나의 신화이자 실화이고, 빈민들의 희망이다. 극심한 가뭄으로 길바닥에선 사람들이 굶어 죽어 가고 있는 절망적인 상황. 가난한 사람들에게도 돈을 빌려주라고 했지만 은행들은 그런 푼돈 거래에는 관심이 없었다. 결국 유누스는 직접 사회적 기업 은행인 '그라민 은행'을 만들어 무담보 소액대출을 해 준다. 그리고 돈을 빌려주는 것과 함께 가난한 사람들이 스스로 자신의 삶의 장벽을 뛰어넘을 수 있도록 정신적 격려도 잊지 않았다. 그 결과 대출 받은 빈민 가운데 58%가 빈곤에서 탈출하였으며, 대출을 갚은 비율(소액대출 상환율)은 98%에 이르렀다. 이것은 우리 시대의 기적이며 신화이다. 그렇다면 이 이야기가 우리에게 전해 주는 메시지는 무엇인가? 그라민 은행 모델은 과연 우리나라의 절대 빈곤층을 구제하는 데에도 성공적일 수 있을까?

A) 현재 지구의 60억이 넘는 인구 중 12억 인구가 기아 상태에 놓여 있다. 매년 1800만 명이, 또 매일 10만 명이 기아나 영양실조로 인한 질병으로 죽어 가고 있다. 2005년 기준으로 10세

미만의 아동이 5초에 1명씩 굶어 죽어 가고 있으며, 비타민A 부족으로 시력을 상실하는 사람이 3분에 1명꼴이다. 특히 아프리카에서는 현재 전 인구의 36%가, 사하라 사막 이남 지역에서는 인구의 절반 정도가 굶주림에 무방비 상태로 놓여 있다.[01]

B) 흔히 사람들은 굶주림의 원인을 세상에 식량이 부족해서, 혹은 자연재해 때문이라고 생각한다. 하지만 이 지구에는 60억 인구를 모두 먹여 살리고도 남을 충분한 식량이 있다. 10년 가뭄이 들어도 부자들은 굶어 죽지 않는다. 문제의 핵심은 분배다.[02]

위의 글 A는 세계 인구의 1/5이 극도의 가난 때문에 굶주리고 있다고 말하고 있다. 한편 글 B는 그 가난의 원인이 식량이 부족해서가 아니라 그것이 고르게 분배되지 못하기 때문이라고 지적하고 있다.

고르게 분배하는 일의 중요성에 대해서는 일찍이 공자도 다음과 같이 지적한 바 있다.

내가 듣기로, 나라를 다스리고 가정을 책임진 자는 적음을 걱정하지 않고 고르지 못함을 걱정하며, 가난함을 걱정하지 않고 편안하지 못

01 장 지글러, 『왜 세계의 절반은 굶주리는가?』, 유영미 역, 갈라파고스, 2007, 18쪽.
02 한비야, 『지도 밖으로 행군하라』, 푸른숲, 2005, 72-73쪽.

함을 걱정한다고 한다. 대체로 고르면 가난함이 없고 조화를 이루면 부족함이 없으며 편안하면 기울어짐이 없는 것이다(『論語』, 季氏편).

부와 소득, 그리고 경제적 기회를 어떻게 분배하는 것이 정의로운가의 문제에서 정답을 찾아내기란 쉽지 않다. 분배적 정의론 자체가 다양하기 때문이다. 이제 아래에서 분배 정의를 실현하기 위한 정의의 원칙들을 살펴본 후, 절대 빈곤[03]을 종식시킬 수 있는 방안에 대해서도 생각해 보자.

1. 경제윤리의 의의

원래 경제經濟란 경세제민經世濟民의 준말로서 '세상을 다스리고 백성을 보살핀다'는 뜻을 지니고 있다. 그런데 이것이 '경제학'이라는 하나의 학문으로서 독립적으로 탐구되기 시작한 것은 18세기 서구 산업사회와 시장경제체제가 성립한 이후의 일이다. 초기 산업사회는 아직 생산성도 생산량도 보잘것없었기 때문에, 경제의 관심사는 '어떻게 하면 국민들이 누리는 재화의 크기를 더 크게 할 수 있을 것인가'에 있었다. 즉 '경제성장'이 최대 관심사였다.

어느 정도 성장을 달성한 이후에는 '어떻게 하면 주어진 자원을 가지고 더 효율적으로 생산할 수 있을까'의 문제가 주목받음으로써

03 절대 빈곤(absolute poverty)이란 적당한 음식, 물, 주거, 의복, 위생시설, 의료서비스, 교육으로 이루어지는 가장 기초적인 인간의 욕구 충족이 어려운 상태를 가리킨다.

이른바 미시경제학micro-economics(주로 개인의 행동 분석을 바탕으로 가격의 움직임을 관찰함)이 등장했다. 1930년대 세계 대공황 이후에는 '어떻게 하면 이용되지 않는 자원을 최대한 이용할 수 있는가'의 문제, 다시 말해서 완전고용을 비롯해 경제 규모의 안정을 달성하는 문제가 최대 관심사가 됨으로써 이른바 거시경제학macro-economics(주로 경제 전체에 관련된 변수를 관찰함)이 등장했다.

오늘날에는 대체로 이 양자를 종합한 '희소한 자원의 효율적 배분에 관해 탐구하는 것'을 경제학의 과제로 삼고 있다. 경제학의 과제를 이와 같이 규정하는 이유는 유한한 자원에 비해 인간의 욕망은 무한하기 때문이다. 그래서 인간은 어쩔 수 없이 선택을 할 수밖에 없고, 이때의 선택은 합리적 선택이어야 한다는 것이다. 이상을 토대로 현대 경제학의 과제를 한마디로 요약하자면, '무엇을, 어떻게, 누구를 위해 생산, 소비, 분배할 것인가'라는 문제를 다루는 것이라 할 수 있다.

그러나 우리의 논의가 단지 '경제'에 머물러 있지 않고 '경제윤리'로 나아갈 경우, 우리는 합리적 선택과 효율적 배분에서 더 나아가 무엇을 위한 '합리'이고 무엇을 위한 '효율'인지를 묻지 않을 수 없다. 다시 말해서 우리가 지향하는 삶의 목표와 그것을 가능케 하는 바람직한 사회의 모습에 대해서도 생각지 않을 수 없다. 그래서 우리는 자연히 무엇이 정의롭고 무엇이 공정하며 어떤 사회가 이상적인 사회인지를 묻게 된다.

2. 정의로운 분배의 원칙

분배 정의를 실현하기 위한 이론들은 시대적·사회적 여건에 따라 다양하게 전개되었다. 아래에서 이제까지의 대표적인 정의론들을 검토함으로써 우리의 현실에 맞는 정의의 원칙을 찾아보자.[04]

공리주의적 정의론

> "최대 다수의 최대 행복에 기여하는 방식으로 분배가 이루어져야 한다."
>
> —존 스튜어트 밀

잘 알다시피 공리주의는 '최대 다수의 최대 행복'을 지향하며, 이것이 도덕의 기준이 된다. 그렇기 때문에 언제나 쾌락이나 행복의 사회적 합(총량)을 기준으로 선악을 판단한다. 그러므로 부와 소득도 행복의 사회적 총량이 극대화되도록 분배되어야 한다. 이를 경제 정책적 관점에서 보자면 GNP의 극대화를 추구하는 방식으로 나타나며, 이런 점에서 과거 한국 정부의 고도성장 정책은 일종의 공리주의적 정책이라 할 수 있다.

그런데 이러한 정책의 추진 과정에서 중소기업보다 대기업에, 내

04 이하 네 가지 정의론의 내용은 변형윤, 「경제정의와 시민윤리」, 『한국자본주의와 경제윤리』, 아산사회복지사업재단, 1993 참조.

수산업보다 수출산업에, 농업보다 공업 부문에 조세나 금융 등의 측면에서 막대한 지원을 하였다. 그 결과 빈부격차, 경제력의 집중과 불평등이 심화되었다. 이처럼 공리주의는 전체를 위한다는 명분으로 개인과 소수를 희생시킬 가능성이 있다. 그러나 사회 전체적 차원에서 부의 총량만 증가한다면 구성원들 사이의 분배는 어떠해도 좋다는 식의 주장은 정당화되기 힘들 것이다.

자유주의적 정의론

"정당한 절차를 통해 획득한 각 사람의 소유물에 대한 권리를 보장하는 방식으로 분배가 이루어져야 한다."

– 로버트 노직

자유주의는 자유시장이 효율적이고 개인의 자유를 가장 잘 보호한다는 이유로 자유시장을 옹호한다. 나아가 시장경제 원리에 의한 분배 역시 정의롭다고 본다. 자유주의를 주장하는 대표적인 학자들로는 하이에크F. A. Hayek와 노직R. Nozick을 들 수 있다. 노직은 정의로운 분배를 "모든 사람들이 소유하는 소유물에 정당한 권리가 있는 경우"라고 정의하는데, 정당한 소유권리란 올바른 절차를 따라 소유물을 획득하는 데서 생긴다. 자연물에 노동을 가하여 생산된 것과 자발적 교환, 증여, 상속을 통해 이전된 것은 올바른 절차를 거친 것이다. 이러한 과정은 개인들의 자유로운 동의에 의해 이루어지며, 정부가 거기에 개입하는 것은 인권을 침해하는 것이 된다.

공리주의가 개인의 권리를 희생시킬 가능성이 있는 데 반해, 노직은 개인 권리의 불가침성을 옹호한 점에서 의의가 있으나, 이런 과정을 통해 획득한 재산권이 과연 신성불가침하다고 할 수 있는지에 대해서는 의문이 제기된다. 그는 인간의 사회성을 무시하고 타인의 간섭으로부터의 자유라는 소극적 자유에만 집착하여, 각 개인의 자유로운 재산권 행사에 의해 불가피하게 생겨나는 사회적 문제들, 즉 빈곤과 불평등에 대해 눈감고 있다는 비판을 받는다.

평등주의적 정의론

> "최소 수혜자의 이익을 극대화하는 방식으로 분배가 이루어져야 한다."
>
> — 존 롤스

평등주의는 인간이 평등하므로 평등한 대우를 받아야 한다고 주장한다. 모든 사람이 기본적으로 평등하다는 것은 오늘날 인류의 보편적인 신념이다. 그렇다고 해서 부와 소득을 완전히 균등하게 분배해야 한다는 급진적 평등주의자들의 주장을 받아들이기는 힘들다. 이러한 기계적 평등의 실현은 인센티브의 약화로 인해 효율성이 떨어지고 개인의 자유와 책임의식이 약화되는 등 심각한 부작용을 초래하기 때문이다. 그래서 롤스J. Rawls는 효율성과 공적 등의 다른 가치들을 고려하면서 평등주의를 전개한다. 그는 이기적인 판단이 배제될 수 있는 원초적 상황을 가정하여 정의의 두 가지 원칙을 도출하는데, 제1원칙은 '광범위한 기본적 자유를 평등하게 누려야 한다'는 원칙이고, 제2원칙은 '기회균등의 조건하에서 모든 사람에게 이익이 되는 사회경제적 불평등만 정당화된다'는 원칙이다. 이러한 차등 원칙은 결국 최소 수혜자의 이익을 극대화하는 원칙이다. 이를 토대로 롤스는 정의로운 경제 질서를 다음과 같이 제시한다. 효율적인 자본주의 시장경제를 출발점으로 하여 첫째 공정한 기회균등을 실현하고, 둘째 모든 사람에게 사회적 최소치를 보장하며, 셋째 지속적인 부의 분산을 꾀한다는 것이다.

롤스의 정의론은 매우 설득력 있지만, 그의 최소극대화 원칙을 글자 그대로 실현하려고 하면 상당한 정도의 총소득 감소를 감수해야 할지도 모른다. 그러므로 최소극대화보다는 기본생활의 보장이 더 현실적인 대안일 수 있다. 우리나라에서도 일부에서 급진적인 평등주의를 주장하고 있으나 여러 가지 부정적인 결과를 고려할 때, 기본생활의 평등한 보장을 위해 노력하는 편이 더 현실적이고 타당할 것이다.

공적주의적 정의론

> "각자가 공동체에 기여한 공적desert에 비례하여 분배가 이루어져야 한다."
>
> — 아리스토텔레스

공적주의는 받을 만한 자격이 있는 사람이 부와 소득을 가지는 상태가 정의롭다고 주장한다. 물론 게으른 사람보다는 열심히 일하는 사람이, 기여가 적은 사람보다는 기여가 많은 사람이 더 많은 소득을 가지는 것이 더 합당해 보인다. 공적주의에 따르면 우선 공적에 따라 분배함으로써 자신의 재능을 발휘하고 열심히 노력하도록 동기를 부여하여 효율성을 높일 수 있으며, 인간은 자율과 책임의 능력을 가진 존재이므로 자신의 결정과 선택에 대해 책임을 져야 한다는 것이다.

오늘날 한국에서 가장 설득력 있는 정의론이 바로 공적주의일 것이다. 부동산 가격의 폭등으로 기여나 노력 없이 얻는 소득이 엄청난 크기에 달하는 현실은 공적주의적 정의론에 정면으로 위배된다. 또 근면과 창의, 공정한 경쟁을 통한 부의 추구 대신 특혜와 결탁, 불법적 행동을 통한 부의 추구 역시 정당화될 수 없다.

이상의 논의를 통해서 볼 때 경제 정의의 확립을 위해 우리가 합의할 수 있는 원칙은 어느 하나의 원칙만으로는 부족하다는 것을 알 수 있다. 이에 잠정적으로 내릴 수 있는 결론은 공적주의를 기본으로 하되 그 부족한 점은 다른 정의의 원리로써 보완하는 것이다. 이러한 원칙을 실현하기 위해서는 다음과 같은 식으로 분배 개선을 시도할 필요가 있다.

> 첫째, 부동산 투기, 특혜, 불법과 부정 등에 의해 획득되는, 기여 없이 받는 소득을 봉쇄하여 부의 획득의 규칙을 확립해야 한다.
> 둘째, 모든 사람에게 최저생활이 보장되도록 하고, 공정한 기회균등이 이루어져야 한다.
> 셋째, 부와 경제력의 지나친 집중은 자유와 기회균등을 위협할 가능성이 크므로 지속적인 분산 노력을 해야 한다.

이는 결국 효율적인 시장경제체제를 전제로 하되 그것을 정의의 관점에서 시정하자는 것으로 요약될 수 있다.

이제 분배 정의의 사각死角지대라 할 수 있는 범세계적 빈곤의 문제를 살펴보기로 하자.

3. 빈곤을 종식시키는 길은 무엇인가?

지금 전 세계에는 1인당 GNP가 1만 달러 이상인 인구가 10억 정도인 데 반해, 1인당 GNP가 몇십 달러도 안 되는 인구가 12억이나 된다. 즉 10억의 인구가 지구 재화의 80% 이상을 독점해 버림으로써 12억의 인구는 1%의 재화도 못 쓰고 있는 형편이다. 만일 부유한 나라 사람들의 부의 일부를 가난한 나라 사람들에게 옮길 수만 있다면 이런 상황은 변화될 수 있을 것이다.[05]

그렇다면 어떻게 부유한 나라의 부를 가지고서 가난한 나라의 굶주린 사람들을 도울 수 있을 것인가? '많이 가진 것을 나누어 모두가 공존하는 길을 모색하자'는 말은 그럴싸한 말로 들린다. 그러나 이 말이 구체적이고 가시적인 대책을 통해 실제로 구현되지 못한다면

05 2015년 전 세계 인구에서 극빈자들의 비중이 사상 처음으로 10% 이하로 감소할 것으로 보인다고 세계은행(WB)이 밝혔다. 세계은행은 극빈자에 대한 '정의'를 하루 1.25달러로 살아가는 사람들에서 하루 1.90달러로 살아가는 사람들로 바꿨는데, 이 수정된 기준에 따르면 전 세계 극빈자의 수는 약 7억 200만 명이고 이는 전 세계 인구(약 73억 명)의 9.6%에 해당한다. 세계은행은 극빈자 수가 감소한 건 인도 등 신흥국가들의 고도성장이 순조롭게 진행된 데 따른 것이며, 교육, 헬스, 사회안전망(최저생활 보장제도) 등에 대한 투자가 늘어난 것도 보탬이 됐다고 덧붙였다. 다만, 글로벌 성장둔화, 금융시장의 높은 변동성, 국제분쟁, 높은 청년 실업률, 기후변화 여파 등으로 2030년까지 유엔의 빈곤 퇴치 목표를 달성하는 데는 어려움이 따를 것이라고 경고했다.

유엔의 193개 회원국들은 2015년 9월 2016~2030년의 빈곤과 불평등 해소, 건강한 삶 보장, 양질의 교육 보장, 양성평등 달성, 위생적인 생활 보장, 기후 문제 등을 해결하기 위해 17가지 개발목표와 169가지 세부 목표가 담긴 새 개발협력 지침인 '2030 지속가능개발목표'(SDGs)를 공식 채택한 바 있다.

세계은행에 따르면 2020년까지는 극빈자들의 약 절반 이상이 지리적으로 접근이 어렵고 취약하며 각종 분쟁에 시달리는 국가들의 출신이 될 전망이다. 또한 아프리카 대륙에서 사하라 사막 이남 국가들에 전 세계 극빈자들의 약 절반 이상이 거주하게 될 것이라고 덧붙였다. 전문가들은 신흥국가들의 성장 동력을 잃게 될 경우 극심한 빈곤을 근절하려는 노력이 난관에 처할 가능성이 있다고 전망한다.

세계은행은 지난 1990년에 최초로 글로벌 빈곤 퇴치 목표를 도입했다. 당시 극빈자들에 대한 기준은 하루 1달러로 생활하는 사람들이었다. 이 같은 기준은 2008년에 1.25달러로 상향 조정된 바 있다. 지구촌을 통틀어 극심한 빈곤 속에서 생활하는 사람들의 수는 지난 1990 이후 약 50% 이상 줄었다. 이는 지난 2000년 유엔이 극심한 빈곤을 근절하기 위해 새천년개발목표(MDGs)를 채택한 데 따른 성과다. SDGs는 바로 이러한 MDGs를 발전적으로 대체한 것이다. 「뉴스1」, 2015. 10. 5.

한낱 구호에 그치고 말 것이다.

어느 정도까지 도와야 하는가?

가난한 나라의 굶주린 사람들을 돕자고 할 때 우리가 직면하게 되는 첫 번째 물음은 '과연 어느 정도까지 도와야 하는가?'일 것이다. 이러한 물음에 대해 피터 싱어Peter Singer는 '물에 빠진 아이를 구하는 데 이런저런 계산을 앞세울 수는 없다'고 말하면서 '자기 생활을 망칠 정도로 큰 몫을 부담할 필요까지는 없겠지만 보통보다는 더 많은 것을 해야 한다'고 주장한다. 이어서 그는 자신이 생각하는 '기부의 공식적인 기준'까지 제시하는데, 그것은 '경제적으로 웬만한 여유가 있는 사람들은 연소득의 약 5%를 기부할 것과 이보다 부유한 사람들은 더욱 많이 낼 것'으로 요약할 수 있다.[06] 그는 이러한 기준이 널리 받아들여진다면 우리는 절대 빈곤을 끝장내기에 충분한 기부금을 갖추게 될 것이라고 주장한다.

싱어의 주장은 얼마만큼 현실성이 있는가? 이것은 과연 실현 가능한가? 짐작할 수 있다시피 이러한 싱어의 주장은 아직 그리 널리 실천되지 못하고 있다. 많은 사람들이 싱어의 제안의 타당성을 인

06 〈표: 싱어가 제안한 기부의 기준〉, 피터 싱어, 『물에 빠진 아이 구하기』, 함규진 역, 산책자, 2009, 219쪽.

연소득 수준 (상위)	총소득 대비 기부금 비율
0.01%	(1/3)
0.01%~0.1%	25% (1/4)
0.1%~0.5%	20% (1/5)
0.5%~1%	15%
1%~5%	10%
5%~10%	5%

정하고 그것을 따라야 한다고 생각하면서도 막상 실천하기는 쉽지 않은 것이다. 이상적 담론만으로 실천윤리의 문제들을 해결하기에는 한계가 있는 것 같다.

여기서 좀 더 근본적인 문제를 제기해 보자. 부자가 가난한 자를 돕는 것은 물론 좋은 일이요 마땅히 권장해야 할 일이다. 그리고 각자는 자기 형편껏 이를 실천하도록 노력해야 한다. 그러나 절대 빈곤의 원인이 과연 부자가 자기 소득을 나누는 데 인색하기 때문일까? 만일 부자들이 충분한 기부금을 낸다면 절대 빈곤이 종식될 수 있을까?

절대 빈곤과 민주주의

> "기근에 대한 처방은 오로지 제대로 된 민주주의밖에 없다."
>
> — 아마티아 센

기아의 원인에 관한 연구로 유명한 노벨경제학상 수상자 아마티아 센Amartya Sen은 절대 빈곤의 원인을 다른 관점에서 접근한다. 그에 따르면 세계적으로 비참한 기근의 역사를 살펴볼 때, 비교적 자유로운 언론이 존재한 민주 독립국가에서는 본격적인 기근이 한 번도 일어나지 않았다. 수년 전 에티오피아, 소말리아 및 그 밖의 독재국가에서 발생한 기근이나, 1930년대 소련 스탈린 정권 치하의 기근, 1958년에서 1961년 사이 대약진운동의 실패에 따른 중국의 기근, 조금 더 거슬러 올라가서 식민지 시대의 아일랜드와 인도의 기근 등 아무리 살펴보아도 이런 법칙에서 예외를 발견할 수 없다는 것이다. 이들 나라는 대체로 의회에 야당 세력이 없었고, 복수정당제에 의한 선거도 치러지지 않았으며, 언론의 자유도 없었기 때문에 잘못된 정책들을 비판할 수 없었다. 그 결과 수많은 사람들이 굶어 죽고 있는데도 심각한 오류를 지닌 정책들이 아무런 이의 제기 없이 지속되었다는 것이다. 덧붙여 그는 현대의 대표적인 기근 사태인 북한과 아프리카의 기근도 이와 똑같은 경우임을 지적한다.[07]

반면에 1973년의 인도, 1980년대 초반의 짐바브웨와 보츠와나는 세계에서 가장 가난했지만 민주주의 국가였기 때문에 실제로 심각한 가뭄이나 홍수, 그 밖의 자연재해에 직면한 상황에서도 식량공급 프로그램을 시행하여 국민들이 기근의 고통을 겪지 않을 수 있었다는 사실을 아울러 지적한다. 이처럼 민주주의 국가에서는 선거가 이루어지고 언제든 야당과 자유언론의 비판이 제기되기 때문에 기근 방지를 위해 노력하지 않을 수 없다는 것이다. 이런 이유로 센은 기근 문제야말로 —흔히 그 원인을 흉작이나 홍수로 인한 식량부족 등 다각도로 분석하기도 하지만— 사실상 오직 민주주의의 차원에서 접근해야 할 대표적인 사례라고 단언한다.[08]

07 아마티아 센, 『센코노믹스』, 원용찬 역, 갈라파고스, 2008, 142-143쪽.

08 센은 수년 전 아시아의 금융위기에 관해서도 동일한 분석을 내놓는다. 한국, 태국, 인도네시아 등에서 나타난 심각한 금융위기는 비즈니스에서 투명성의 결여, 특히 금융이나 상거

만약 센이 옳다면 절대 빈곤의 극복을 위해서는 무엇보다도 우선 '민주화'를 이루어 내야 한다. 오늘날 전 세계적으로 확산되고 있는 민주주의의 가치에 대해서는 반론의 여지가 별로 없지만, 특히 가난한 나라에서는 그것이 지닌 인간 보호의 역할 때문에 더욱 중요하다. 다시 말해서 민주주의가 존재해야 기아의 위기에 직면한 잠재적 기근 희생자들이 보호를 받을 수 있다는 것이다. 이것은 금융위기를 맞아 자신의 경제를 지탱해 주던 사다리를 상실한 빈곤층에게도 마찬가지로 해당된다. 경제적 필요가 절실한 사람이 정치적으로 목소리를 내고 이것이 이들을 보호하는 정책으로 가시화될 수 있을 때 절대 빈곤은 비로소 예방될 수 있는 것이다. 이런 관점에서 보자면 민주주의는 국민의 자유와 평등의 실현을 위해서 요구되는 것일 뿐만 아니라, 국민을 절대 빈곤의 공포로부터 해방시키기 위해서도 절대적으로 요구되는 것임을 알 수 있다.

이로써 우리는 지금까지 살펴보았던 정의로운 분배 문제와 절대 빈곤의 극복 문제가 결국 하나의 과제로 수렴되어 감을 볼 수 있다. 그것은 바로 '진정한 민주주의의 실현'이라는 평범한 진리이다. 하지만 그것은 동시에 늘 새롭게 재발견되어야 하는 중요한 진리이기도 하다. 민주주의야말로 인간의 자유와 평등, 그리고 존엄성이 지켜지는 세상을 만들기 위해 우리가 끝까지 포기할 수 없는 이상이기 때문이다.

래체계를 점검하는 공적 참여시스템이 부재했던 것과 밀접한 관련이 있다는 것이다. 만일 그러한 시스템과 민주적 공론의 장이 있었더라면 정부의 반응을 신속하게 유도함으로써 위기를 막을 수 있었으리라고 본다. 앞의 책, 145쪽.

생각해 볼 문제

1. 다음 글은 인류 빈곤 문제의 원인이 결코 간단하지 않음을 암시하고 있다. 글쓴이의 말처럼 '우리는 왜 그토록 어리석은 행동을 하고 있는지'에 관해 토론해 보자.

> 유엔본부 건물 안에는 도표가 하나 붙어 있다. 이에 따르면 1년 동안 전 세계의 군비지출 총액이 자그마치 7800억 달러에 이른다. 그런데 세계에서 가장 가난한 49개국의 부채를 탕감하는 데는 고작 300억 달러가 든다. 또 모두에게 식수를 공급하고, 영양실조나 기아를 퇴치하는 데는 각각 190억 달러가 필요할 뿐이다. 유엔 건물에 그런 통계치를 게시하는 것 자체가 우리 스스로를 계몽하고자 함이 아닐까. 그런데 왜 우리는 그런 문제점을 인지하면서도, 변화를 위한 적극적인 실천을 못 할까.
>
> 현재 70억 인류 가운데 8억 명이 굶주림에 시달리고 있다. 분명한 현재 상황이다. 더욱 놀라운 사실은 기본적으로 지구 전체의 식량이 '부족'하기 때문이 아니라 '유통'이 되지 않기 때문이라는 것이다. 한쪽에서는 굶주려 죽는 사람들이 계속 나오는데 또 다른 한쪽에서는 식량을 허비하고 버리기까지 한다. 우리는 얼마나 어리석은 행동을 하고 있는가.[09]

09 허훈, "'푸라 비다'…코스타리카 인사말의 함의," 「한겨레」, 2016. 3. 1.

2. 다음 글과 도표를 참고한 다음, 우리는 왜 해외원조를 해야 하는지, 한다면 얼마나 해야 하는지에 관해 토론해 보자.

OECD국가들의 GNI 대비 공적개발원조(ODA) 비율(2019/2020)

국가별	2019	2020
스웨덴	0.96	1.14
덴마크	0.72	0.73
독일	0.61	0.73
영국	0.70	0.70
프랑스	0.44	0.53
일본	0.30	0.31
캐나다	0.27	0.31
미국	0.15	0.17
한국	0.15	0.14

(출처: 외교부 보도자료)

"정말로 해외원조가 필요할까요? 한국에도 도움이 필요한 이들이 너무나 많은데요."

해외원조주일을 맞아 나오는 반응 중 하나다. 현재 해외원조단체에서 일하는 사람들은 주변에서 이런 질문을 종종 받는다고 한다. 해외원조에 관련된 일을 한다고 하면 '겉멋 들린 것 같다'고 말하는 사람도 있다. 그렇다. 신문을 보면 어렵고 힘들고 고통 받는 사람들이 우리 사회에도 너무 많다. 그럼에도 다른 나라의 사람들을 왜 돕는 것일까?

가톨릭계 민간 해외원조단체인 한국희망재단에서 국제협력을 맡고 있는 한 실무자도 실제로 '왜 다른 나라에 있는 사람들을 도와야 하는가'를 고민했었다고 고백하면서, 『왜 세계의 절반은 굶주리는가』라는 책으로 유명한 장 지글러의 말을 통해 그 답을 찾았다고 했다. 다음은 작년 4월 「경향신문」에 실린 장 지글러의 인터뷰 기사 중 일부이다.

"기아에 허덕이는 이들은 결코 문명이 없어서, 열등해서가 아닙니다. 그들은 모두 훌륭한 농부였고 가정을 책임져 온 부모들이었습니다. 인간의 탐욕이 만든 시스템의 희생자일 뿐입니다. 그런 부모에게서 태어나는 것 또한 그저 우연이고요. 만약에 당신 아들이 브라질 북부 사탕수수 자르는 아버지한테서 태어났다면 배 속에는 벌레가 있고 매일 멀건 죽만 먹을 겁니다. 영양 부족으로 뇌도 제대로 발달하지 못할 거예요. 5살까지 음식을 충분하게 섭취하지 못하면 뇌로 영양이 가지 못해 정상 발달이 안 됩니다. 평생 장애를 지닌 채 살 수밖에 없죠. 당신 아들과 브라질 북부의 소작농 아들 사이의 차이는 그냥 태어난 운이 다른 것뿐입니다. 우리가 왜 그 아이들까지 돌봐야 하느냐고 묻는다면 그 아이가 바로 우리 자신이 될 수도 있었다고 말하고 싶어요. 그 아이와 한국에 사는 아이의 본질적 차이는 없어요."

한마음한몸운동본부의 박 팀장도 눈으로 보이지는 않지만 세계가 연결돼 있음을 강조했다. 그는 내가 사용하는 물건, 음식 등은 이제 나 혼자서, 우리나라 안에서만 해결할 수 없는데, 그 이면을 들여다보면 우리가 더 싼 것을 원하고 그래서 노동자들이 정당한 임금을 받지 못해 가난해지는 상황이 놓여 있다고 설명했다. 그는 이어 작년 1월에 캄보디아의 의류 노동자들이 한 한국 의류업체 앞에서 임금인상 시위를 한 일을 언급하며, "정의롭지 못한 세상에 우리 자신도 한몫을 하고 있다"고 말했다. 박 팀장은 가난과 기아의 문제를 정의의 문제라고 했다. 불평등을 정의롭지 못한 사회의 한 요소로 볼 때 "그들의 것을 그들에게 주는 것이 정의"라는 것이다.[10]

3. 다음 글은 최근 우리 사회의 빈곤층에게 일어난 비극적 사건들을 고발하고 있다. 우리 사회에서 더 이상 이런 비극이 반복되지 않으려면 어떻게 해야 하는지, 그 구체적 대안에 관해 토론해 보자.

반복되는 취약층 희생… 적극적 복지 체계 구축 시급

2005년 겨울, 쪽방촌을 나오는 내 발걸음이 사치스럽게 느껴졌다. 마음이 좋지 않았다. 누우면 벽에 발이 닿을 듯 좁은 쪽방에서 70대 어르신은 전기장판 하나로 긴 하루를 버텼다. 손바닥만 한 TV가 유일한 벗으로 보였다. 라면 국물이 눌어붙은 냄비와 허름한 이불채 등 한 뼘 방 안에는 가재도구들이 감출 곳 없이 쌓여 있었다. 생애 처음 본 쪽방은 사진이나 글로 접할 때보다 더 안타깝도록 열악했다. 방값은 하루 7,000원으로 기억된다. 싼 월셋집과 크게 차이 나지 않았다. 막연하게, 부조리하다 싶었다. 뉴타운 개발 열

10 배선영, "한국에도 어려운 이들이 많다. 해외원조를 왜 해야 하나?," 「가톨릭뉴스 지금여기」, 2015. 1. 27.

풍이 휩쓸던 당시 서울을 걸으며, 어설프고 어렴풋한 의문이 들었다. '최소한의 집과 삶을 보장하는 게 정부와 사회가 가장 먼저 해야 할 일 아닐까.'

15년 넘게 흐른 지금, 현실이 크게 달라지지 않았음을 일깨우는 사건들이 지난 한 달 이어졌다. 관악·동작구 반지하 폭우 피해, 보육원 출신 청년들의 극단적 선택, 수원 세 모녀 비극까지 우리 사회 약한 고리들의 민낯이 한꺼번에 드러났다. 8월은 잔인한 달이었다.

지난해까지 자산 투자 열풍으로 너도나도 주머니가 두둑해진 듯했고, 기본소득과 현금수당들은 우리 복지가 한 단계 올라선 듯 느끼게 했다. 열기가 빠진 후 드러난 현실은 처참했다. 여전했던 재난·복지 사각지대는 가장 힘든 계층의 희생을 불렀다.

지난 8일 밤 서울 관악구 반지하의 일가족 3명은 폭우로 무섭게 차오르는 물을 보며 절박하게 도움을 구했지만 빠져나올 수 없었다. 반지하 밀집 지역에 물막이판이 있었다면, 하다못해 안에서 열 수 있는 방범창이라도 보급됐다면 결과가 달랐을까. 115년 만의 폭우는 기후위기가 유력한 원인으로 꼽히지만, 기후위기의 부작용은 에너지 다소비 국가·산업이 아닌 가장 취약한 계층을 강타했다.

보육원 출신 청년 두 명의 극단적 선택은 구멍 숭숭 뚫린 지원책을 돌아보게 했다. 지난 18일 광주에서 보육원 출신 대학 새내기가 '아직 다 읽지 못한 책이 많은데'라는 메모를 남긴 채 세상을 등졌다. 보육원에서 자란 다른 청년은 '삶이 고달프다'는 유서 12장을 남기고 떠났다.

이들은 빈곤, 성장 과정의 상처, 외로움 등 여러 아픔을 겪었다. 사회의 도움은 적었다. 부모의 품에 있는 청년들도 사회에 안착하기 힘든데, 이들은 맨몸이다시피 사회에 내던져졌다. 내년에는 보호종료아동의 자립수당이 오르고 전담 인력이 확충되지만 이들의 홀로서기를 지원하기에는 땜질 처방에 그쳐 보인다.

지난 21일 경기 수원에서는 암과 희귀병으로 생활고에 시달린 세 모녀가 숨진 채 발견됐다. 이들은 매달 125만 원의 생계급여를 받을 수 있었지만, 빚에 쫓겨 숨어 살았다.

세 모녀의 참사는 다시금 복지제도의 맹점을 들췄다. 신청해야 받을 수 있는 혜택, 복잡한 신청 절차, 되풀이된 위기 가구 발굴 시스템의 실패가 거론됐다.

보육원 청년들과 수원 세 모녀 사건이 알려진 후 대안들이 쏟아지듯 제시됐다. 내년[2023년] 복지 예산도 처음으로 100조 원을 넘어설 전망이다. 하지만 복지제도와 재난 대응의 허점을 조금이라도 해결하기에는 여전히 갈 길이 멀다.

돌봐 줄 어른이 없는 아이가 건강하게 사회에 나올 때까지 나라가 책임지고 키우려면 무엇이 필요한지, 제2의 보육원 청년과 세 모녀가 벼랑 끝에 몰렸을 때 복지는 권리임을 당연시하며 공동체에 도움을 청하려면 선결 과제가 무엇인지는 8월을 떠나보내며 고민해야 할 우리 사회의 과제다.[11]

11 송은아, "반지하 · 보육원 그리고 세 모녀," 「세계일보」, 2022. 8. 31.

6장

경제윤리(2):

세계화와 신자유주의

영화 〈더 울프 오브 월스트리트〉는 한 야심찬 증권맨의 비상과 몰락을 통해 미국식 자본주의의 비틀린 모습을 보여 준다. 1987년, 22세의 청년 '벨포트'는 증권중개회사에 입사한다. 서서히 일을 익혀 가던 그는 증권중개인 자격까지 취득하지만, 주가 대폭락으로 다니던 회사가 문을 닫자 투기성이 강한 작은 회사로 옮긴다. 그는 여기서 고율의 수수료를 챙기는 묘리를 터득한 다음, 아예 회사를 창업하여 비상장주식 거래, 차명 거래, 주가 조작 등 수단방법을 가리지 않고 돈을 벌어들인다. 26세에 이미 백만장자가 된 그는 월가의 전설이 되었지만, 결국 자본의 끊임없는 유혹과 탐욕을 주체하지 못한 채 자금 세탁, 불법 판매, 주가 조작을 일삼다가 FBI의 표적이 되어 실형을 선고받고 몰락한다. 영화는 야심 많은 청년에서 탐욕에 눈이 먼 증권맨으로, 마약 중독자로, 섹스광으로 변하는 주인공의 모습을 통해 현대 자본주의의 어두운 모습을 적나라하게 보여 준다. 이처럼 불로소득과 사기성을 내포한, 허점 많은 금융자본주의에 과연 인류의 미래를 맡길 수 있을까? 만약 그럴 수 없다면 그 대안은 무엇일까?

현재 우리는 정치적으로 자유민주주의, 경제적으로 자본주의 또는 시장경제체제 아래 살고 있다. 자본주의 시장경제의 반대는 사회주의 계획경제이다. 후자는 생산수단이 국가에 의해 소유되고 경제행위가 정부 당국에 의해 통제되는 경제체제이다. 반면에 전자는 생산시설이나 토지처럼 생산에 필요한 수단이 주로 개인에 의해 소유되고, 각 개인 간의 경제행위가 시장에서의 가격기구를 통해 조정된다. 그간 자본주의와 사회주의의 장단점에 대해서는 여러 가지로 의견이 분분했지만, 대체로 자본주의는 생산성과 효율성이 높은 반면 빈부격차와 공황(불황)의 위험성을 안고 있고, 사회주의는 평등과 복지의 측면에서 장점이 있지만 경제적 비효율성의 문제를 극복하지 못했다는 평가를 받았다. 그래서 유럽의 많은 선진국들은 양자의 장점을 적절히 조화시킨 사회민주주의 혹은 수정자본주의의 길을 걸어왔다.

우리나라도 그간 비록 많은 시행착오를 겪긴 했지만 모두가 놀랄 만한 경제 발전을 이룩하였고, 이제 선진국의 문턱에서 제2의 도약을 꿈꾸고 있다. 우리가 경제적 삶에 있어 다음 단계로 나아가는 데 필요한 조건은 무엇인가? 우리가 몸담아 왔던 자본주의 경제체제는 이제까지와 마찬가지로 앞으로도 우리에게 계속된 도약을 허용할 것인가? 현 단계의 세계 자본주의체제에 혹 우리의 발전을 가로막는 덫은 없는가? 아래에서는 현재 우리에게 새로운 도전으로 다가오고 있는 '세계화'와 '신자유주의'에 대해 알아보고, 우리가 이러한 파고를 넘기 위해 어떤 자세를 가져야 하는지 생각해 보도록 하자.

1. 자본주의의 간략한 역사

고전적 자본주의

> "개인의 자기 이익 추구가 결국 사회 전체의 이익을 가져올 것이다."
>
> – 애덤 스미스

고전적 자본주의는 정치적 '자유주의' 이데올로기와 함께 발전된 개념이다. 이 입장에 따르면 인간의 이기심이야말로 전체의 이익에 기여한다. 개인 각자는 자기의 이익을 추구하지만 이는 결과적으로 전체의 이익에 기여하게 되며, 이러한 관점에서 시장의 안전성과 효율성을 강조한다. 이러한 입장을 대표하는 학자인 애덤 스미스Adam Smith에 따르면, 각 개인은 자기 자신의 이익을 추구하지만 이른바 '보이지 않는 손an invisible hand'이 작용함으로써 그 자신이 진실로 사회의 이익을 증진시키려고 의도했던 경우보다 더욱 효과적으로 그것을 증진시키게 된다.[01]

고전적 자본주의(혹은 경제적 자유주의)의 기본제도는 재산의 소유권, 계약의 자유, 제한된 정부이다. 이는 시민혁명으로 국가 권력을 장악한 부르주아지들의 입장을 반영한 것으로서, 그 핵심은 경제적

01 애덤 스미스, 『국부론』 상, 김수행 역, 비봉, 2003, 500쪽.

규제의 철폐이다. 부르주아지들이 경제적 규제 철폐를 주장한 것은 당시 시행되던 정부의 규제들이 대자본과 관료들에게만 유리하고 중소상공인이 다수였던 부르주아지들에게는 불리하였기 때문이다. 그러나 이와 같은 자유방임의 시장경제가 계속해서 유지될 수는 없었다. 자본주의의 역사를 통해 '시장의 실패'라는 구조적 병폐를 지니고 있음이 드러났기 때문이다.

시장 실패와 케인스주의

> "시장경제에 대한 정부의 적극적 개입만이 경제를 살리는 길이다."
>
> – 존 메이너드 케인스

산업혁명 이후 경제활동이 매우 활발해진 자본주의 사회에서 자유방임의 시장경제 논리는 처음에 상당한 호응을 얻었다. 하지만 방임적 자유의 폐해가 드러나면서 자유주의는 도전을 받기 시작하였다. 자유를 빙자한 자본의 횡포와 독점이 발생하고 빈부격차가 커짐에 따라 서민의 구매력이 감소하여 경기가 침체되는 등 많은 부작용이 나타났던 것이다. 결국 '보이지 않는 손'의 존재와 역할에 회의를 갖게 된 사람들은 방임적 자유보다 정부의 적극적 관리와 개입의 필요성을 느끼게 되었다.

이처럼 시장이 언제나 안전하고 효율적인 자원 배분을 약속해 주는 것은 아니었다. 이는 곧바로 독점과 공공재의 문제에서 그 문제점이 드러났고 1930년대 세계 대공황을 통해 극적으로 표출되었다. 이때 나타난 것이 케인스J. M. Keynes의 수정주의 이론이다. 1930년대의 자본주의 국가들은 당시의 가장 심각한 문제인 만성적 실업 문제에 대하여 효과적인 처방을 제공하지 못했다. 이에 케인스는 그들의 이론적 토대인 자유경쟁 이론에 결정적인 반론을 폈다. 그는 각 경제 주체가 합리적으로 행동한다 하더라도 경제 전체로는 바람직하지 않은 결과가 나타날 수 있다는 점을 지적했다. 나아가 정부의 적극적인 개입을 지지하면서, 조세에 의한 소득평준화 정책과 팽창예산을 통한 공공투자 확대 및 완전고용 정책으로 복지국가를 지향해야 한다고 주장하였다. 이리하여 국가의 개입을 통해 자본의 방임적 자유를 통제하는 '개량'의 흐름이 다시 주류를 이루게 되었다. 이를 '케인스주의' 혹은 '수정자본주의'라고 부른다.

정부 실패와 신자유주의

> "사회정의란 개념은 선동정치의 산물이다. 시장 원칙이 아닌 사회정의 원칙에 따라 분배할 경우 부 자체가 급격히 소멸하고 말 것이다."
>
> – 프리드리히 하이에크

'신자유주의Neo-liberalism'라는 명칭은 케인스의 수정주의에 대한 비판 논리로 등장한 흐름에 대해 붙여지기 시작했다. 말하자면 정부가 자본의 흐름에 개입하여 경제활동을 간섭하는 것이 경제적 효율성을 떨어뜨린다는 문제의식에서 다시 제약 없는 자유를 주장하는 이론이 등장하였는데, 그 주장이 고전적 자유주의와는 같지 않기 때문에 '신자유주의'라는 말을 쓰게 되었던 것이다.

1970년대에 이르러 서유럽 여러 나라는 정부의 적극적인 개입에도 불구하고 높은 실업률, 인플레, 경기 후퇴라는 전반적인 악조건에 직면하였다. 경제만 침체되는 것이 아니라, 사람들 사이에 무언가 새로운 것을 추구하려는 창조적인 분위기나 생동감이 저하되는 현상이 함께 나타났다. 이를 계기로 케인스주의와 복지국가 모델 등 이른바 '과도한 국가개입 정책'에 대한 반성과 비판이 일어나게 되었다. 즉 시장에 대한 정부의 지나친 간섭이 오히려 경제의 효율성을 떨어뜨리는 '정부 실패' 현상에 대한 비판이 제기되었던 것이다. 그 대표적인 예가 '영국병'이다. 과도한 복지정책과 그로 인한 도덕적 해이 및 정부의 만성적인 재정적자, 높은 실업률, 강성 노조 때문에 영국은 고비용, 고복지, 저효율의 구조를 띠게 되었다.

신자유주의를 대표하는 인물은 하이에크F. A. Hayek, 프리드먼M. Friedman 등 이른바 시카고학파의 경제 이론가들이다. 이들은 시장이 개인들의 능력과 창의성에 따른 경쟁을 촉진하고, 이에 따라 개인들의 능력을 차별화하고 보상할 때 사회 전체에 발전을 가져온다고 주장했다.

신자유주의가 국제적으로 주목받기 시작한 것은 1979년 영국에서 집권한 대처M. Thatcher 수상이 매우 강력한 신자유주의 정책을 도입하여 '대처리즘'을 탄생시키고, 1980년 미국 대통령에 당선된 레이건R. Reagan이 비슷한 정책을 도입하여 '레이거노믹스'를 탄생시키면서부터였다. 이들은 각종 규제를 풀어 자본의 이동을 자유롭게 하고 자본가의 판단에 따라 쉽게 구조조정을 하도록 허용하는 등 기업 활동의 자유를 보장함으로써 경기를 크게 활성화했다는 평가를 받았다. 그리고 이는 신자유주의가 매우 유효하다는 심증으로 이어졌다. 특히 '규제 완화', '세금 축소', '공기업 민영화', '노동시장 유연화', '복지정책 축소' 등의 조치들은 자본가들의 환영과 지지를 받았다.[02]

신자유주의 철학은 작은 정부를 지향한다는 점에서 고전적 자유주의와 별 차이가 없지만, 범세계화의 흐름에 힘입어 한 국가를 넘어 세계 수준에 적용되는 이데올로기를 지향한다는 점에서 차이점을 보인다.

2. 세계화와 신자유주의는 약인가 독인가?

세계화의 의미와 특징

세계화globalization의 의미는 국제화와 비교할 때 그 차이가 드러난

02 주경복, 「신자유주의를 말한다」, 『왜 세계의 절반은 굶주리는가?』, 갈라파고스, 2007, 190-191쪽.

다. 국제화internationalization는 국가 간의 관계를 전제로 하고 있는 반면, 세계화는 국가 간의 관계보다 지구적global 맥락을 더 강조한다. 국제화가 근대의 국민국가 혹은 민족국가nation state의 존재를 전제로 하고, 이들 사이의 관계를 기초로 국가의 발전과 국제협력이 증진되어 가는 과정을 가리키는 데 반해, 세계화는 기존의 민족국가 개념을 넘어 전 인류, 전 지구적 수준에서 경쟁과 협력을 통하여 통합이 이루어져 가는 과정을 나타낸다고 볼 수 있다. 그러므로 국제화는 국민국가의 존재와 그것의 유지가 중요한 반면, 세계화는 오히려 국민국가의 약화 혹은 해체를 통해 하나의 세계를 지향한다고 할 수 있다.

세계화 현상이 가장 뚜렷하게 나타나고 있는 영역은 경제인데, 이는 세계경제의 통합 증대라는 한마디로 표현될 수 있다. 이것은 국가 간 무역의 증가, 다국적 기업의 활동 증가, 세계금융시장의 거대화 및 통합 심화를 의미한다. 정치적인 측면에서의 세계화는 국가들 및 사회들 사이에 존재하는 연계와 상호연관성이 더 커졌음을 의미한다. 이제 세계의 한 지역에서 일어나는 사건들, 결정들, 행위들이 먼 지역에 있는 개인들과 공동체에게도 중요한 의미를 갖게 되었다. 세계화는 인식적 측면에서 세계가 더 좁아지고 지구촌 의식이 강화된 것으로 드러난다. 이는 사회적·문화적 관계에 있어 지리적 제약이 축소되고 사람들이 점차 이러한 사실을 인식하게 되는 사회적 과정으로 이해된다.

세계화에 대한 낙관적 기대

신자유주의는 세계화가 경제적 비효율성과 정치적 억압의 근원이었던 국가주의를 해체함으로써 개인의 자유로운 선택권을 증대시킬 것이라고 주장한다. 또 시장경제가 세계적 수준의 경제적 풍요를 가져다줌으로써 민주주의를 더욱 발전시킬 것이라고 보고 있다. 뿐만 아니라 세계화를 가능케 한 기본 동력인 정보통신혁명이 일반시민들로 하여금 중앙정부와 대기업에 의해 독점되어 왔던 정보들을 누릴 수 있게 함으로써, 빈부격차와 함께 선진국과 후진국 간의 차이도 줄일 수 있을 것이라고 주장한다. 그래서 이제는 누구나 자신의 정보와 판단에 기초하여 해외시장을 개척하고 외국자본과 기업을 유치하며, 자신의 능력과 개성을 최대한 발휘할 기회를 가질 수 있다는 것이다.[03]

세계화와 신자유주의에 대한 비판적 견해

"아직도 세계는 넓고 할 일은 많다."

– 김우중

위의 낙관론과는 반대로 일부 학자들은 세계화를 강대 세력이 주도하는 일종의 음모로 간주한다. 왜냐하면 신자유주의적 세계화가

03 앞의 책, 250-251쪽 참조.

강대국에게는 기회를 의미하지만, 약소국에게는 위험의 증대로 나타날 가능성이 매우 크다고 보기 때문이다. 우리도 한동안 세계화의 달콤한 꿈에 빠진 적이 있었다. 문민정부의 등장과 함께 본격적으로 논의된 세계화의 물결 속에서 해외여행이 완전 자유화되었고, 국경을 넘는 자본과 상품의 등장으로 처음 얼마 동안은 세계화의 풍요 속에서 세계화가 좋은 것인 줄로만 알았다. 그러나 1997년 외환위기를 겪으면서 '세계화의 덫'을 경고한 사람들의 우려가 현실이 되었다. IMF 사태의 와중에서 그룹 해체를 경험한 전 대우그룹 김우중 회장의 말은 이러한 우려를 잘 표현해 주고 있다.

> 국경을 초월하여 진행되고 있는 글로벌 경제의 흐름은 우리가 생각하는 것보다 훨씬 복잡한 구조와 상호연관성을 지니고 있다. 보다 근본적으로, 이는 단일국가 차원의 문제이기보다 국제경제 질서의 불안정성에서 기인한다고 할 수 있다. 80년대 중반 이후, 비대해진 금융 부문이 오히려 실물경제를 좌우하면서 투기자본의 급격한 유출입으로 각국 정부의 독자적인 경제정책이 위협받는 상황이 생겨나게 되었다. 이들은 장기적인 관점에서의 투자라기보다 소수의 이익을 대변하는 투기적 성격이 강하여, 경제구조가 상대적으로 취약한 국가를 중심으로 금융시장을 교란하게 된 것이다. 동남아시아 금융위기와 최근 러시아의 위기도 이러한 국제환경 변화를 적절히 예측하지 못한 데서 비롯한 측면이 크다. 후발국가에는 다양한 위기 요인이 상존하

고 있는 것이다.[04]

세계화와 결합된 신자유주의의 문제점 중 가장 먼저 거론되는 것은 빈부격차의 심화이다. 신자유주의가 사회적 문제를 보는 기본 시각은 생산성과 경쟁력 향상을 통한 성장이 모든 사회적 문제를 해결한다는 관점이다. 구조조정이 단기적으로는 높은 사회적 비용을 치르겠지만 중장기적으로는 모두에게 도움이 되는 결과를 가져온다는 것이다. 즉 구조조정을 통해 경쟁력을 회복하고 경제성장을 이룩한다면, 성장의 혜택이 모두에게 골고루 돌아가 일자리가 늘어나고 실업 문제도 해결되며 임금 수준도 상승하고 결국은 빈곤의 문제도 해결된다는 것이다.

그러나 신자유주의가 전제하는 자유경쟁과 적자생존을 통한 능률 향상이라는 논리는 심각한 문제점을 내포하고 있다. '자유'경쟁이라고 표현하지만 처음부터 '있는 사람'과 '없는 사람'의 조건이 현저히 다르기에 '자유롭게' 경쟁하라는 말은 마치 한쪽은 무장을 단단히 하고 다른 쪽은 맨손으로 싸우라는 것과 마찬가지이다. 이런 이유에서 신자유주의가 말하는 자유는 개인과 국가의 편차나 특수한 조건을 무시하며 인권·생존권·주권조차 초월(무시)하려는 개념으로서 진정한 의미의 인간적 자유, 사회적 자유와는 거리가 있다는 비판을 받는다.

또 신자유주의로 인한 지나친 경쟁주의가 약육강식의 냉혹한 질

04 신장섭, 『김우중과의 대화』, 북스코프, 2014, 155쪽.

서를 낳고 그 속에서 다수의 약자들이 소외되고 만다는 문제점도 지적된다. 다시 말해 빈익빈 부익부 현상이 나타나고 소득 양극화가 심화된다는 것이다. 신자유주의 또는 세계화를 20:80의 질서라고 표현하는 이유가 여기에 있다. 20%의 혜택 받는 사람들을 위해 80%의 사람들을 소외시키고 희생시킨다는 이야기이다. 결국 신자유주의는 이미 경쟁력을 확보한 강자와 '있는 자'들을 위한 이데올로기라는 것이다.

이런 측면에서 일찍이 신자유주의 정책을 수용했던 라틴아메리카에서 나타난 다음과 같은 현상들에 유의할 필요가 있다. 첫째, 고용 없는 성장이다. 신자유주의가 본격적으로 전개된 90년대 초부터 경제는 성장함에도 실업률은 증가했다. 둘째, 서비스 활동 위주의 다양한 소규모 자영업의 증가이다. 이는 저생산, 저임금, 불안정적 고용, 각종 사회보장 혜택 부재를 동반한 도시 빈곤층의 확대로 이어졌다. 셋째, 임금의 하향평준화와 고용 불안정이다. 넷째, 부의 불평등 분배 심화이다.[05] 이러한 라틴아메리카의 문제점은 오늘날 우리에게도 그대로 나타나고 있다. 우리는 과연 신자유주의적 세계화의 문제점을 극복하고 활로를 찾을 수 있을까?

05 김기현, 「라틴아메리카 신자유주의의 경제사회적 결과」, 『라틴아메리카연구』 제12권 제1호, 1999.

3. 발상의 전환 — '행복 경제학'

"GNP가 아니라 GNH를 추구하라."

— 왕추크 국왕

6.25전쟁 후 우리가 지속적으로 경제성장에 매진해 온 이유는 물질적 부富가 행복을 가져다준다고 믿었기 때문이다. 경제가 더 많이 성장하고, 국민총생산GNP 수치가 올라가면 국민의 행복도 그만큼 더 커진다고 믿어 왔던 것이다. 그러나 행복에 관한 여러 조사결과는 다른 진실을 말해 준다. 소득 수준이 삶의 기본적인 욕구를 충족시킬 수 없을 정도까지는 더 많은 소득이 더 큰 행복을 가져오지만, 기본적인 생활 수준에 도달한 이후에는 소득의 증가가 반드시 행복의 증가로 연결되지는 않는다는 것이다.

미국의 정치학자 로버트 달Robert Dahl은 이런 현상을 '삶의 질의 최소기준선'이라는 개념을 사용하여 설명했다. 소득이 이 기준선 이하인 사람에게 소득의 증가는 삶의 질을 향상시킬 수 있지만, 이 기준선 위에 있는 사람의 경우에는 소득이 늘어난다고 해서 삶의 만족도가 올라가지는 않는다는 것이다.[06] 여러 자료를 볼 때 이 기준선은 대략 1인당 국민소득 1만~1만 5천 달러 정도로 추정된다. 한국의 1인당 국민소득(2019년 추정치 31,000달러)은 진작 이 기준선을 넘

06 로버트 달, 『정치적 평등에 관하여』, 김순영 역, 후마니타스, 2010, 124-125쪽.

어섰다. 따라서 이제는 경제성장에만 매달릴 단계가 지난 것이다.

여기서 우리는 물질적 풍요와 경제성장이 결코 우리의 행복을 보장할 수 없다는 문제의식에서 출발한 행복 경제학Happiness Economics에 주목할 필요가 있다. 행복 경제학은 성장 지상주의 자본주의에 대한 거부감에서 태어났다. 행복 경제학의 아이디어를 최초로 제공한 사람은 히말라야에 있는 소국(인구 70만 명, 국민소득 2000달러) '부탄'의 '왕추크' 국왕이다. 지금도 국민의 97%가 "행복하다"고 말하는 이 나라는 '경제적으로 잘 살면 행복해질 것'이라는 일반적인 생각을 깨부수는 대표적인 사례로 꼽힌다. 1974년 '왕추크' 국왕이 "GNP가 아닌 국민들의 행복지수GNH, Gross National Happiness를 기준으로 나라를 통치하겠다"고 선언한 이래, 부탄은 이웃국가인 중국과 인도가 경제성장에 목을 맬 때도 심리적 웰빙과 건강, 생태계 보호 등 국민들의 행복을 증진시킬 수 있는 방법을 찾기 위해 애썼다. 부탄이 행복한 나라가 될 수 있었던 가장 큰 비결은 정체성을 잃지 않은 데 있다. 국제사회가 경제를 기준으로 흘러가더라도 자신들은 자신들에게 맞는 기준으로 살아간다는 주체적 자세를 견지한 것이다. 생태계 보존과 전통문화 교육이 대표적인 예이다. 부탄은 국토의 60% 이상을 산림으로 유지하도록 법으로 정하는가 하면, 국가가 국민에게 토지를 나누어 주고 무상의료와 무상교육을 실시하고 있다.[07]

07 박소영, "[뉴스 클립] Special Knowledge 〈428〉 삶의 질 나타내는 '행복지수'," 「중앙일보」, 2012. 4. 9. 부탄 국민이 정말로 행복한지에 대해서는 다른 의견도 있다. 한때 부탄이 행복지수에서 세계 1위를 기록한 것은 맞지만, 최근 순위는 세계 중위권이며 한국보다 낮은 결과도 있다는 것이다. 즉 부탄이 세계에서 가장 행복한 나라는 아니라는 것이다. 이렇게 순위가 떨어진 이유로는 민주주의 도입과 개혁 개방, 커뮤니케이션 수단의 발달로 국가 현실에 대해 젊은 층이 알게 된 점 등을 들 수 있다. 그럼에도 부탄이 국가의 최우선 목표를 국민의 행복에 두었다는 점은 여전히 높이 평가될 만한 부분이라는 지적 역시 유효하다. 물론

잘 알다시피 행복이란 마음의 상태이다. 아무리 외형적으로 풍요로워 보여도 마음이 불만족스럽다면 그것은 행복한 것이 아니다. 일찍이 에피쿠로스학파는 욕구를 충족시킴으로써 행복을 얻는 데에는 한계가 있다는 것을 간파했다. 인간의 욕구는 끝이 없기 때문이다. 행복의 정도를 "욕구의 충족/욕구"라는 분수로 표현할 때, 분모인 욕구가 계속 커지는 한 행복은 멀어질 수밖에 없다. 그래서 이들은 현명하게도 분자를 늘리기보다 분모를 줄이는 것, 다시 말해서 욕심을 줄이는 것이 행복을 얻는 올바른 길이라는 점을 우리에게 가르쳐 주었다.

하지만 자본주의 사회는 이와는 다른 길을 걸어왔다. 잘 알다시피 경제성장을 진행시키고 GNP를 끌어올리는 원동력은 '끝없는 욕망'이다. 기업은 상품을 팔기 위해 광고와 매스컴의 힘을 빌린다. 심지어는 교육마저 이용하면서 소비자의 욕망을 부채질한다. 모든 국가는 GNP를 높이기 위해 오히려 기업이 사람들의 욕망을 부채질하는 것을 도와주고 있으며 인간의 욕망은 끝없이 커지고 있다. 결국 사회는 황폐해지고 사람들은 점점 불행해질 수밖에 없다.

일본의 생태운동가 쓰지 신이치는 이러한 문제의식 아래 이제 국가의 풍요를 재는 척도로서 GNP(국민총생산) 대신 GNH(국민총행복)를 제안한다. 그리고 GNH를 재는 기준으로서 ① 얼마나 많은 시간을 가족과 보내는가, ② 얼마나 많은 여유 시간을 갖는가, ③ 얼마나 많은 시간을 친구나 이웃과 보내는가, ④ 얼마나 적은 돈으로 행복

부탄식 행복이 한국에 맞느냐는 것은 별개의 문제이다. 단순화해 비교하자면 한국은 행복의 기준으로서 '물질적 풍요'를 더 중시한다면, 부탄은 '정서적 안정'을 더 중시한다고 볼 수 있을 것이다. (송영훈, "부탄은 더 이상 '행복한 나라'가 아니다," 「newstof」, 2017. 9. 22. 참조.)

할 수 있는가, ⑤ 기계나 도구의 도움 없이도 얼마나 많은 노래를 부를 수 있는가, ⑥ 멋진 차, 훌륭한 레스토랑, 돈 없이도 행복한 데이트를 할 수 있는가, ⑦ 얼마나 자유로운가, ⑧ 일하면서 행복한가 등을 제시한다. 그래서 이제는 '더 많이', '더 빨리'를 외치기보다 소비를 줄이고 속도를 줄여서 매사에 여유를 가지는 것이 중요하다고 지적한다. "넉넉히 쉬는 시간, 즐거운 시간, 유쾌한 시간, 포근한 시간, 마음 편한 시간, 로맨틱한 시간, 창조적인 시간, 몰입하는 시간, 멍하게 있는 시간, 마음 놓고 자는 시간, 무위無爲의 시간, 가슴 설레는 시간, 황홀한 시간을 우리 삶 속에서 늘려 가는 것. 돈부자가 아니라 시간 부자. 그것이 바로 '느린 삶slow life'이 말하는 풍요이다."[08]

경제라는 것이 인간다운 삶, 진정으로 행복한 삶을 위해 존재하는 것이라면, 이제 물질적 성장을 지향하는 경제가 한계를 드러낸 이 시점에서 우리는 경제의 의미를 다시 생각해 보지 않을 수 없게 되었다. '인간다운 삶, 진정으로 행복한 삶'이란 결국 우리가 '서로 나누고 서로 도우며 서로 사랑하는 삶'일 것이므로 경제는 바로 이러한 삶의 여건을 마련해 주는 데 기여하는 것이 되어야 할 것이다. 슈마허의 말처럼 그것은 '더 적은 소비로 더 큰 행복을 추구하는 것'이 되어야 할 것이며, 이윤이나 효율성을 추구하는 대신 사람들에게 봉사정신과 배려의 마음을 길러 줌으로써 인간적인 가치, 나아가서 인간의 정신적이고 영적인 성장에 기여하는 것이 되지 않으면 안 될 것이다.

08 쓰지 신이치, 『행복의 경제학』, 장석진 역, 서해문집, 2009, 230-231쪽.

생각해 볼 문제

1. 다음 글을 읽고 소득 불평등을 완화하는 정책에 관해 토론해 보자.

> 경제민주화가 성장을 방해한다는 주장, 부자증세를 하면 경제 활력이 떨어진다는 주장을 어떻게 봐야 할까. 스티글리츠는 "상위 1%가 원치 않는 일을 하면 나머지 99%가 피해를 입게 된다는 것은 '상위 1%' 쪽에서 지어낸 거짓말"이라고 일갈한다. 파이가 커져도 99%의 몫은 더 적어지고 있다. 불평등이 너무 심해져 성장을 저해하는 지경이다. 어떤 정책이 1%의 이익에 부합하는 것인지 99%의 몫을 키우는 것인지 '관념전쟁'을 벌여야 한다
>
> 조지프 스티글리츠(70) 미국 컬럼비아대 교수는 그의 신작 『불평등의 대가』에서 경제적·정치적 권력을 가진 '상위 1%'에 대해 적대적으로 보일 만큼 단호한 태도를 취하고 있다. 이런 태도는 이 1%가 자신의 조국인 미국을 망치고 있다는 신념 때문으로 보인다. 그가 보기에, 현재 상위 1%에 속하는 가구가 소유한 부는 미국인 표본가구가 소유한 부보다 225배가 많다. 이는 1983년보다 두 배나 심해진 것이다. 이 차이가 너무 커진 나머지 전체 파이가 커지는 것(경제성장)을 저해하는 지경까지 이르렀다. 99%의 소득이 늘지 않으니 총수요가 늘어날 수가 없다. 수요 부족은 투자 위축, 실업, 성장률 저하로 이어진다. 그런데도 상위 1%는 자기 몫을 내놓기는커녕 '지대rent 추구'에 열중하고 있다. '지대 추구'란 사실상 다른 사람들로부터 부를 빼앗아 가지는 것을 의미한다. 은

행들이 서민들의 정보 부족을 이용해 약탈적 대출로 돈을 뜯어내는 것, 대기업 경영진들이 경기 침체를 빌미 삼아 노동자들을 해고하거나 임금을 삭감하고 자신들의 보수는 두둑하게 챙기는 것, 인맥을 활용해 정부 물자 조달사업이나 자원개발권을 유리하게 따내는 것 등이 그 예다.

정치 시스템은 이런 불평등을 완화시키는 것이 아니라 오히려 부추기고 있다. "정치는 국가경제의 파이를 어떻게 배분할 것인가를 둘러싸고 싸움이 벌어지는 곳이다. 오늘날 정치라는 싸움에서 승승장구하는 것은 상위 1%다." 그들은 자신에게 유리한 방향으로 '게임의 규칙'을 정하기 위해 정치권에 막대한 선거자금을 대고, 정치인이나 관료가 공직에서 물러난 뒤에는 좋은 자리를 제공해 금전적인 보상을 해 준다.

하지만 미국은 민주주의 사회이고, 누구나 한 표를 행사할 수 있다. 99%가 뭉쳐서 이런 상황을 바꾸면 되지 않을까? 이런 사태를 막기 위해 그들은 '관념전쟁', '이데올로기 전쟁'을 해 왔다. "어떤 정책이 '국민 대다수'에게 가장 유익한지를 둘러싸고 관념전쟁이 수행돼 왔으며, 이 전쟁에서 상위 1%에게 이로운 것은 만인에게 이로운 것이라는 확신을 만인의 마음에 새기기 위한 시도가 이루어지고 있다"고 스티글리츠 교수는 지적한다.

상위 1%가 퍼뜨리는 '신화'들과 이에 대한 스티글리츠 교수의 반박은 다음과 같다. '부자들에 대한 세금을 깎아 주면 전체 경제가 좋아질 것이다!' 아니다! 레이건 정부 때 소득세 최고세율을 70%에서 28%로 낮춘 뒤부터 불평등만 심화됐다. 현재 35%인 상위계층에 대한 과세율은 70% 정도가 적당하다는 연구결과가 있다.

'정부는 시장보다 무능하다. 따라서 작은 정부, 민영화, 정부 서비스의 민간 이관, 규제완화가 바람직하다!' 아니다! 성공적인 경제 뒤에는 늘 정부의 결정적인 역할이 있었다. 강한 정부는 부유층으로부터 부의 일부를 빼앗아 공교육 같은 공공투자에 투입해 사회의 불균형을 바로잡을 수 있다.

'재정적자가 커지면 경제에 문제를 일으키는 만큼, 복지를 줄여 재정적자를 줄여야 한다!' 아니다! 정부가 빚을 내더라도 공공투자를 확대하면 장기적으로 경제에 도움이 된다. 재정적자를 줄이려면 상위계층에 대한 세금을 인상하면 된다.

'노동자들의 과도한 고용 보장과 임금요구 때문에 노동시장 효율성이 떨어지고 있다!' 아니다! 노동시장 유연성이 가장 높은 미국은 강력한 노동자 보호정책을 시행하는 스웨덴이나 독일보다 경제성과가 떨어진다.

'중앙은행의 독립성은 지켜져야 하고, 물가안정은 경제에 가장 중요하다!' 아니다! 중앙은행은 책임성과 대표성을 강화해야 하고, 노동자들에게는 물가보다 일자리와 임금이 더 중요하다.

'소득 불평등을 바로잡으려는 시도는 경제를 악화시켜 빈곤층에게까지 고통을 안겨 줄 것이다!' 아니다! 좀 더 평등한 사회를 이룩하면 좀 더 역동적인 경제를 이룩할 수 있다.

상위 1%는 "또 다른 세계를 만드는 것은 불가능하다"고 열심히 99%를 설득하지만, 스티글리츠 교수는 "불평등은 불가피한 것이 아니다"라고 강조한다. 일반 대중의 이익을 반영하는 민주주의를 확보하고, 지금까지 해 온 경제정책을 반대방향으로 바꿔 나가면 된다는 것이다.[09]

2. 다음 글을 읽고 우리나라의 소득 불평등 현황과 그 해결 방안에 관해 토론해 보자.

소득 상위 10%가 전체 소득의 절반 가까이 차지하고 있는 것으로 나타났다. 우리나라의 이런 소득 집중도는 비교 가능한 아시아 국가 가운데 가장 크다. 국제통화기금IMF은 소득 집중도를 낮추기 위해선 적극적인 재정정책이 필요하다고 조언했다.

국제통화기금이 최근 발표한 '아시아의 불평등 분석' 연구보고서를 보면, 2013년 현재 우리나라의 소득 상위 10%가 전체 소득의 45%를 점유하고 있다. 분석 대상 국가 가운데 가장 높았고, 이어 싱가포르(42%), 일본(41%), 뉴질랜드(32%), 오스트레일리아(31%), 말레이시아(22%) 차례였다. 이 분석은 국가별 가구조사를 토대로 구축된 '세계은행 소득 데이터베이스'와 토마 피케티 파리경제대 교수가 운영하고 있는 '세계 부와 소득 데이터베이스'(WWID)를 활용했다.

우리나라 상위 10%의 소득 집중도는 1995년엔 29%였으나 18년 만에 16% 포인트 뛰어오른 것이다. 같은 기간 아시아 국가 전체 평균은 1~2% 포인트 상승하는 데 그쳤다. 특히 1990년대 중반까지 우리나라의 소득 집중도는 싱가포르나 일본, 뉴질랜드 등 다른 아시아 국가보다 낮았다.

보고서는 "정규직과 비정규직으로 나눠진 노동시장 이중구조가 한국의 불평등을 심화시킨 핵심 요인"이라고 짚었다. 이어 "이런 이중구조는 실업률은 낮출 수 있으나, 비정규직 노동자들은 적은

09 안선희, "'1%를 위한 이데올로기'에 종언을 고하라," 「한겨레」, 2013. 6. 2. 기사에서 발췌 요약.

아시아 주요국의 상위 10% 소득 집중도

자료: 국제통화기금, 세계은행 등

임금을 받을 뿐만 아니라 직업 훈련을 포함한 교육을 받을 기회가 적고, (고용보험 등) 각종 사회보험 혜택도 (정규직보다) 덜 누리고 있다"고 밝혔다. 이 밖에 일터에서의 성차별과 고령화 현상도 소득 집중도를 높인 요인으로 언급했다.

보고서는 "적은 세금과 복지 지출, 간접세에 의존하는 세입구조 등은 재정의 소득 재분배 구실을 제약한다"며 소득 집중도를 완화하기 위한 방안으로 '재정정책 강화'를 강조했다. 소득 수준이 높은 계층에 세금을 더 걷고, 소득이 낮은 계층을 겨냥한 복지 지출을 늘리라는 뜻이다.

또 노동시장 이중구조를 완화하기 위해 정규직과 비정규직 간 법적 보호 수준 차이를 줄이고, 새로 채용을 할 때는 일자리의 안정성과 유연성에 균형을 맞춘 고용 계약이 이뤄져야 한다고도 했다. 국제통화기금은 2008년 금융위기 이후 소득 불평등 해소가 지속 가능한 성장에 도움이 된다는 취지의 관련 보고서를 꾸준히 내고 있다.[10]

10 김경락, "한국, 상류층 소득집중도 '아시아 최고'," 「한겨레」, 2016. 3. 17.

3. 다음은 모 국제학교로 교생실습을 다녀온 어느 젊은 교사의 회고담이다. 요즘 젊은이들 사이에서 금수저, 흙수저 등 '수저계급론'이 거론되는 마당에 이러한 경험담은 우리에게 시사하는 바가 크다. 사회 양극화와 관련하여 현재 우리의 사회, 경제, 교육은 어떤 문제를 안고 있는가? 또 이를 해소하기 위해서는 어떤 노력이 필요한가?

> 나는 대학교 3학년 때 좋은 기회를 얻어 모 국제학교로 교육 실습을 간 적이 있다. 그리고 그때 내가 받았던 충격은 정말 상상 이상이었다. 그 전까지만 해도 나는 시골에서도 충분히 인재가 나올 수 있다고 믿었고, 내가 생각하는 '개천에서 용 난' 사례는 어려운 환경 속에서도 열심히 공부해서 수능 만점자가 된 경우였다. 하지만 그 학교에서 깨달은 진실은, 금수저들은 수능을 안 본다는 사실이었다. 수능이 세상 전부인 줄 알았던 21살의 나에게 '수능 만점자'는 세상에서 가장 성공한, 자신의 노력으로 자수성가한 사람이지만, 사회에서 그는 그냥 '유난히 성실한' 사람일 뿐 그 이상은 아니었다.
>
> 사회에서는 수능 만점자보다 자신감 있고 창의력 넘치며 특히 자신의 능력을 뒷받침해 줄 든든한 조력자나 자본이 있는 사람들이 성공한 사람들이었고, 그들은 내가 상상도 할 수 없는 돈을 쓰고 벌어들이는 사람들이었다. 짐작컨대 그 국제학교는 대기업 CEO의 자녀들, 연예인 자녀들, 그리고 병원장 자녀 등 소위 '금수저' 학생들만 다닐 수 있는 곳이었다. 그들은 어릴 때부터 국어, 영어, 수학 위주의 수업을 하기보다는 주지교과 수업은 최소한으로 하면서 악기 연주, 외국어 회화, 발표 능력 등을 다양하게 기르고 있었다. 이제 와서 생각해 보면, 이 학생들은 '진짜 필요한 공부'를 하

고 있었던 셈이다. 예를 들어, 수학은 모의 주식을 하는 방식으로 배우고 있었고, 모든 과목에서 애플의 맥북을 활용한 코딩 및 포토샵, 영상편집 수업을 병행하였다. 모든 학생이 한 개 이상의 악기를 필수적으로 다루어야 했으며, 일반적으로 수업은 영어로 진행하되 제2외국어로 스페인어나 중국어도 배워야 했다. 수영·농구·연기 등의 특이한 수업도 있었으며, 모의 UN을 위해 싱가포르에 가서 전 세계 아이들을 만나고 왔다. 모든 평가를 과정 평가로 진행하기 때문에 성적에 의해 스트레스 받을 일이 적었으며, 학교는 학생들이 어떻게 즐겁게 학교 수업을 들을 수 있을까를 고민하며 최고의 수업을 제공하는 데 힘썼다. 이러한 환경 속에서도 그들은 국내외의 유명 대학에 손쉽게 진학하고 있었다. 학생들은 인맥을 형성하고, 실용적인 경영인이자 다재다능하고 창의적인 21세기형 인재가 되기 위해 노력하고 있었다.

갔다 와서 든 생각은 사실 '몰랐으면 좋았을 그들이 사는 세상'이었다. 나는 내가 부유하지는 않지만, 그럼에도 어느 정도 사회적 혜택을 받은 운이 좋은 사람이라고 생각했다. 특목고를 나와 지금까지 재수나 큰 실패 없이 원하는 것을 달성해 왔다. 특목고 등록금과 학원비를 내야 하는 나에게 투자하기 위해 노후 자금을 모으지 않는 부모님을 보며 정말 열심히 해야겠다는 생각으로 필사적으로 공부했다. 그래서 처음에는 1년 수업료만 3000만 원이 넘는 국제학교를 다니면서 열심히 하지 않는 학생을 보면서 '부모님은 얼마나 속이 탈까' 생각했었다. 그런데 한 달의 교생실습이 끝난 후 깨닫게 된 것은, 저 학교에 다니는 대부분 친구들의 부모님에게 3000만 원은 정말 '무리해서 지출하는 돈'이 아니라는 사실이었다. 4년간 돈을 모아 비수기에 유럽여행을 가는 나와 달리, 가장 성수기라는 설 연휴에 가족이 다 함께 골프치러 해외에 다녀오는 것을 보며 허무해지기도 했다. 그래서 심지어 이런 생각이 들기도 했다. 어떤 보이지 않는 손이 우리에게는 주지교과 위주의 수업을 시키면서 얼마나 책상에 더 오래 앉아 있을 수 있는지 '끈기'와 '인내력'을 기르게 하여 훌륭한 '피지배층'이 되도록 교육하고, 그 반면 상류층 학생에게는 어떻게 더 창의적인 사고를 하고 어떻게 더 좋은 사회적 관계를 형성할지를 가르침으로써 훌륭한 '지배층'이 되도록 교육하는 것은 아닐까라고. 그리하여 두 계급을 분리시키는 것은 아닐까라고 말이다.[11]

11 현직교사, 서울대학교 윤리교육과 대학원생 최○○이 제출한 과제물, 2020년 2학기.

7장

환경윤리:

환경윤리 담론의 흐름과 주요 쟁점

영화 〈투모로우〉의 기후학자인 주인공 '잭 홀' 박사는 남극에서 빙하를 탐사하던 중 지구의 이상 변화를 감지하게 된다. 그는 국제회의에서 지구의 급격한 기온 하락을 경고하는 발표를 내놓지만, 사람들은 별다른 경각심을 갖지 않는다. 하지만 그의 예언대로 급격한 지구온난화가 해류의 흐름을 바꾸어 놓음으로써 모든 것이 얼어붙는 빙하기가 도래하고 만다. 영화는 우리가 오늘날의 지구온난화를 이대로 방치할 경우 어떤 끔찍한 재앙에 직면할 수 있는지를 미리 보여 주고 있다. 과연 인류는 이러한 재앙을 피해 갈 수 있을까? 우리에게는 지구온난화를 부추기는 현재의 삶의 자세를 바꿀 지혜와 능력이 있을까?

코로나19는 뜻하지 않게 푸른 하늘을 돌려주었다. 미세먼지 걱정도 얼마 동안 사라졌다. 중국 생태환경부는 2020년 2월 이산화탄소 배출량이 전년 동기에 비해 25% 줄었고, 이산화질소는 42% 줄었다고 발표했다. 27개 회원국으로 구성된 EU는 하루 탄소 배출량이 58% 감소했다고 발표했다. 어느 나라나 상황은 비슷해서, 공기가 일시적으로 맑아졌다. 산업사회의 경제활동이 필연적으로 환경오염을 일으킨다는 사실을 여실히 보여 준 것이다.

전 세계가 코로나19로 고통받고 있는 가운데 최근 지구 곳곳에서 기록적인 폭우가 쏟아져 수많은 이재민이 생겼다. 또한, 미국 캘리포니아와 호주의 가뭄과 엄청난 규모의 산불, 유럽의 초고온 날씨와

북극·남극 빙하의 급격한 소멸 등 지구온난화로 인한 심각한 피해로 지구 생태계가 무너지고 있다. 이는 인간의 무한 탐욕을 부채질한 산업화와 화석연료 남용, 과잉 생산을 거듭하는 자본주의와 신자유주의 시장경제의 결과로서, 이대로 가면 얼마 안 가 인류문명 자체가 붕괴될 것이라는 경고가 나온 지 이미 오래다. 이러한 생태계 파괴 문제는 독일을 비롯한 유럽 각국에서 일찍이 이슈가 된 바 있는데, '생태계의 붕괴로 22세기는 오지 않을 것이다'라든가 '지금 지구상에서 살고 있는 사람들이 마지막 인류가 될 것이다'와 같은 비관적인 전망들이 대부분이다.

세계 전문가들은 2030년까지 이산화탄소 배출량을 지금의 절반 이하로 감축하지 않으면 인류가 돌이킬 수 없는 파국에 직면할 것이라고 경고한다. 유럽연합(EU) 각국이 '기후 비상사태'를 선언하며 문명의 전환을 준비하고 있는 이유도 여기에 있다. 예컨대 유럽 여러 나라는 오는 2040년까지 휘발유와 경유 차량 판매를 전면 금지하고 전기자동차와 하이브리드차의 판매만 허용하기로 결정했다. 이러한 전문가들의 경고와 유럽 각국의 정책 전환은 인류에게 더 이상 지체할 시간이 없음을 알려 주고 있다.

이제부터 환경위기 극복을 위해 우리에게 어떤 자각이 필요하고 어떤 대안이 가능한지를 살펴보되, 특히 현대 미국에서 벌어진 담론과 논쟁들을 검토해 보고자 한다. 미국은 서구 과학기술문명이 최고로, 또 최대로 성취된 곳일 뿐만 아니라, 원자폭탄과 수소폭탄의 개발로 현대문명의 위기, 환경위기를 극적으로 깨닫게 한 나라이다. 따라서 우리가 이러한 문명 자체의 위기를 가장 정확히 이해하고 그것에 대한 가장 구체적인 해답을 모색하려면 환경문제를 놓고 미국에서 벌어진 담론과 논쟁들을 살펴보지 않을 수 없다.

1. 현대 미국 환경윤리 담론의 흐름

인간중심주의에서 탈인간중심주의로

현대 환경윤리 논의의 흐름은 대체로 인간중심주의anthropocentrism에서 탈인간중심주의non-anthropocentrism로, 개체론individualism에서 전체론holism으로의 방향을 취하고 있다.

탈인간중심주의적 접근이 대두하게 된 원인은 오늘날 환경위기를 극복하는 데 인간중심주의적 접근으로는 근본적으로 한계가 있다고 보았기 때문이다.

인간중심주의란 우주에서 차지하는 지위에 있어서 인간을 다른 존재들보다 우위에 두는 입장이다. 이 입장에서는 오직 인간의 이익이나 행·불행만을 도덕적인 고려의 대상으로 삼는다. 다른 종이나 개체는 도덕적 고려 대상이 아니다. 다시 말해서 인간적 특성에 대해서만 어떤 내재적 가치를 인정하는 것이다. 설사 다른 종이나 개체를 고려한다고 해도, 그것은 그 종이나 개체가 인간의 이익과 행복을 위해 도구적인 가치를 가지기 때문이다. 그러므로 인간 이외의 존재나 환경에 대한 인간의 책임은 단지 간접적이다.

그런데 오늘날의 환경위기가 초래된 원인을 분석한 많은 환경론자들은 환경에 대한 인간중심주의적 접근의 한계에 주목하기 시작하였다. 잘 알다시피 환경위기는 산업혁명 이후, 특히 자본주의 경제체제가 현대사회의 일반적인 삶의 양식으로 정착하면서부터 시작되었다는 데 모두가 동의한다. 이러한 자본주의적 삶의 양식은 모든 것을 인간의 물질적 풍요와 경제적 이익의 극대화를 위한 수단으로 여기는 사고방식, 즉 철저히 인간중심적, 물질주의적, 쾌락주의적, 피상적 사고방식을 조장할 뿐이기 때문에, 이러한 생활방식과 사고방식으로는 근본적으로 오늘날의 환경위기를 극복할 수 없다는 반성이 일어났던 것이다.

탈인간중심주의란, 인간중심주의와 달리 인간이 우주에서 차지하는 지위에 관하여 어떤 우위도 인정하지 않는 입장이다. 탈인간중심주의적 관점에서 볼 때, 인간은 생태계 전체의 한 부분에 지나지 않는다. 따라서 인간이 아닌 다른 생명체를 도구적 가치의 관점에서 바라보는 태도를 지양하고 각 생명체의 고유한 가치를 인정한

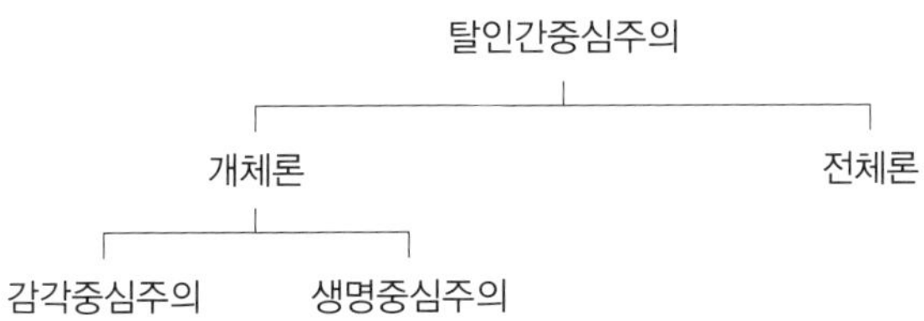

다. 예컨대 동물과 식물에도 도덕적 지위를 부여한다. 이는 이제까지 인간에게만 적용해 오던 표준적인 도덕을 수정하여 그 적용 대상을 확대함을 의미한다. 그리고 특히 환경문제의 근본적 해결을 위해서 과학적이고 제도적인 대책과 함께 우리의 인간중심적인 가치관과 자연관이 변해야 함을 강조한다.

개체론에서 전체론으로

탈인간중심주의는 다시 개체론과 전체론으로 구분된다. 개체론적 환경윤리는 자연을 구성하는 개별 유기체인 동물이나 식물 또는 생명체에 도덕적 지위나 고유한 권리 또는 내재적인 가치를 인정하는 입장이다. 이와 다르게 전체론적 환경윤리는 종이나 생명 공동체 그리고 공기, 물, 흙까지도 포괄하는 상위체계 전체로서의 자연에 고유한 가치 또는 내재적 가치가 있다고 보는 입장이다. 개체론은 다시 감각중심주의sentientism와 생명중심주의biocentrism로 나누어질 수 있다.

> "문제는 동물들이 이성이나 언어 능력을 가지고 있느냐가 아니라, 그들이 고통을 느끼느냐이다."
>
> — 제러미 벤담

감각중심주의. 감각중심주의는 '감각을 지닌sentient' 모든 존재를 도덕적으로 배려해야 한다는 입장이다. 이에 따르면 인간뿐만 아니라 감각을 지닌 동물들도 내재적 가치를 지닌다. 감각중심주의의 대표적인 형태는 '동물의 고통을 최소화시키자'는 주장으로 나타났다. 동물도 고통에 대한 감수성이 있으므로 가능한 한 동물들에게 고통을 주어서는 안 된다는 것이다. 이러한 입장의 선구로서는 영국의 공리주의, 쇼펜하우어Arthur Schopenhauer의 '동정심의 윤리', 슈바이처Albert Schweitzer의 생명경외 사상 등을 들 수 있는데, 이는 오늘날 동물 보호 이념을 확산시키는 데 기여하였다. "문제는 동물들이 이성을 가지고 있는가, 그들이 말을 할 수 있는가가 아니라, 그들이 고통을 느끼는가이다"[01]라는 벤담J. Bentham의 선구적 문제의식을 시작으로, 감각을 지닌 동물들을 고통에서 해방시키는 일은 공리주의의 과제 중 하나가 되었다.

현대에 와서 동물과 다른 생명체의 도덕적 지위에 관해 논한 사람은 조엘 파인버그J. Feinberg이다. 그는 동물개체들이 자기 고유의 이익을 갖기 때문에 권리를 소유할 수 있고, 따라서 우리는 동물들을 함부로 다루면 안 된다고 주장했다.[02] 피터 싱어Peter Singer도 '모든 이익interests은 누구의 것이든 동등하게 고려되어야 한다'는 기본 전제로부터 '동물해방'을 외쳤다.[03]

01 Jeremy Bentham, *An Introduction to the Principles of Morals and Legislation* (New York: Hafner Publishing Company, 1948), Chap. XVII, Part I, note.

02 Joel Feinberg, "The Right of Animal and Unborn Generations," W. Blackstone (ed.), *Philosophy and Environmental Crisis* (University of Georgia Press, 1974), pp.43-68.

03 피터 싱어, 『동물해방』, 김성한 역, 인간사랑, 1999, 제1장 참조.

"모든 생명은 그 자체로 고유한 가치를 가진다."

— 알베르트 슈바이처

생명중심주의. 생명중심주의는 감각중심주의보다 더 생태중심적인 관점을 취한다. 이 관점에 따르면 고통이나 감각의 문제를 넘어서서 한 생명체가 감각을 갖고 있건 갖고 있지 않건 간에 그 생명체를 도덕적으로 배려해야 하며, 모든 살아 있는 생명은 그 자체로 고유한 가치를 가진다. 생명중심주의 윤리의 전형을 보여 준 사람은 '생명에의 외경'을 외쳤던 슈바이처이다. 그는 "나는 살려고 애쓰는 생명체들 속에서 살려고 애쓰는 생명체"라는 사실을 자각하는 것이 중요하다고 말하면서, 윤리란 바로 여기서 출발하는 것이라고 하였다.[04] 그에게 생명은 단순히 '가치중립적인' 것이 아니며, 그 자체 선으로서 무조건 존중받을 가치가 있는 것이었다.

슈바이처보다 더욱 체계적으로 생명중심주의 윤리를 발전시킨 사람은 테일러Paul Taylor이다. 그에 따르면 모든 생명체는 인간의 필요와 관계없이 고유한 가치를 지니고 있다. 그 이유는 각 생명체가 '목적론적 삶의 중심teleological center of life'이기 때문이다. '목적론적 삶의 중심'이라는 의미는, 생명체란 아무리 미물이라 할지라도 자기의 생존을 유지하고, 성장하고, 종을 재생산하려는 목적을 추구하며, 이를 위해 끊임없이 변화하는 환경에 적응하려 애쓰는 존재라는 뜻이다.

04 Albert Schweitzer, *Aus meinem Leben und Denken* (Frankfurt a.m./Hamburg: Fischer, 1958), pp.133-134.

여기서 생명체가 지니는 생명의 가치는 일종의 '내재적inherent' 가치로서, 이는 인간에 의해 부여되는 가치가 아니라 스스로 지니는 가치이다.[05]

이렇게 윤리적 고려의 범위가 점차 확대되어 가는 탈인간중심주의적 담론의 추세는 이제 전체론으로 연결된다.

"무엇이든 생명 공동체의 보전에 이바지한다면 옳은 것이지만, 그렇지 않다면 그른 것이다."

— 알도 레오폴드

전체론. 전체론적 윤리holistic ethics는 인간이 개체가 아닌 개체들의 집합 혹은 관계에 대해 도덕적 책임을 지닌다고 보는 입장이다. 이 입장은 탈인간중심적인 동시에 도덕적 고려의 대상을 동식물이나 생명을 가진 개별 존재를 넘어 무생물, 종, 군집, 관계, 생태계 전체로 확대하고 그것들에 대해 도덕적 지위를 부여하고자 한다.

전체론의 원조는 생태계 전체를 도덕적 고려의 대상으로 삼은 레오폴드Aldo Leopold이다. 그는 지구상에 존재하는 개별 생명체들은 상호 의존적인 부분들로 이루어진 생태계의 구성원이기 때문에 어느 한 부분을 제거하면 전체가 무너진다고 지적한다. 또한 이러한 관점에 따라 생명 공동체의 경계를 확장해 인간과 동식물뿐만 아니라

05 Paul Tailor, *Respect for Nature* (Princeton, N. J.: Princeton University Press, 1986), Chap. 3 참조.

집합적으로 대지까지 포함하는 윤리를 주장한다.

1949년 레오폴드의 『샌드 카운티 연감*A Sand County Almanac*』에서 주장된 '대지윤리land ethic'는 미국인의 자연관과 환경윤리 담론에서 하나의 획을 긋는 개념이라 할 수 있다. 그에 따르면 대지는 한낱 자원이 아니라 인간도 그 부분으로 포함된 '생명 공동체'이며, 그렇기 때문에 흙, 물, 식물, 동물, 인간까지 포괄하는 자연 전체가 윤리적 고려의 대상이 되어야 한다. 이러한 생태중심적인 관점에서 볼 때 자연은 인간의 이해관계와는 상관없이 그 자체로 본래적인 가치를 지닐 뿐만 아니라 자신의 고유한 법칙에 따라 움직이는 독자적인 생명체이다. 따라서 우리는 자연을 함부로 대해서는 안 되며, 겸손한 마음과 더불어 존경과 사랑으로 대해야 한다.

다음과 같은 레오폴드의 선언은 이러한 정신을 잘 보여 준다.

> 대지윤리는 인류의 역할을 대지 공동체의 정복자에서 그것의 평범한 구성원이자 시민으로 변화시킨다. 대지윤리는 인류의 동료 구성원에 대한 존중, 그리고 공동체에 대한 존중을 필연적으로 요청한다. …
> 인간이 사실상 생명 공동체의 한 구성원에 지나지 않는다는 것은 역사를 생태학적으로 해석해 보면 알 수 있다. 지금까지 인간의 활동으로서만 설명되어 온 많은 역사적 사건들은 실제로는 사람과 땅의 생명적 상호작용이었다.[06]

06 알도 레오폴드, 『모래 군의 열두 달』, 송명규 역, 따님, 2006, 247쪽.

바람직한 대지 이용을 오직 경제적 문제로만 생각하지 말라. 모든 물음을 경제적으로 무엇이 유리한가의 관점뿐만 아니라 윤리적·심미적으로 무엇이 옳은가의 관점에서도 검토하라. 생명 공동체의 통합성과 안정성 그리고 아름다움의 보전에 이바지한다면 그것은 옳다. 그렇지 않다면 그것은 그르다.[07]

지금까지 우리는 현대 미국의 환경윤리 담론이 인간중심주의에서 탈인간중심주의로, 개체론에서 전체론으로 진행되어 온 흐름을 살펴보았다. 다음으로 최근에 진행되고 있는 주요 이슈와 쟁점들에 대해서 알아보자.

2. 환경윤리 담론의 주요 이슈와 쟁점들

심층 생태주의

현대의 탈인간중심주의적 환경윤리 가운데 또 하나 주목할 만한 이론은 심층 생태주의deep ecology이다. '생태주의'라는 표현을 만들었을 뿐만 아니라, 환경윤리를 하나의 학적 담론으로 이끈 인물은 노르웨이의 네스Arne Naess이다. 그의 핵심 주장은 '생명 평등주의'와 '큰 자아실현'이다. '생태계에 존재하는 모든 생명들은 자기를 실현할 평등한 권리를 가진다'는 생명 평등주의의 실천은 큰 자아실현이라

07 앞의 책, 267쪽.

는 윤리적 강령을 통해 가능하다는 것이 그 요지이다.[08] 이는 '모든 생명은 근본적으로 하나'라는 깨달음의 표현이며, 동양의 노장사상과 불교사상 그리고 인도사상에서 영향을 받았다. 환경윤리 담론에서 심층 생태주의가 가지는 의의는 우리가 오늘날의 환경위기를 극복하기 위해서는 개인적·사회적 관행을 바꾸는 정도로는 부족하고 우리의 세계관이 근본적으로 바뀌어야 한다는 철학적 통찰이다.

인간중심주의의 부활

현대 환경윤리의 탈인간중심주의적 흐름에 대한 주요 반론 중 하나는 그것이 '환경 파시즘' 또는 '생태 파시즘eco-fascism'적 태도를 함의한다는 것이다. 탈인간중심주의 혹은 전체론적 입장에 따르면 환경 파괴의 원흉은 다름 아닌 인간이다. 그러므로 생태계 보호를 위해서는 인간이 지구상에서 사라져야 하는데, 이렇게 인간을 부정하는 이론을 우리가 수용할 수는 없지 않느냐는 반론이다. 이러한 비판을 계기로 인간중심주의에 대한 새로운 해석이 등장하게 되었다. 이들의 문제의식은, 환경을 파괴한 원흉도 인간이지만 환경보존을 위해 책임 있게 행동할 주체 또한 인간일 수밖에 없다는 것이다.

> "약한 인간중심주의가 답이다."
>
> – 브라이언 노턴

08 Arne Naess, "The Shallow and Deep, Long-range Ecology Movement: A Summary," *Inquiry 16* (1973), pp.95-100.

인간중심주의 진영을 대표하는 인물은 노턴Brian Norton이다. 그는 환경윤리가 반드시 탈인간중심주의적 성격을 가질 필요는 없다고 지적하면서, 일단 인간중심주의를 '강한strong' 인간중심주의와 '약한weak' 인간중심주의로 구분한 다음 전자를 비판하고 후자를 옹호한다. 그는 강한 인간중심주의로는 환경보존의 과제를 해결할 수 없다고 본다. 왜냐하면 거기서는 자연이 인간의 선호를 만족시켜 주는 한에서만 가치를 가지므로 인간의 필요에 따라 언제든 개발될 가능성이 있기 때문이다. 반면 약한 인간중심주의를 따를 경우, 환경보존에 대한 책임의식을 공유한 사람들은 이성적 숙고 능력과 함께 미학적·도덕적 비전도 지니고 있기 때문에, 이러한 분별력과 감수성을 발휘하여 자연을 착취하는 삶이 아니라 자연과 조화되는 삶을 추구할 수 있다는 것이다. 따라서 우리가 굳이 탈인간중심적 가치론을 수용해야만 하는 것은 아니라고 주장한다. 이렇게 노턴은 일종의 '실용주의적' 논변을 전개하였다.[09]

탈인간중심주의의 재반론

"유엔의 '인권선언'이 그간 세계인의 인권 증진에 크게 기여했듯이, 자연의 본래적 가치에 대한 보편선언인 '지구헌장Earth Charter' 역시 환경보존에 크게 기여할 것이다."

– 베어드 캘리콧

09 Brian Norton, "Environmental Ethics and Weak Anthropocentrism," in: A. Light & H. Rolston III (ed.), *Environmental Ethics: An Anthology* (Blackwell, 2003), pp.163-165.

한편 레오폴드의 정신을 이어받은 캘리콧Baird Callicott은 위와 같은 노턴의 순화된 인간중심주의에 대해 다시 반론을 제기한다. 자연의 본래적 가치를 인정하는 것이 자연보존 그 자체를 위해서도 매우 중요하다는 것이다. 그는 인간중심주의에만 근거한 자연보호 정책은 아무래도 그 힘과 범위에서 한계를 가질 수밖에 없다고 주장하면서 자연의 본래적 가치를 인정하는 것의 실천적 효력을 역설한다. 그리고 자연의 본래적 가치를 인권 개념에 비유한다. 인권 개념이 (원래 실재하는 것이라기보다) 근대 철학자들에 의해 창조된 허구적 개념임에도 불구하고 현실 역사 속에서 실제로 힘을 발휘해 왔듯이, 자연의 본래적 가치를 인정하는 것 역시 자연보존을 위해 현실적으로 상당한 효과를 나타낼 수 있다는 것이다.[10]

지금까지 현대 미국에서 탈인간중심적, 전체론적 환경윤리가 등장한 이후의 환경윤리 담론의 추세를 살펴보았다. 이제 이러한 환경윤리적 자각이 어떻게 실천으로 이어질 수 있는지에 관해 고민해 보도록 하자.

3. 환경위기 극복을 위한 실천 과제

지속가능발전

오늘날 환경위기에 대한 거시적 대응 차원에서 등장한 주요 개념

10 Baird Callicott, "The Pragmatic Power and Promise of Theoretical Environmental Ethics: Forging a New Discourse," in: *Environmental Values* 11 (Cambridge: The White Horse Press, 2002), pp.3-25.

중 하나는 '지속가능발전Sustainable Development'이다. 지속가능발전이란 '지속성', '형평성', '효율성'이 보장되는 발전관을 의미한다. 지속성은 자연 자원의 유한성과 자연계의 정화 능력의 한계를 인식하는 범위 내에서의 발전을 의미한다. 형평성은 시간적으로는 현세대와 미래세대 사이의 자원 배분, 공간적으로는 지구촌 남과 북 사이의 불균형을 극복할 수 있는 범위 내에서의 발전을 의미한다.

그러나 현실의 공공정책에서 지속가능한 발전의 취지를 정책으로 실천하는 것은 매우 어렵다. 기후위기처럼 '아직 오지 않은 미래'에 대해 대부분의 사람은 그 위험성을 절박하게 느끼지 않기 때문이다. 또 실제 산업 현장에서는 온실가스 감축수단 등과 관련하여 다양한 경제 주체들의 이해관계가 얽혀 있어 모두가 참여하는 실천적 접근이 어렵다. 따라서 전문가들은 정치권과 국민이 체감할 수 있도록 이 문제의 중요성과 시급성을 알리고 사회적 공감대를 얻어 동참을 이끌어 내는 데 힘써야 한다.[11]

팬데믹 사태와 생태학적 각성

2019년부터 갑자기 들이닥친 코로나19 팬데믹 사태를 겪으면서 우리는 고도 과학기술 문명의 한계를 실감하게 되었다. 인간들의 끝없는 개발과 성장의 욕구 때문에 지구 생태계의 균형이 파괴되었고, 결국 인류 문명 자체의 존속이 위협받게 되었기 때문이다. 이러한 문명의 위기에서 벗어나려면 무엇보다 오늘날의 세계관에 대한 반성이 요청된다. 이를 통해 자연과 인간 사이의 관계를 재조명함

11 김명자, 「기후위기와 팬데믹의 복합위기, 돌파구는 있는가?」, 『철학과 현실』 126호(2020 가을), 47쪽.

으로써 "인간은 자연과 조화를 이루며 살아야 한다"는 원리를 복원해야 한다. 프란치스코 교황은 이번 코로나19 사태가 생태계 위기를 무시한 인류에 대한 자연의 대응일 수 있으며, 인류에게 "생산과 소비를 조정하고, 자연에 대해 이해하며, 심사숙고할 기회를 준 것"이라고 말했다.[12]

지금의 범세계적인 위기 상황에서 요행을 기대하기 어렵다는 것은 현재 우리 삶의 자세를 돌아보는 것만으로도 충분하다. 우리는 가능한 한 엘리베이터를 타기보다 계단을 이용하는가? 샤워할 때 물을 최소한으로 사용하는가? 에어컨을 최소한으로 가동하는가? 세면대의 종이 타월을 한 장만 사용하는가? 가능한 한 자동차 운행을 줄이고 비행기 탑승을 자제하는가? 이러한 물음에 대해 아마도 우리는 "온 세상의 경제가 성장과 발전을 지향하고 모든 사람이 경쟁적으로 자기 이익을 추구하고 있는 와중에 나 같은 일개인이 수돗물과 전기를 절약하고 자가용을 타지 않는다고 해서 무엇이 얼마나 달라지겠는가?"라고 반문할지도 모른다. 그렇다. 그래서 인류의 미래는 비관적이다. 하지만 '지구의 미래'는 그렇지 않다고 말하는 학자들도 있다. 지구는 인류라는 암 덩어리를 제거한 후 나름의 진화를 계속하리라는 것이다. 사실 지구의 입장에서 보자면, 자신의 분수를 모르고 무한증식을 거듭함으로써 결국 자신이 의존하고 있는 숙주(지구)와 더불어 자기 파멸의 길로 가는 인류의 모습은 암과 닮은 데가 있다. 과연 우리는 이대로 종말을 향해 나아갈 수밖에 없는가?

12 위의 글, 48-49쪽.

그러므로 이제는 행동에 나설 때이다. 각자의 깨달음을 하나씩 실천함으로써 스스로 습관을 형성하고, 이를 통해 타인들에게도 영향을 미쳐야 한다. 그리고 여기서 더 나아가 자각한 사람들이 함께 뭉쳐 제도를 고쳐 나가야 한다. 오직 한 사람 한 사람의 자각과 실천만이, 이러한 '자기로부터의 혁명'만이 희망의 불씨이다.

생각해 볼 문제

1. 세계의 기후전문가들은 2030년까지 이산화탄소 배출량을 지금의 절반 이하로 감축하지 않으면 인류가 돌이킬 수 없는 파국에 직면할 것이라고 경고하고 있다. 유럽연합(EU) 각국이 '기후비상사태'를 선언하며 문명의 전환을 준비하고 있는 이유도 여기에 있다. 다음 글을 읽고 이 문제에 대한 우리의 대응 현황과 인식 변화의 필요성, 아니 그 절박성에 관해 논의해 보자.

> 기후위기 대응 불량국가 한국
>
> UN은 2015년 반기문 전 사무총장 재임 당시에 '파리협정'을 맺었는데, 그 주된 취지는 2020년부터 새로운 기후관리 체제로 변신하자는 것이다. 그리고 그 핵심 목표는 저탄소 청정에너지 체제로 전환해서 석유나 석탄 등의 화석원료 경제 기반에서 탈피하자는 것이다. 그렇다면 우리나라는 이러한 흐름에서 어디쯤 와 있을까? 현재 한국은 '그린뉴딜'이라는 미명 아래 최악의 온실가스원이자 미세먼지원인 석탄발전소를 계속 더 짓고 있을 뿐만 아니라 다른 나라에 수출까지 하고 있다. 우리나라의 이산화탄소 배출량은 세계 7위, 대기 질은 OECD 36개국 중 35~36위를 기록하고 있다.[13] 우리나라는 자생적 에너지가 거의 없다. 97%를 해외에서 수입한다. 그런데 그중 66%가 화석에너지이다. 현재 우리나라에서 사용

13 이기영, "한국은 기후위기극복에 앞장서자," 「다산포럼」 제1026호, 2020. 9. 15.

하는 에너지의 거의 대부분을 차지하고 있는 것이 석탄, 석유, 가스이다. 풍력이나 수력 같은 대체 에너지 전기 생산은 6%에 불과하다. 원자력은 13%이다. 그런데 이런 에너지원은 더 늘릴 수 없다는 것을 우리는 잘 알고 있다. 우리나라는 이렇게 높은 비율로 화석에너지를 사용하고 있기 때문에 기후대응 불량국가로 낙인찍혀 있다. 우리나라의 기후변화 대응지수는 61개국 중 58위로 세계 4대 '기후악당국가climate villain'로 불린다. 더욱이 지난 5년 동안 하락을 거듭하며 23단계나 내려갔다.

앞으로 파리협정이 발효되기 시작하면, 청정에너지 사용이 적은 회사들은 지구를 오염시키는 대가로 분담금을 내야 한다. 이 분담금을 합산하면 엄청난 국가적 손실로 이어지기 때문에, 이제 우리는 풍력, 수력, 태양열과 같은 신재생 에너지 사용 비율을 획기적으로 늘리는 정책을 시행하지 않으면 안 된다. "앞으로 에너지 전환을 하지 않으면 엄청난 국가적 손실이 있다. 4차 산업혁명 시대를 맞아서 그린 빅뱅을 본격화해야 한다. 따라서 탄소 제로, 전기자동차, 에너지를 저장하고 또 자기가 만든 에너지를 개인과 개인 간에 거래를 할 수 있도록 하는 등의 새로운 에너지 정책을 만들어 내야 한다"라는 카이스트의 연구보고서(「카이스트 리빌드 코리아 2017」)도 이러한 맥락에서 나온 것이다.[14]

14 이경상, 『코로나19 이후의 미래』, 중원문화, 2020, 236-239쪽.

2. 다음 글 ①은 2011년 원전 폐기를 선언한 독일의 상황을 보여 주고 있고, 글 ②는 에너지위기와 관련한 최근 유럽의 상황을 말해 주고 있다. 원전의 위험성에 더하여 기후위기와 에너지위기까지 닥친 작금의 상황에서 이러한 딜레마를 극복하는 길은 과연 무엇인지에 관해 토론해 보자.

_ 독일의 그론데 원자력발전소

[저작자] by Heinz-Josef Lucking (CC BY-SA 3.0 DE)

[이미지출처] https://commons.wikimedia.org/wiki/File:Nuclear_Power_Plant_-_Grohnde_-_Germany_-_1-2.JPG (CC BY-SA 3.0 DE)

① 독일이 원자력발전소 17기를 2022년까지 폐쇄하기로 결정했다. 독일의 결정은 이웃국가의 동참을 이끌어 내고 있다. 스위스는 '2034년까지 단계적 원전 폐기'를, 이탈리아는 국민투표를 통해 '원전반대'를, 핀란드는 '원전 건설 중단'을 선언하고 나섰다.

독일이 원전폐쇄를 선언하기까지는 17명으로 구성된 '안전한 에너지공급을 위한 윤리위원회'(이하 17인 위원회)의 결정적 역할이 있었다. 앙겔라 메르켈 총리가 소집한 17인 위원회는 2011년 5월 28일 원전폐쇄란 결론을 내렸다. 이틀 후 메르켈은 내각을 소집해 '2022년까지 원전폐쇄'를 발표했다. 17인 위원회의 바흐만 사무총장은 이달 초 베를린에서 가진 「경향신문」과의 인터뷰에서 "후쿠시마의 교훈은 원전 폭발 사고, 노심용해 등은 인간이 감당할 수 있는 일이 아니며, (원전 위험 속에 있는) 이 같은 사회는 지속될 수 없으므로 여기서 벗어나야 한다는 것"이라고 밝혔다. 이어 "에너지 효율을 높이고 재생 가능 에너지를 확보해 탈핵이 가능하다는 것을 보여 주는 게 독일의 책임이라고 느꼈다"고 말했다.

17인 위원회에는 뜻밖에도 다양한 인사가 참여하고 있다. 원자력 발전 전문가나 과학자가 아닌 종교지도자, 철학자, 교수, 정당, 경제인, 시민단체 대표 등으로 구성됐다. 4일 만에 내린 결정이었으나 각 분야별로 추천인사를 모았다. 독일은 원전을 반핵, 찬핵, 기술의 문제가 아니라 윤리의 문제로 판단한 것이다.

17인 위원회가 의사결정을 하는 데에는 공개토론도 큰 역할을 했다고 그는 말했다. 위원회는 사흘간의 집중토론과 11시간의 TV 생방송을 통한 공개토론을 개최했다. 이 토론에는 30명의 외부 전문가도 참가했다.

독일의 원전 비중이 23%인 것과 관련, 그는 "세계가 바뀔 것이다"라며 "과거처럼 하면 경쟁력이 없다"고 단언했다. 이어 "새로운 기술을 개발해 경쟁력을 높이는 것에 에너지정책의 초점을 맞춰야 한다"고 말했다.[15]

② 최근 '탄소 중립'이라는 글로벌 과제 때문에 재생에너지와 천연가스에 대한 수요가 증가하고 있다. 그런데 여러 가지 이유로 풍력과 태양광에너지가 기대에 못 미치고 있어 천연가스에 대한 의

15 권기정, "독일 원전 폐기는 기술 아닌 윤리 문제," 「경향신문」, 2011. 7. 12.

존이 더욱 커지고 있다. 특히 유럽의 경우 전체 에너지의 35% 정도를 러시아에서 오는 천연가스에 의존하고 있는데, 러시아의 태도 여하에 따라(공급을 줄일 경우) 천연가스 값이 폭등할 위험성이 상존한다[우크라이나 전쟁으로 이런 우려는 현실이 되었음]. 문제는 천연가스의 가격이 오를 경우 전기 값도 따라 올라가서 다시 저탄소 에너지원인 원전에 대한 수요가 증가하리라는 것이다.

그런데 실은 천연가스도 온실가스를 배출한다. 단지 석유의 40% 정도에 그친다는 점이 다를 뿐이다. 천연가스가 근본적인 대책이 될 수 없는 이유이다. 분명한 것은 온실가스 저감 정책 때문에 앞으로도 전기에 대한 수요는 지속적으로 증가하리라는 것이다. 만일 신재생에너지로 생산한 전기를 저장할 수만 있다면 그야말로 근본 대책이 될 수 있을 것이다. 하지만 현재의 기술로는 거기에 이르지 못하고 있다는 것이 중론이다. 예컨대 리튬이온전지 등이 개발되었지만 화재의 위험성을 극복하지 못해 아직까지는 기대에 못 미치고 있다.

이런 이유로 현재 유럽에서는 프랑스와 동유럽을 중심으로 원전 가동을 찬성하는 나라가 증가하고 있다. 특히 프랑스는 차세대 원전 개발에 시동을 걸고 있으며, 원전을 그린에너지로 인증받으려 시도하고 있다. 원전의 비중을 다시 늘려나가려는 시도는 유럽에 국한되지 않는다. 일본은 원전을 재가동시키는 데에서 더 나아가 현재 전체 전력의 약 7%를 차지하고 있는 원전의 비중을 점차 20%까지 늘리려는 계획을 갖고 있다. 중국은 현재 약 60기인 원전을 앞으로 150기까지 늘릴 예정이다. 러시아와 인도 등의 상황도 대동소이하다.

지금 원전 가동과 관련한 지구촌의 상황은 '석탄 화력발전으로 인한 대기오염 및 기후변화에서 오는 위험'과 '원전의 사고 가능성으로 인한 위험' 사이에서의 양자택일을 놓고 왔다 갔다 하고 있는 것처럼 보인다. 즉 현재 전개되고 있는 상황의 절박성이 어느 쪽으로 기우느냐에 따라 선택지가 변하고 있는 것이다.

원전 폐기의 원조인 독일의 상황은 어떤가? 최근 독일 『디 벨트*Die Welt*』 지의 여론조사 결과(2021. 11. 6.)에 의하면 놀랍게도 독일인의 50%는 '원전을 유지해야 한다'는 데 찬성하고 있다. 이는 핵에너지에 대한 독일인의 의식 변화를 읽을 수 있는 대목인데, 아마도 프랑스와 동유럽을 중심으로 원전에 대한 여론의 흐름이 바뀌면서 유럽의 에너지 정책이 핵에너지를 그린에너지에 포함시키려는 분위기에 영향을 받은 것으로 보인다. 물론 이는 일종의 '그린워싱Green Washing(실제로는 친환경적이지 않지만 마치 친환경적인 것처럼 홍보하는 위장환경주의)'이라 볼 수도 있겠으나, 대체에너지시대 진입을 앞두고 에너지 부족이라는 현실적 난관에 직면한 유럽의 고민을 엿볼 수 있는 대목이다. 유럽의 기후가 변한 탓인지 금년[2021년]에는 유독 바람과 일조량이 모두 적어 풍력에너지와 태양광 에너지가 부족해지고, 이에 따라 천연가스 사용이 증가하면서 에너지 가격도 오르게 된 것이다. 최근 독일에서 "그린 스태그플레이션green stagflation의 함정에 빠지고 있다"라는 말이 나오고, "탈원전 전략은 실수인가?"라는 기사(*Süddeutsche Zeitung*)라든지 "엄격한 에너지 정책이 산업을 붕괴시키고 있다"(*Handelsblatt*, 2021. 10. 29.)와 같은 기사가 나오고 있는 것은 현재의 전력위기가 독일 산업을 위기에 몰아넣고 있다는 독일인들의 위기감, 그리고 에너지 공급 대란이 지속될지도 모른다는 우려와 공포를 읽을 수 있는 대목이다. 탈원전을 포함한 그린에너지 정책은 장기적으로 볼 때 그 방향은 물론 옳지만, 단기적으로 볼 때는 극복해야 할 난관이 적지 않다. 무엇보다 대체에너지 자원이 충분치 못하다. 즉 바람의 세기와 지속성, 일조량이 기대에 못 미치고, 풍력에너지와 태양광에너지를 위한 시설 인프라도 부족하다. 이런 상황에서 에너지 위기가 닥칠 경우 원전에의 유혹은 커질 수밖에 없다.

한국의 상황은 어떤가? 현재 우리나라는 신규 원전 건설 계획은 없으며 2050년경에는 원전 제로를 목표로 하고 있다. 사실 요즘에는 원전 건설 부지를 찾기도 힘든 형편이다. 영덕이나 삼척 정도가 남아 있지만 이마저도 주민들의 반대가 심하다. 송전도 문제이다. 현재 원전은 주로 부산, 울산, 경남, 이른바 부울경 지역에 밀집해 있는데, '밀양 사건'에서 보듯이 송전 선로 반대 운동이 만만치 않으며, 이는 점점 더 심해질 것이다. 발전의 혜택은 주로 수도권 주민들이 누리는 반면 발전소가 밀집해 있는 이 지역의 주민들과 송전 선로 인근의 주민들은 직간접적으로 큰 피해를 입는데, 아는 사람이라면 누가 가만히 있겠는가? 이는 인권과 인간 평등의 문제가 걸려 있는 그야말로 '윤리 문제'가 아닐 수 없다.[16]

16 박찬구, 「탈핵과 윤리」, 『탈핵에너지학회 2021 동계학술대회 자료집』, 2021. 12. 3., 97-99쪽.

8장

생명윤리(1):
안락사와 연명치료 중단

영화 〈씨 인사이드〉는 다이빙을 하다 전신마비가 된 한 남자가 안락사로 세상을 떠나기까지의 영웅적인 투쟁 과정을 감동적으로 그리고 있다. 원작에 따르면, 노르웨이 상선 수리공으로 일하며 전 세계를 떠돌던 '라몬 삼페드로'는 25세의 나이에 수심을 알 수 없는 바다에서 다이빙을 하다 목뼈를 다쳐 평생을 침대에서 한 발자국도 움직이지 못하는 전신마비자로 살아가야 했다. 무기력한 전신마비자이기보다는 의욕적이고 이성적인 모습으로 죽을 수 있는 권리를 찾고자 했던 그는 끝내 법적으로 안락사를 인정받지 못한 채 여자친구의 도움으로 1998년 1월 13일, 다량의 수면제를 복용한 후 자살했다. 이 사실이 알려지자 스페인에서는 '인간 생명의 존엄성을 무시했다'는 비난과 '인간의 마지막 자유인 죽을 권리를 인정해야 한다'는 반론이 첨예하게 대립하며 뜨거운 논쟁이 벌어졌다. 절망적인 상황에 처한 환자가 자신의 죽을 권리를 주장할 때, 과연 우리는 그것을 인정해야 하는가?

생명윤리학은 일종의 응용윤리학으로서, 널리 인정되고 있는 윤리적 원칙들을 어떻게 생명의 영역에서 생기는 특수한 문제들에 적용할 것인지를 다루는 분야이다. 특히 오늘날에는 주로 의학과 첨단 생물학의 발달로 가능해진 여러 가지 문제들의 윤리적 정당성과 한계를 다룬다.

생명윤리학은 1990년대 들어 갑자기 인기 학문으로 떠올랐다. 새롭게 등장하는 문제들의 심각성 때문에 이 분야에 대한 학문적 수요가 증가한 것이다. 처음에는 인공심장, 장기이식, 낙태, 안락사, 인공수정, 시험관 아기 등의 문제가 거론되더니, 근래에는 유전공학, 유전자 치료, 유전자 조작 식품, 인간게놈 계획, 인간복제 등의 문제가 매스컴을 통해 선정적으로 보도되기에 이르렀다. 그래서 이제는 일반 대중들도 이러한 문제들과 관련된 기술적·윤리적 차원의 이해 및 판단 능력이 필요한 시대가 되었다.

하지만 오늘날 우리는 이러한 문제들이 함축하고 있는 의미를 충분히 이해하고 있지 못할 뿐만 아니라, 그로 인해 초래될 위기에 대처할 수 있는 준비도 제대로 하지 못한 것처럼 보인다. 이는 개인적 차원뿐만 아니라 사회적·국가적 차원에서도 마찬가지이다. 아직까지 생명윤리 분야에서 제기되는 문제들을 어떻게 판단하고 해결하는 것이 바람직한 것인지에 대한 포괄적인 기준이 마련되어 있지 못한 것이다. 이제 우리는 생명윤리 분야에서 사용되는 개념들을 더 정확히 이해하고 이 분야에서 발생하는 복잡한 문제들을 제대로 다룰 줄 아는 안목을 키울 필요가 있다.

아래에서는 최근 생명윤리 분야에서 가장 논란이 되었던 안락사 및 연명치료 중단에 얽힌 쟁점들에 관해 알아보기로 한다.

1. 안락사는 허용될 수 있는가?

안락사euthanasia라는 말은 어원상 그리스어 'eu'와 'thanatos'의 합성어로서 '좋은 죽음' 또는 '편안한 죽음'이라는 의미를 가지고 있다. 오늘날에는 '치유될 수 없는 질병으로 죽음을 앞둔 사람의 고통을 덜어 주기 위해 그를 죽음에 이르게 하는 것'을 뜻하게 되었다. 통상적으로 안락사는 '회복 가능성이 없는 말기 환자가 죽음 이외에는 고통을 이겨 낼 방법이 없는 경우'를 전제로 하고 있다. 하지만 아무리 (환자를 고통에서 해방시켜 준다는) 좋은 뜻을 내세운다 해도 어쨌든 사람을 빨리 죽게 도와주는 일이 과연 인간적이며 또 도덕적으로 허용될 수 있느냐 하는 문제는 아직도 논란거리로 남아 있다.

안락사에 반대하는 사람들이 우려하는 바는, 어떤 이유로든 인간 생명의 존엄성 원칙에 예외를 두기 시작할 경우 장차 그것이 남용될 수 있다는 것이다. 일반적으로 안락사를 찬성하는 사람들은 인간 생명이 지닌 본래적 가치에 주목하기보다 현실적 필요(가족의 경제적 부담 완화 등)나 사회적 공익(의료비 증가, 노인 인구 급증, 세금 부담에 대한 대책 등)을 위한 도구적 가치를 더 중시하는 경향이 있는데, 이는 자칫 안락사라는 이름으로 의학적 살인을 조장할 수도 있다는 것이다. 이들은 환자를 고통에서 해방시키고 가족과 사회의 부담을 덜어 준다는 이유로 인간 생명을 종식시키는 일이 허용된다면, 이러한 미명 아래 수많은 생명이 사라질지도 모른다고 우려한다.

안락사라는 말의 의미를 둘러싼 혼란을 피하기 위해 편의상 몇 가지 유형으로 나누어 살펴보기로 하자.

자발적 안락사와 비자발적 안락사

안락사는 당사자의 의사표현 여부에 따라 자발적 안락사와 비자발적 안락사로 나누어 볼 수 있다. 자발적voluntary 안락사란 당사자의 자발적 의사에 따라 수행되는 안락사를 말한다. 이때 당사자는 판단 능력이 있는competent 사람이어야 하고, 극심한 고통을 동반하는 치료 불가능한 상태에 놓여 있어야 하며, 사전의료의향advanced directives과 같이 본인의 분명한 의사가 확인되어야 한다. 하지만 안락사 자체를 반대하는 견해에 따르면 이러한 조건들이 갖추어졌다 해도 여전히 문제는 남는다.

첫째, 스스로 자신의 삶을 포기(자살)하겠다는 결정을 과연 분별 있는 판단으로 볼 수 있느냐의 문제이다. 칸트는 고통스러운 감각에서 벗어나기 위해 존엄한 인격체인 자신의 생명을 끊겠다는 판단은 예지적 자아가 현상적 자아에게 굴복한 것으로서 결코 보편화할 수 없는 판단이라고 보았다. 또 인간을 신의 피조물로 보는 신앙인들의 견해에 따르면 인간 생명의 주인은 신이지 인간 자신이 아니다. 다시 말해서 인간은 신으로부터 자신의 생명을 돌볼 책임을 맡았을 뿐 그것의 처분권까지 위임받은 것은 아니라는 것이다. 따라서 자의적으로 자신의 생명을 끊는 행위는 일종의 월권으로서 신의 뜻을 거스르는 죄에 해당한다. 뿐만 아니라 자살은 자신을 낳고 성장시킨 공동체에 대한 일종의 배신일 수 있다. 한 사람의 생명은 겉보기에는 자신의 소유물인 것 같아도 사실은 그렇지 않을지도 모른다. 모든 생명은 우선 부모의 사랑과 기대를 안고 세상에 태어난다. 그리고 주위의 많은 이들의 보살핌과 희생 덕에 살아간다. 그런데 이 모든 사랑의 빚을 무시하고 '내 생명이므로 내 마음대로 처리하겠다'는 것은 일종의 오만이요 배은망덕일 수 있는 것이다.

둘째, 참을 수 없는 고통으로부터의 해방이라는 이유가 죽음을 정당화할 수 있느냐의 문제이다. 예컨대 말기 암은 현대 의학으로 치유가 불가능하고 고통도 극심하다고 알려져 있다. 원래 통증은 생명체가 위험으로부터 자신을 보호하기 위한 일종의 경고 신호이다. 보통은 통증 덕분에 위험을 예방함으로써 자신의 생명을 보전할 수 있다. 그런데 치유가 불가능한 질병으로 통증이 점점 심해질 경우에는 좌절감 속에서 빨리 이 모든 것을 끝내고 싶다고 생각할 수 있다. 하지만 오늘날에는 통증 완화 요법이 많이 발달했고, 호스피스를 통해[01] 심신의 평화를 되찾는 경우도 많이 있다. 뿐만 아니라 역설적으로 이러한 극한 상황이 이제껏 우리가 깨닫지 못했던 진리를 깨닫게 해 주는 계기가 될지 누가 알겠는가?

셋째, 당사자의 진의를 확인하는 일의 어려움이다. 물론 사전연명의료의향서를 포함하여 녹음이나 증언 등을 통해 당사자의 의사

01 호스피스 완화의료 서비스는 최근 웰다잉에 대한 관심이 증가함에 따라 말기암 환자들이 여생을 보다 편안하고 의미 있게 보낼 수 있는 대안으로 인식되고 있다. 2015년 7월부터 말기암 환자의 호스피스 완화의료 서비스에 대해 건강보험이 적용되기 시작했다. 하지만 총 병상이 1009개에 지나지 않고 관련 법안이 제대로 마련되지 않아 지난해 기준으로 영국(95%), 미국(43%) 등의 선진국에 비해 이용률(13%)이 현저히 떨어지는 실정이다.

를 확인할 수는 있다. 그러나 평상시에 마음먹었던 의사와 막상 본인이 위급 상황에 처했을 때의 의사는 달라질 수 있다. 말하자면 마음이 바뀔 수 있다는 것이다. 또 본인은 어떻게든 더 살고 싶을지라도 막대한 의료비를 부담해야 하는 가족의 입장을 생각하여 '빠른 죽음'을 원할 수도 있다. 흔히 '늙으면 죽어야 해!'라는 노인들의 말은 진심이 아니라고 하지 않는가.

비자발적non-voluntary 안락사는 당사자가 삶과 죽음 사이의 선택을 이해할 능력이 없을 경우의 안락사를 일컫는다. 대개 신생아나 중증의 심신 장애자 혹은 전에는 판단 능력이 있었으나 지금은 상실한 사람들(예컨대 노인성 치매나 식물인간 상태에 빠진 사람들)로서 이전에 '지금과 같은 상태라면 어떻게 하겠다'는 의사표시를 하지 않은 경우가 여기에 해당한다. 그러나 비자발적 안락사에 대해서도 심각한 반론이 존재한다.

우선 어떤 삶에 대해 과연 제3자가 '살 만한 가치가 없다'든가 '내재적 가치를 가지지 않는다'라고 감히 판단할 수 있겠느냐는 것이다. 흔히 선천적 장애아라든가 식물인간 판정을 받은 사람들의 경우가 그 예로서 거론되는데, 시한부 인생이라든가 비참한 삶의 질을 이유로 어떤 삶이 무가치하다고 단정할 수 있을까? 우리는 과거에 우생학이나 공리주의를 내세워 인간의 기본권을 침해했던 사례들을 알고 있지 않은가?

또한 남의 도움으로만 유지되는 삶은 이미 존엄성을 상실한 삶으로서 본인에게나 다른 사람에게 부담만 준다는 점을 안락사의 이유로 거론하기도 하는데, 이는 오직 피상적인 견해일 뿐이다. 오히려 인간은 어려운 사람을 보살피거나 보살핌을 받는 과정에서 삶의 참된 의미를 깨닫고 상호 성숙해질 수도 있기 때문이다.

반자발적involuntary 안락사는 판단 능력을 가진 당사자의 동의 없이 시행되는 안락사를 가리키며, 강제적 안락사라고도 한다. 간혹 자신에게 닥쳐올 가혹한 운명을 잘 모르고 있는 당사자의 고통을 덜어주기 위해 안락사가 필요하다고 주장하는 사람도 있다. 하지만 이러한 온정적 간섭주의paternalism도 생명권이 걸린 문제에서는 용납될 수 없다는 것이 우리의 상식이다. 이는 사실상 일종의 살인 행위에 불과하므로 여기서는 다루지 않기로 한다.

적극적 안락사와 소극적 안락사

자발적 안락사와 비자발적 안락사의 구분이 당사자의 의사에 따른 구분이라면, 적극적 안락사와 소극적 안락사는 안락사를 시행하는 자의 태도에 따른 구분이다.

적극적active 안락사는 시행자가 처음부터 환자의 생명을 단축시킬 의도로 적극적으로 시행하는 안락사를 말한다. 독극물을 투여함으로써 환자를 죽음에 이르게 하는 경우가 이에 해당한다. 환자의 자발적 의사를 확인한 후 단지 이를 도와주기만 하는 이른바 '의사 조력 자살'도 여기에 속한다. 이미 미국의 판례에서 드러났듯이 이는 살인으로 규정될 뿐만 아니라, 치료자로서의 의사의 본분에도 어긋나는 비윤리적 행위로 여겨진다. 따라서 우리나라를 포함한 대부분의 나라에서 적극적 안락사는 불법으로 간주되고 있다.[02]

적극적 안락사가 환자를 의도적으로 죽음에 이르게 하는 것인 데 반해, 소극적passive 안락사는 죽음을 앞둔 환자의 질병 진행을 저지하거나 지연시킬 수 있는데도 그 치료를 유보함으로써 '죽도록 내버려 두는 것allowing to die'을 가리킨다. 환자의 상태가 절망적인데도 투약을 하지 않거나 생명유지 장치를 사용하지 않는 것 등이 그 예이

02 안락사 허용 국가와 연도:

허용 연도	국가 또는 주
1942	스위스
1998	미국 오리건주
2002	네덜란드, 벨기에
2008	미국 워싱턴주
2009	룩셈부르크, 미국 몬태나주
2013	미국 버몬트주
2014	캐나다 퀘벡주
2015	미국 캘리포니아주, 콜롬비아
2016	프랑스, 캐나다
2019	이탈리아
2020	독일
2021	스페인, 뉴질랜드, 호주(6개주)
2022	오스트리아
2023	포르투갈

* 미국 20여 개 주와 영국 등은 안락사 허용 법안 제정 추진 중

그런데 최근에는 '조력 자살'을 허용하는 국가가 늘어나고 있다. 예컨대, 캐나다의 안락사 프로그램, Medical Assistance in Dying(MAID)은 안락사와 조력 자살을 허용하는 법적 체계이다. MAID로 인해 2023년 현재 캐나다는 세계에서 가장 자유로운 안락사 법을 가진 나라가 되었다. 이에 따르면 말기 질환이 아닌 사람도 안락사 선택권을 가지는데, 정신건강 문제(우울증 등)를 지닌 사람이나 청소년까지도 가능하며, 2023년 8월부터는 마약 중독자도 안락사 대상에 포함되었다. 그러나 이렇게 확대된 범위와 느슨한 기준은 많은 비판을 받고 있으며, 사회적·윤리적 차원에서 논란거리가 되고 있다.

다. 말하자면 질병을 방치함으로써 자연적인 결과에 이르도록 내버려 두는 것이다.

그런데 적극적 안락사와 소극적 안락사의 경계가 불분명한 경우들이 있다. 가령 의식이 없는 중환자에게 인공호흡기를 부착하고 수액주사로 영양을 공급하고 있을 경우, 이를 제거하는 것은 둘 중 어디에 속하는지 애매하다. 생명유지 장치를 제거함으로써 환자를 죽음에 이르도록 한다는 관점에서 보면 적극적 안락사로 보이는 반면, 무의미한 연명치료를 중단함으로써 자연스러운 죽음을 맞도록 한다는 관점에서 보면 소극적 안락사로 볼 수 있다. 이 경우는 이른바 '존엄사'라는 표현으로 사회적 논란이 된 바 있어, 다음 절에서 '연명치료 중단'이라는 주제를 통해 좀 더 자세히 살펴보기로 하자.

안락사 혹은 존엄사라는 개념은 '편안한', '품위 있는', '존엄한'이라는 긍정적인 수식어가 붙기는 해도, 어쨌든 '죽음'을 의도한다는 점에서 그 자체로 비판의 대상이 되기도 한다. 가령 본인의 의사에 따라 처음부터 인공호흡기를 사용하지 않는 경우와 의사의 지시에 따라 인공호흡기를 사용하다가 중간에 이를 제거하는 경우는 다른 차원의 문제일 수 있다. 전자는 당사자가 자연사를 선택한 것으로서 윤리적으로 문제가 없지만, 후자는 죽음을 의도하는 행위라는 점에서 윤리적으로 문제가 되기 때문이다.

하지만 안락사를 반대한다고 해서 이것이 곧 강제 치료에 찬성하는 것은 아니다. 예컨대 삶의 마지막 단계에서 우리는 인위적인 생명

유지 장치를 사용하기보다 평화로운 죽음을 원할 수도 있는 것이다.

암으로 죽은 어떤 사람의 시에 이런 구절이 있습니다. …

나는 병원에서 내 생을 마감하고 싶지 않다.
그 이유는 내 죽음이 아무렇지도 않게
한낱 업무로서 다루어지기 때문이다.
내 가족에게는 다시없이 소중한 일인데도.

병원에서 사람이 죽을 때 무슨 사무 보듯 처리되고 있습니다. 하나의 생명이, 한 생애가 막을 내리는데 그 엄숙한 순간에 하나의 물체로 다루어진다는 것입니다. 자기는 그런 구조에 들어가고 싶지 않다는 것입니다.

이것은 노년에만 해당되는 일이 아닙니다. 과연 우리가 죽음을 어떻게 맞이해야 할 것인가, 평소에 생각해 두어야 합니다. 아무 의식도 없는데 호흡을 연장시키기 위해서 기술적인 처치를 하는 것은 누구한테나 형벌입니다. 물론 최선을 다해서 소생시키면 좋습니다. 그러나 살 만큼 살고 인생의 4악장까지 마쳐서 조용히 쉬고 싶어 하는 사람에게 계속 주사를 놓고 인공호흡을 시키는 것은 당사자한테는 큰 고통입니다. 주사나 산소호흡 같은 것은 죽어 가는 사람에게 이물질을 주입하는 것입니다. 그 사람의 남은 목숨이나 마음에 조금도 도움이 되지 않

는 일입니다. … 살 만큼 산 사람은 자연스럽게 잿불이 사그라지듯 돌아가시도록 도와주어야 합니다.[03]

의무론적 관점에서 볼 때 '안락사'라는 개념은 그 자체로 문제가 있다. 안락함, 편안함, 고통 회피라는 '현상적' 이유(安樂)를 들어 존엄한 인간 생명을 보존해야 하는 '예지적' 의무를 포기함(死)을 함축하기 때문이다. 그러나 이러한 현상적 이유(安樂)를 내세우는 것이 아니라 인간의 존엄을 유지하기 위해 죽음을 선택한다는 존엄사는 어떻게 보아야 하는가?

2. 무의미한 연명치료 중단은 윤리적으로 정당한가?

'존엄사' 개념에 대한 논란

몇 년 전 우리 사회는 이른바 '존엄사'에 관한 논쟁으로 뜨거웠던 적이 있다. 국민의 상당수가 존엄사 도입에 찬성하고 있다는 주장이 있는가 하면, 다른 한편에서는 이에 반대하는 우려의 목소리도 들린다. 이러한 논란은 지난 2009년 5월의 대법원 판결에서 비롯했다. 논란의 직접적 계기는 당시 국내 최초로 대법원에서 '무의미한 연명치료를 중단하라'는 판결[04]을 받은 김할머니(78세)가 인공호흡

03 법정, 『한 사람은 모두를, 모두는 한 사람을』, 문학의 숲, 2009, 292-294쪽.

04 당시 대법원은 '회복이 불가능한 사망 단계 환자의 경우 환자의 의사결정권을 존중, 연명치료를 중단하는 것이 인간으로서의 존엄과 가치 및 행복추구권을 보호하는 것으로서 사회

기를 뗀 후에도 예상과 달리 200일 이상 계속 생존한 사건이다. 이것이 논란이 된 이유는 다음과 같다. 예전에는 통상 임종 단계로 들어선 환자가 인공호흡기나 심폐소생술 등 연명치료를 받지 않고 자연스러운 죽음을 맞게 한다는 뜻으로 존엄사라는 말을 썼는데, 김할머니의 경우처럼 사실상 죽음을 초래하지 않은 사안에 대해서는 죽음死이라는 말을 쓸 수 없는 것 아니냐는 의문이 제기되었기 때문이다. 이에 일부 학자들은 앞으로 존엄사라는 말 대신 '말기 환자에 대한 무의미한 연명치료 중단'이라는 객관적 용어를 쓰는 것이 바람직하다고 주장하였다.

우선 '존엄사'라는 개념과 관련한 혼란을 피하기 위해 이 용어를 사용하는 것이 과연 타당한지에 대해 검토해 볼 필요가 있다. 일반적으로 존엄사란 '소생할 가망 없이 장기간 식물인간 상태로 있는 환자에 대해 생명유지 장치 등에 의한 연명을 중지하고 인간으로서의 존엄을 유지하면서 죽음에 이르게 하는 일'을 의미한다고 알려져 있다. 또 일부 사람들은 존엄사를 일종의 '소극적 안락사'의 의미로 사용하기도 한다. 실제로 미국의 오리건 주에서는 소극적 안락사를 존엄사 dying with dignity라고 부르기도 하고 존엄적 안락사euthanasia with dignity라고 부르기도 하는 등 안락사와 존엄사의 구분은 그리 명확하지 않다.

그래서 존엄사라는 용어 사용 자체를 문제 삼는 사람들은 존엄사라는 용어가 환자로 하여금 고통 없이 존엄과 품위를 유지하는 가운데 죽음을 맞게 한다는 긍정적 인상을 주기도 하지만, 실제로는 안

상규에 부합한다'고 판결 이유를 밝힌 바 있다.

락사를 지지하는 사람들이 이를 합리화하기 위해 사용하는 용어이기 때문에 이 용어의 사용은 바람직하지 않다고 주장한다. 또 '존엄한' 생명을 단축시키려는 행위에 대해서 '존엄'이라는 표현을 쓰는 것 자체도 모순이라고 지적한다.

이들에 따르면 진정으로 품위 있는 죽음이란 회생 불가능한 인간 생명을 인위적으로 단축시켜 죽음에 이르게 하는 안락사가 아니라, 인간다운 삶을 살 수 있도록 최선의 의학적 치료를 다 했음에도 돌이킬 수 없는 죽음이 임박했을 때 의학적으로 무의미한 연명치료를 중단함으로써 자연스럽게 맞이하는 죽음이다. 이때 치료를 해도 더 이상 생명을 연장할 수 없기에 무의미한 연명치료를 중단한다 하더라도 이는 생명을 단축시키는 일이 아니다. 환자에 대한 기본적인 간호 행위와 영양 및 수분의 공급과 같이 '정상적인 수단'의 의료 행위는 결코 중단하면 안 되지만, 연명 수단으로서 심폐소생술, 인공호흡기 착용, 혈액 투석, 항암제 투여와 같은 '예외적인 수단'을 사용하는 것은 중단할 수 있다. 그러나 이는 단지 '허용'하는 것이지 '권장'하는 것은 아니다. 물론 치료의 중단을 '강요'하는 것은 더더욱 안 된다.

앞에서도 언급했듯이 '존엄사'라는 표현에는 묘한 구석이 있다. 존엄한 인간 생명을 포기하는 이유로서 다시 인간의 존엄성을 내세우기 때문이다. '존엄하다'는 말은 원래 비할 수 없이 절대적인 가치를 지닌다는 뜻이다. 그렇다면 절대적인 가치를 지닌 인간 생명을 포기하게 만들 만한 또 다른 절대적인 가치를 내세워야 할 터인데,

거기에 해당하는 것은 아마도 '극심한 고통 없이 맞이하는 임종'일 것이다. 문제는 고통을 완화하거나 덜어 준다는 의미에 대해 '존엄'이라는 표현을 쓰는 것이 과연 적절한가라는 의문이다. 고통의 완화가 필요하다면 고통의 완화에 집중하면 되지, 왜 죽음을 앞당기는 조치만이 그 유일한 대안인 것처럼 말하느냐는 것이다. 만일 이런 의문에 일리가 있다면, 존엄사란 안락사를 합리화하려는 의도가 담긴 기만적 표현일 뿐이라는 지적이나, 문제의 초점은 '호스피스 완화의료'라는 지적이 오히려 타당해 보인다.

2009년 대법원의 판결이 '존엄사'라는 표현을 일절 사용하지 않고 있는 것은 우리가 이제까지 검토한 존엄사 개념의 문제점을 반영하고 있는 것으로 보인다. 실제로 대법원의 판결문에는 존엄사라는 표현 대신 '무의미한 연명치료 장치 제거'라는 용어가 반복적으로 사용되고 있다. 이제 아래에서 무의미한 연명치료를 중단할 때 유념해야 할 점들에 대해 살펴보기로 하자.

연명치료 중단의 조건

무의미한 연명치료 중단은 사실상 거의 모든 나라에서 용인되고 있으며, 우리나라 대부분의 병원에서도 시행되고 있다고 볼 수 있다. 따라서 논의의 초점은 그것에 대한 찬·반이나 허용 여부에 있다기보다 시행 시 유의해야 할 점에 있다고 여겨진다.

대법원의 판결문에서 연명치료 중단 조치의 조건들로 제시된 것은 우선 환자가 참으로 회복 불가능한 사망 단계에 접어들었는지에 대한 확인, 더 이상의 연명치료가 의학적으로 무의미하다는 판단, 다음으로 환자 자신의 치료 중단 의사 확인이다.

환자가 회복 불가능한 사망 단계에 접어들었으며 그 환자에 대한 치료가 의학적으로 무의미한지 아닌지에 대한 판단은 원칙적으로 담당 전문의의 소관이다. 만일 전문의가 의료윤리에 위배되지 않는다는 확신과 더불어 어떤 치료가 무의미하다고 판단했다면 그 전문의의 의견은 존중되어야 할 것이다. 그러나 이는 죽음과 관련된 중대한 사안일 뿐만 아니라 상황 판단에서 의사들 간에 견해차가 있을 수 있으므로, 반드시 병원윤리위원회에서 심의하고 결정하는 것이 바람직하다. 또 이러한 결정을 위해 어떤 통일된 지침을 마련하는 것도 필요해 보인다.[05]

[05] 우리나라에서는 '호스피스·완화의료 및 임종과정에 있는 환자의 연명의료결정에 관한 법률'이 2016년 2월 3일에 제정되어 2017년 8월 4일부터 시행되고 있다. 법안의 주요 내용은 다음과 같다.

연명의료 중단 대상 환자는 말기 환자나 식물인간 상태에 있는 환자가 아닌 임종 과정(회생가능성이 없고 치료를 했는데도 회복되지 않으며 급속도로 증상이 악화되어 사망에 임박한 상태)에 있는 환자로 담당의사와 해당 분야 전문의 1인이 판단하게 된다. 중단할 수 있는 연명의료는 임종 과정에 있는 환자에게 하는 심폐소생술, 혈액투석, 항암제 투여, 인공호흡기 착용의 의학적 시술로, 치료효과 없이 임종 과정 기간만 연장하는 의료를 말하며, 통증완화를 위한 의료 행위와 영양분 공급, 물 공급, 산소의 단순공급은 연명의료에 해당되지 않기 때문에 시행하지 않거나 중단할 수 없다.

환자 의사 확인은 연명의료계획서가 있거나 사전에 작성된 사전연명의료의향서를 담당의사가 본인에게 확인하면 환자의 의사로 본다(명시적 의사). 사전연명의료의향서를 환자가 확인할 의사 능력이 없는 경우에는 의사 2인의 확인을 거쳐서, 환자가 사전연명의료의향서도 없고 의사를 표현할 수도 없는 상태인 경우에는 충분한 기간 동안 일관해 표시된 환자의 의사를 가족 2인 이상이 일치되게 진술하면 의사 2인이 확인해 이를 환자의 의사로 볼 수 있다(의사 추정). 환자가 의사표현을 할 수 없고 가족들이 추정할 만한 근거가 없는 경우에는 가족 전원의 합의와 의사 2인의 확인으로 환자에 대한 최선의 결정을 내릴 수 있으며, 미성년자의 경우에는 친권자인 법정대리인의 의사표시를 의사 2인이 확인해 결정을 내린다(의사 추정 불가).

사전연명의료의향서와 연명의료계획서는 보건복지부장관이 지정한 등록기관을 통해 작

다음으로 환자 자신의 치료 중단 의사 확인과 관련하여 대법원 판결문에서는 “환자가 회복 불가능한 사망 단계에 이르렀을 경우에 대비하여 미리 의료인에게 자신의 연명치료 거부 내지 중단 의사를 밝힌 경우(이하 ‘사전의료지시’라 한다)에는 비록 진료 중단 시점에서 자기결정권을 행사한 것은 아니지만 사전의료지시를 한 후 환자의 의사가 바뀌었다고 볼 만한 특별한 사정이 없는 한 사전의료지시에 의하여 자기결정권을 행사한 것으로 인정할 수 있다”고 하였다. 판결의 소수 의견에 나와 있듯이 여기서 한 가지 유의할 점은 환자의 자기결정이 왜곡될 수 있다는 점이다. 예컨대 ‘사전연명의료의향서’가 환자의 자유의사로 작성되었다면 별문제가 없겠으나 어떤 압력에 의해 영향을 받았을 수도 있으므로 그것을 확인하는 절차도 필요해 보인다. 이를 위해서는 사전연명의료의향서의 진의를 병원윤리위원회에서 검토하는 것이 바람직하며, 유럽생명윤리협약에서처럼 환자에게 반드시 사전연명의료의향서를 수정·보완할 기회를 주어야 할 것이다.

앞서 언급했다시피 무의미한 연명치료 중단은 사실상 대부분의 병원에서 이미 시행하고 있을 뿐만 아니라 윤리적으로도 별문제가 없어 보인다. 다만 환자에게 더 이상의 연명치료가 무의미하다는 의학적 판단과 환자의 진의를 확인하고 추정하는 과정은 언제나 극도로 신중하게 이루어져야 할 것이다.

성할 수 있으며 의료기관에서는 환자의 의사를 반영해 담당의사가 연명의료계획서를 작성할 수 있다. 작성된 연명의료계획서, 사전연명의료의향서는 국립연명의료관리기관 DB에 바로 등록돼 어디서나 바로 확인 가능하다.

생각해 볼 문제

1. 다음 글은 유럽 각국의 안락사 허용 추세에 관해 말해 주고 있다. 이러한 추세가 우리에게는 어떤 영향을 미칠지 추론해 보자.

> ① 2016년 1월 27일 프랑스 의회는 수면상태에서 생을 마감하게 하는 이른바 '깊은 잠Deep Sleep Bill' 법안을 통과시켰다. 이로써 프랑스는 네덜란드, 벨기에, 룩셈부르크, 스위스에 이어 유럽에서 다섯 번째로 안락사 허용 국가가 됐다.
>
> 깊은 잠 법안은 의사가 진정제를 투여하면서 음식과 수분 공급을 중단하는 것을 허용하는데, 조건은 생명이 얼마 남지 않은 환자여야 하고 본인이 요구해야 한다. 병·사고로 의사표현이 어려울 경우 사전에 연명치료를 받지 않겠다는 뜻을 밝혔다면 유효하다. 프랑스는 2005년부터 치료가 힘든 말기 환자의 경우 자신의 의지에 따라 치료를 중단할 권리를 부여했다. 하지만 의사가 직접 안락사에 관여하는 것은 불법이었다.
>
> 치유할 수 없는 병으로 숨만 쉬는 삶을 유지하기보다 품위 있게 스스로 삶을 마치겠다는 안락사는 서구사회에서 오랜 기간 논란이 되어 왔다. 말기 암환자, 희귀병 환자들은 통증, 호흡곤란, 구토, 불안장애 등이 복합되어 죽는 마지막 순간까지 고통 속에서 살게 된다. 현재 의학적으로 가용한 최대치의 약물요법으로는 이런 고통으로부터 환자가 편해질 수 없다. 극심한 통증을 견딜 수밖에 없는 환자의 처절한 고통에 '죽음을 선택할 권리'를 인정해

줘야 한다는 목소리가 크다.

안락사 지지자들은 삶의 주인공이 바로 자기 자신인 것처럼 죽음 역시 본인에게 선택권이 주어져야 한다고 주장한다. 죽음은 삶과 반대되는 개념이 아니라 삶을 마감하는 삶의 일부라는 것이다.

지난해 사망한 영국의 존엄사 운동가 데비 퍼디는 마지막 방송 인터뷰에서 "고통스럽고 불편하고 충격적이며 이는 내가 원하는 삶이 아니다"며 "존엄사는 내 삶을 끝내기를 원하는 문제가 아니라, 내 삶이 이런 식으로 되기를 원치 않는다는 문제"라고 말했다. 퍼디는 다발성 경화증을 20년 동안 앓아 왔으며 물과 음식 섭취를 거부해 사망했다.[06]

② 지난달, 프랑스 대통령 에마뉘엘 마크롱은 엘리제궁에 직접 기자들을 초대하여 정부가 오랫동안 공들여온 '죽음을 지원하는 법'의 골자를 발표했다. 만인의 만수무강을 확대하는 방향으로 진화해 왔던, 적어도 그것을 표명해 왔던 사회 진보의 방향에 '패러다임 전환'을 선언하는 듯한 이 생경한 표현은, 대통령 스스로가 선호하고 선택한 것이라고 프랑스 언론들은 전한다. 흔히 '안락사' 혹은 '존엄사'라는 불리는 방식의 프랑스적 해법을 제시하는 이번 법안은, 기존 유럽 일부 국가들이 실시해 오고 있는 방식을 절충하고 있다.

기존의 존엄사 방식에는 크게 두 가지가 있다. '적극적 안락사'와 '조력 자살'이 그것이다. 적극적 안락사는 의사가 환자를 사망에

06 손정희, "프랑스 '깊은 잠' 법안 통과 … 유럽서 확산되는 안락사," 「한국경제」, 2015. 3. 27.

이르게 할 의도로 환자에게 직접 치사제를 주입하는 방식이다. 벨기에, 룩셈부르크, 네덜란드, 스페인, 콜롬비아 등 5개국에서 이를 허용하고 있다. 조력 자살은 환자가 스스로 의료진의 지원 하에, 약물을 주입하는 방식이다. 이를 실시하는 대표적인 국가가 스위스다. 스위스는 1942년부터 당사자의 자발적 의지가 확인될 경우, 별다른 조건 없이 이러한 방식을 폭넓게 허용해 왔고, 자살 관광의 모티브를 제공해 오기도 했다. 오스트리아는 2022년부터 불치병에 걸린 중환자의 경우에 한하여 이 방식을 허용해 왔다. 프랑스 정부가 제안하는 '죽음을 지원하는 법'은 적극적 안락사와 조력 자살을 모두 택할 수 있게 하면서, 몇 가지 조건을 제시한다.

1) 성년의 나이에 이른 사람일 것
2) 당사자가 명확한 분별력, 판단력을 지닌 상태일 것
3) 난치병 환자로 예후가 지극히 부정적인 경우일 것
4) 난치성 통증으로 고통을 겪고 있는 상태일 것

정부 발표가 나온 직후, 프랑스 사회에는 뜨거운 찬반 토론이 일고 있다. 정부가 제시한 이러한 조건들은 인지능력의 저하를 동반하는 알츠하이머 같은 신경퇴행성 질환에 걸린 환자들을 원칙적으로 배제한다. 이런 면에서 존엄사 찬성론자들은 전반적으로 정부의 발표를 환영하면서도, 5월 국회가 열리면 현재의 그림에서 한 걸음 더 나아가 법의 수혜 범위를 확대해 줄 것을 촉구했다.
반면 반대 진영은 분노에 찬 성명을 통해 법안이 갖는 위험을 경고했다. 프랑스완화치료협회(SFAP)는 "정부의 수장이 엄청난 폭

력성을 가지고, 환자들과 현장의 의료진들의 일상의 필요와는 거리가 먼 계획을 발표했다"라고 말하며, "이는 돌봄의 가치를 훼손하며, 의료 현장에서 벌어지는 치유의 역학 관계에 심각한 결과를 미칠 것"이라고 비난했다.

종교계도 일제히 우려의 뜻을 표한 가운데, 특히 가톨릭 교단은 성명을 통해 "약물 주입으로 죽음을 사주하는 것을 박애라 부른다면, 그것은 기만이다"라고 평하며, "가장 인간적으로 사람이 죽음을 맞이하도록 돕는 방법은 약물의 주입이 아니라 사랑과 관심, 존중을 건네는 것"이라는 내용의 성명을 냈다.[07]

2. 다음 글은 안락사를 반대하는 입장을 피력하면서 호스피스 의료를 그 대안으로 제시하고 있다. 이 논지의 타당성에 대해 각자의 의견을 말해 보자.

영국도 안락사를 반대하지 않는가!

영국은 19세기 말부터 안락사에 대한 논쟁을 벌였고, 안락사를 합법화하려는 입법제안이 몇 차례 있었으나 지금도 법률적으로 안락사를 허용하지 않고 있다. 2015년 9월 11일에도 영국 하원은 안

07 목수정[목수정의 바스티유 광장], "대통령이 발표한 '죽음 지원법'... 프랑스가 뜨겁다," 「오마이뉴스」, 2024. 4. 14.

락사 허용 법안에 대해 의회 논의를 진행할지를 표결에 부쳐 찬성 118표, 반대 330표로 거부했다. 이번 법안은 잔여 생명이 6개월 미만 남았다는 의사 2명의 진단과 본인의 의지에 의한 것임을 확인하는 법원의 승인을 거쳐 안락사를 허용하려는 것이었다. 지난 몇 년간 스위스의 한 안락사 지원 전문병원을 찾아가 안락사를 선택한 영국인들의 사례가 잇따라 보도되면서 '위엄 있게 죽을 권리'에 대한 논쟁이 사회적 이슈로 부상했음에도 불구하고 결국 부결된 것이다.

영국의 사례에서 볼 수 있는 안락사 반대 움직임을 나는 적극 지지한다. 만일 안락사가 법적으로 허용된다면, 신체적·정신적 장애인은 물론 노인이나 빈곤층에까지 확대될 가능성이 있다고 생각한다. 살 만한 가치가 없고 사회에 도움이 되지 않는다고 여겨지는 사람을 제거하는 수단으로 악용될 수 있으며, 아무리 엄격한 기준을 마련한다 해도 안락사를 법의 테두리 안에서 적절하게 통제하는 일이 불가능해질 것이다. 안락사가 허용된다면 어쩌면 '죽을 권리'는 '죽어야 할 의무'로 바뀌고, 더 살고 싶은 사람에게 빨리 죽으라는 압력으로 작용하지 않을까.

안락사에 찬성하는 사람들은 의사들이 안락사를 마치 치료방법의 일종인 것처럼 시행하기를 바라는 것 같다. 안락사 허용은 의사를 환자의 생명을 지키는 자의 위치에서 죽이는 자의 위치로 떨어뜨리게 될 것이다. 의사가 자신을 죽일 수도 있다는 마음을 갖게 된다면 어느 환자가 의사에게 자신의 생명을 맡길 수 있을까. 고통 없는 편안한 죽음, 존엄한 죽음은 안락사라는 극단적이고 반생명적인 방법으로는 이루어질 수 없다. 다양한 통증 치료를 제공하고,

호스피스 간호를 통해 평화로운 죽음을 준비시켜 주며, 고통 가운데 있는 환자와 그 가족들에게 인격적이고 실제적인 도움을 주는 일이 우선되어야 한다. 그리고 극도로 어려운 시기에 놓인 환자와 가족들의 신체적·심리적 필요를 채워 줄 수 있는 다양한 방안이 마련되어야 한다. 안락사를 원하는 환자와 가족들은 죽음을 원하는 것이 아니라 도움을 원하는 것이라고 생각한다. 죽음의 과정 중에도 희망을 보기를 원하는 것이다. 물론 죽음의 과정을 지켜보는 일은 쉽지 않다. 그러나 그 과정은 우리 모두에게 엄숙하고 소중한 경험으로서 인간 삶에서 가장 숭고한 순간이라고 생각한다.
만약 호스피스 정신으로 환자를 정성껏 애정을 가지고 돌본다면 그가 정말로 안락사를 선택할지 의문이 든다. 대부분 안락사를 원하는 사람은 삶의 의미를 알지 못한 경우와 자기 자신이 무가치하고 무의미한 존재로 느껴져 다른 이들에게 부담만 된다고 생각하기 때문에 안락사를 원하게 되는 것이라고 생각한다. 즉 인간이 소외되고 고독하게 버려지기 때문에 안락사를 생각하게 되는 것이다. 환자에게 죽음을 맞이할 환경을 조성해 주고, 매 시기를 '사랑'으로 맞이하게 도와주는 호스피스의 철학을 가지고 있다면 안락사를 원하는 사람이 줄어들지 않을까.[08]

08 서울대학교 윤리교육과 학부생 이○○가 제출한 과제물 요약, 2015년 2학기.

9장

생명윤리(2):

뇌사와 장기이식

영화 〈아일랜드〉에서 자신들이 생태적 재앙으로 황폐화된 지구의 마지막 생존자라 믿고 있는 '링컨'과 '조던'은 수백 명의 주민들과 함께 부족한 것 없는 유토피아에서 빈틈없는 통제를 받으며 살고 있다. 이들의 꿈은 오직 지구에서 유일하게 오염되지 않은 희망의 땅 '아일랜드'에 뽑혀 가는 것이다. 그런데 우연한 계기에 링컨은 자신이 믿고 있던 모든 것이 거짓이었음을 알게 된다. 자기를 포함한 그곳의 모든 사람들이 사실은 스폰서(원본인간)에게 장기와 신체부위를 제공하기 위한 복제인간이라는 것과, '아일랜드'로 뽑혀 간다는 것은 장기 적출을 위해 수술대에 오르는 것으로서 결국 죽음을 의미했던 것이다. 이에 링컨과 조던은 탈출을 감행하여 원본인간인 자기의 스폰서를 제거하고, 결국 복제인간들인 동료들을 모두 구해 바깥세상으로 탈출한다. 영화는 부자들이 장기이식으로 생명을 연장하기 위해 타인을 수단화하는 자본주의 사회의 위험성을 경고하고 있다. 과연 우리는 인간을 수단화하는 자본의 권력에 맞서 인간의 존엄성을 지킬 수 있는 안전장치를 제대로 갖추고 있는가?

예부터 인간은 호흡이 멈추고 더 이상 심장이 뛰지 않으면 그것이 바로 죽음이라고 믿어 왔다. 그러나 현대 의학이 발달하면서 다 죽어 가고 있는 사람의 생명도 인공호흡기 등의 장치에 의해 연장할 수 있게 되면서부터 뇌사腦死 문제가 등장하게 되었다. 기존의 죽음

판정 기준에 대해 일부 의사들이 문제를 제기했기 때문이다. 그들은 뇌사가 곧 인간 생명의 끝이며 죽음이라고 주장한다. 뇌에 혈액, 즉 산소가 공급되지 않으면 뇌가 죽게 되는데 일단 죽은 뇌는 소생이 불가능하기 때문에 심장 정지나 호흡 정지보다는 뇌사가 죽음의 기준이 되어야 한다는 것이다.

잘 알려져 있다시피 뇌의 기능과 관련지어 죽음을 판정하려는 중요한 동기는 죽은 사람, 또는 소생이 불가능하다고 여겨지는 사람으로부터 '살아 있는 장기vital organs'를 떼어 내어 이를 필요로 하는 다른 환자에게 이식하는 것을 합법적으로 인정받으려는 것이다. 장기를 기증받는다면 생명을 더 연장할 수 있는 사람의 경우, 이것은 중요한 관심사가 되지 않을 수 없다. 또한 최선을 다해 환자를 도우려는 의사들의 관심사이기도 하다.

이러한 이유로 사회 일각에서 '죽음은 호흡과 맥박의 정지'라는 현행법을 개정해야 한다는 움직임이 일어나게 되었고, 일부 국가에서는 뇌사를 인간의 사망으로 인정하는 조치를 취하기도 하였다. 일례로 일본 국회는 1997년 6월 17일 뇌사를 인정하는 법안을 통과시킨 바 있다. 그러나 당초 제출되었던 법안이 뇌사를 일률적으로 사망으로 간주하는 것이었던 데 반해, 최종 통과된 법안의 내용은 장기 제공자에게만 뇌사를 사망으로 인정하는 것으로 크게 수정되었다. 즉 '사전에 장기 제공자의 의사를 명확히 확인한 경우에만' 뇌사를 사망으로 인정한다는 것이다. 왜 이와 같은 단서가 붙게 되었을까? 아래에서 뇌사와 죽음의 판정에 얽힌 문제 및 인간의 장기이식에 뒤따를 수 있는 윤리적 문제들에 대해 검토해 보기로 하자.

1. 뇌사상태의 뜻과 뇌사 인정의 필요성

뇌사는 뇌가 질병이나 외상에 의해 조직이 파괴되어 기능이 완전히 상실되고 그것이 결코 회복될 가능성이 없는 뇌기능의 완전 정지 상태를 의미한다.[01] 다시 말해서 대뇌, 소뇌, 간뇌의 모든 기능이 상실되어 인공호흡기를 부착한 상태에서만 폐와 심장의 운동(즉 호흡, 맥박, 혈압, 체온)이 유지되고 있는 상태를 가리킨다. 뇌사상태에 놓인 사람은 심장사의 경우와 달리 척추 반사도 있고, 혈액을 통해 인공적으로 영양을 공급해 주면 일정 기간 생명을 유지할 수 있다. 그리하여 이러한 사람의 심장 활동이 정지하기 이전에, 다시 말해서 각종 장기가 부패하기 이전에 아직 살아 있는 장기를 떼어 내어 이를 필요로 하는 다른 사람에게 이식시켜 줄 수 있는 가능성이 생기게 되었다. 이런 이유로 일부 의사들은 장기이식을 위해 죽음의 기준 시점을 앞당겨 뇌사를 완전한 법적 죽음으로 인정해 주기를 요망하고 이제까지의 죽음 판정 기준인 심장사를 뇌사로 바꾸자고 주장하게 되었다.

01 우리나라의 '장기 등 이식에 관한 법률'(약칭 '장기이식법', 2014년 1월 31일 시행) 제4조에 따르면 '살아 있는 사람'이란 사람 중에서 뇌사자를 제외한 사람을 말하고, '뇌사자'란 이 법에 따른 뇌사판정기준 및 뇌사판정절차에 따라 뇌 전체의 기능이 되살아날 수 없는 상태로 정지되었다고 판정된 사람을 말한다.

뇌사를 인정해야 할 필요성이 장기이식을 위해서만 제기된 것은 아니다. 인공호흡이나 보조 장치의 발달 덕분에 치명적인 상해를 입은 사람들이 되살아나는 데 큰 도움을 받게 된 것은 사실이다. 그러나 그런 조치가 어떤 사람의 심장을 계속 뛰게 할 수는 있었지만 뇌의 기능까지 회복시킬 수는 없었고, 그 경우 의식을 완전히 상실한 환자 측의 부담은 매우 컸다. 특히 환자를 끝까지 돌보아야 하는 환자 가족들에게는 육체적·경제적으로, 또 병원의 침상이 필요한 다른 환자들에게는 입원 치료의 기회가 주어지지 않음으로써 문제가 되었다. 이 경우 뇌사가 죽음으로 판정되어 그 환자로부터 인공호흡기가 제거된다면 많은 사람들이 위와 같은 부담을 지지 않아도 될 것이다.

또 뇌사의 인정은 이식하려는 신체 기관이 더욱 건강한 상태로 다른 사람에게 이식될 수 있도록 하는 데 도움이 될 것이다. 다시 말해서 과거에는 심장사가 죽음의 기준이었으므로 살인이라는 비난을 받지 않으려면 의사가 아직 심장이 멎지 않은 사람의 장기에 손을 대서는 안 되었다. 그러나 이제 뇌사가 인간의 법적인 죽음으로 인정된다면, 의사는 뇌사상태인 사람의 장기를 마음 놓고 활용할 수 있게 될 것이다. 경우에 따라서는 가장 적절한 수술 시점까지 이식할 장기들을 보존하기 위해 뇌사상태의 신체에 계속해서 혈액과 산소를 공급할 수도 있을 것이다. 이 경우 뇌사상태인 사람은 법적으로 죽었으므로 친권자의 동의만 있다면 뇌사자의 장기를 활용할 때

인간 존엄성의 침해라든가 일종의 살인이라든가 안락사라든가 하는 등의 문제도 발생하지 않을 것이다.

2. 뇌사는 인간의 완전한 죽음인가?

뇌사 인정에 따르는 문제들 가운데 첫째로는 죽음의 정의에 대한 문제를 들 수 있다. 인공호흡기의 도움으로 뇌사상태 환자의 심장과 폐의 기능이 유지되는 경우에는 간장이나 신장 등 많은 장기의 기능도 그대로 유지될 수 있다. 따라서 생물학적으로 볼 때 그는 완전히 죽은 상태에 있는 것이 아니다. 다음의 사례는 이 문제가 결코 간단한 문제가 아님을 시사한다.

> 임신한 지 20주 된 31세 부인이 머리에 총상을 입은 채 병원에 실려 왔다. 의사들의 판단에 따르면, 그녀의 뇌기능은 완전히 소실되었다. 그러나 그녀의 남편은 산모의 배 속에 들어 있는 아기가 조기 출산되지 않도록 가능한 한 오랫동안 산모를 살려 둠으로써 아기가 살 수 있는 기회를 갖게 해 달라고 요청했다. 뇌사를 인간의 죽음이라고 주장하던 의사들도 그의 요청을 수락해서 아기가 출산될 때까지 그 산모를 살려 두고 마침내 무사히 아기를 구해 냈다.[02]

02 진교훈, "철학에서 본 뇌사: 생명윤리의 관점에서,"『철학적 인간학 연구(II)』, 경문사, 1994, 183쪽.

윗글은 뇌사상태의 산모의 생명을 연장할 수밖에 없었던 사례를 보여 준다. 이 경우 뇌사상태의 산모는 참으로 죽은 사람인가, 다시 말해서 태아가 생명을 유지할 수 있도록 해 주는 사람을 완전히 죽었다고 말할 수 있는가? 만일 산모가 이미 죽은 사람이라면 시체에 인공호흡을 시키고 영양제를 주사하고 그 밖의 흡입관을 꽂는 셈이 되지 않는가? 여기서 뇌사 인정에 대한 반론이 제기된다.

한 사람의 죽음의 순간, 즉 죽음의 정확한 시간을 누가 어떤 방법으로 정확히 측정할 수 있겠는가? 죽음이 하나의 과정process이라면 뇌사는 죽어 가는 하나의 단계에 불과할 뿐이므로, 그것은 결코 죽음을 규정하는 필요충분조건이 될 수 없다. 뇌사가 사실상 인간의 죽음이라는 판단은 일부 의사들의 견해일 뿐이다. 인간의 생사 문제는 의사뿐만 아니라 사회적, 종교적, 철학적 이해를 도외시할 수 없다.

생명윤리학자들 가운데에도 인간의 죽음은 하나의 순간적 사건이 아니라 점진적 과정이라고 보는 사람이 많다. 물론 지금까지 의사들은 관행적으로 심폐기능이 완전히 상실되는 순간을 사망시간으로 기록하고 있다. 그러나 잘 알려져 있다시피 뇌사의 시점과 심폐기능이 완전히 상실되는 시점 사이에는 상당한 시간차가 있고, 오늘날에는 인위적으로 그 시간차를 늘릴 수도 있게 되었다. 말하자면 뇌사는 인간이 죽어 가고 있는 과정의 초기 단계라 할 수 있을 것이다.

한편 뇌사의 인정은 우리의 전통적인 윤리관과 사회문화적 통념과도 어긋나는 측면이 있다. 우리의 통념에 따르면, 우리는 설사 뇌의 기능이 완전히 소실되었다 하더라도 아직 심장과 맥박이 뛰고 있고 따뜻한 체온을 지니고 있는 사람을 죽었다고 말할 수는 없다. 시체와 임종을 앞둔 사람은 구별되어야 마땅하다. 뇌사자가 단 몇 시간, 몇 주일밖에 살지 못한다 하더라도 이 기간은 그를 사랑하는 사람들에게는 소중한 시간이다. 한국인은 임종의 순간을 소중하게 생각한다. 임종의 순간 환자가 비록 아무 말도 할 수 없을지라도 그 순간을 지켜보기 위하여 그를 사랑하는 사람들은 수만 리 밖에서 찾아온다. 이것은 참으로 의미 없는 일인가?

만일 뇌사자가 완전히 죽은 사람이 아니라면, 우리는 그에게 남은 삶이 비록 짧다 하더라도 그것을 다른 사람의 생존기간의 길고 짧음과 함부로 비교할 수 없다. 죽음의 문턱에 다다랐던 경험이 있는 사람들에 따르면, 사람은 죽어 가고 있는 (물리적으로는) 짧은 순간에도 지금까지 자신의 삶 전체가 파노라마처럼 되새겨지는 일을 경험한다고 한다. 인간의 생사 문제는 양적인 시간을 기준으로 그 가치를 논할 수 없다. 죽어 가고 있는 사람의 얼마 남지 않은 생명도 존귀한 것이다.[03]

03 앞의 책, 181-184쪽 참조.

3. 장기이식과 관련한 문제

뇌사자 장기이식의 경우

뇌사를 사람의 실질적인 죽음으로 판정한다고 할 때, 뇌사에 대한 의학적 진단이 과연 오류를 범하지 않는다는 보장을 할 수 있을까? 어떤 병에 대한 의사의 초진初診과 관련하여 그 오진율誤診率이 의외로 높다는 사실은 이미 잘 알려져 있다. 만약 아직 살아 있는 사람을 죽은 것으로 잘못 진단한다면 어떻게 될 것인가? 만약 뇌사판정 후 장기이식을 위해 곧바로 장기를 들어낼 경우, 이때의 오진은 살인을 범하는 것과 같다. 물론 우리는 충분한 전문 지식을 가지고 있는 양심적인 의사들의 진단을 믿을 수 있다. 그러나 생사 문제와 같은 중요한 사안에서는 항상 예외적인 경우 또한 염두에 두지 않을 수 없다. 더욱이 자본주의 사회에서 장기이식을 원하는 사람 중에 상당한 재력가도 있다고 가정할 때, 인간 생명의 존엄성을 지키기 위한 최선의 안전책을 강구해야 하는 것은 당연한 일일 것이다.

장기이식에서 또 하나 전제되어야 할 점이 있다. 인간의 장기는 단순히 기계의 부속품과 같은 것이 아니라는 점이다. 고장 난 기계는 부속품을 교환함으로써 고장 난 부분을 고칠 수 있다. 고장 난 두 대의 기계가 있을 때 한 기계를 포기하고 거기서 사용 가능한 부속품을 떼어 내어 다른 기계의 고장 난 부속품과 바꾸어 줌으로써 다른 기계를 다시 사용할 수 있다. 이때 어떤 기계를 폐기 처분할 것인지를 결정하는 것은 대개 효용가치에 따라 좌우될 것이다. 그러나 인간의 경우는 기계와 근본적으로 다르다. 인간은 누구도 다른 사람의 대용품이 될 수 없을 뿐만 아니라, 다른 사람을 위해서 희생을 강요받아서도 안 된다. 인간은 늙었거나 젊었거나 병들었거나 건강하거나 간에 누구도 다른 사람보다 더 가치 있거나 가치 없는 것이 아니며 언제 어디서나 존중받아야 할 존재이다. 모든 사람의 생명은 존귀하다. 죽어 가고 있는 사람, 불치의 병에 걸린 사람도 예외가 아니다. 그러므로 인간의 삶과 죽음은 공리적功利的인 관점에 따라 규정되어서는 안 된다. 공리적인 면에서 뇌사를 인정하자는 것은 인간의 생명과 존엄성을 경시할 위험성을 내포하고 있다.

이러한 관점에서 본다면, 뇌사상태일지라도 아직 심장과 맥박이 뛰고 그 밖의 장기들이 활동하고 있을 때 장기들을 떼어 냄으로써 그 환자의 남은 생명을 단축시키는 것은 일종의 안락사라는 지적을 받을 수 있다. 만일 뇌사자의 장기를 떼어 내는 것이 허용된다면 뇌사 이외에도 소생할 수 없는 식물인간 상태의 환자라든가, 곧 죽게 될 사형수의 장기를 떼어 내는 것도 허용될 수 있다는 논리가 등장할지도 모른다. 또 우리가 의심할 여지없이 확실하고 엄격한 뇌사 판정 절차를 거쳐 어떤 사람의 뇌사를 확인한다고 할지라도, 의구심을 완전히 떨쳐 버리기는 어렵다. 참으로 의사들은 장기이식을 더욱 성공적으로 해내기 위해 뇌사판정 시 부당한 영향을 미치거나 서두르지 않는다고 확언할 수 있을까?[04]

04 앞의 책, 187-188쪽.

8장에서 이미 살펴본 바와 같이 의사가 뇌사상태의 환자에게 행해 왔던 인위적인 요법이 더 이상 어떤 도움도 주지 않는다는 확신이 섰을 때, 의사는 자기 책임 아래 환자에게 행하던 인공호흡 조치 등을 중단시킬 수 있을 것이다. 이것은 의사의 권한에 속하는 문제일 것이다. 왜냐하면 인공호흡기를 사용하는 등의 적극요법은 원래 생명의 보존과 치료를 목적으로 하는 것이므로, 그 목적이 소멸되었을 때 이를 중단시키는 것은 윤리적으로 잘못된 일이 아니기 때문이다.

그러나 장기이식을 위해 뇌사상태의 환자에게서 장기를 떼어 내는 경우에는 극도로 신중한 태도가 요구된다. 우선 뇌사가 의학적으로는 죽음이라고 할 수 있을지 모르지만 생물학적으로는 완전한 죽음이 아니며, 더욱이 윤리적·종교적 의미에서 이해하는 죽음과도 다르기 때문이다.

파브르의 『곤충기』를 보면 어떤 종류의 벌은 풍뎅이나 거미의 중추신경에 침을 꽂아 전신을 마비시킨 후, 거기에 알을 낳아 새끼가 아직 살아 있는 숙주의 신선한 내장을 먹고 자라도록 한다. 물론 이러한 비유를 뇌사상태의 인간에게 적용하는 것은 지나치다고 말할지 모른다. 하지만 만에 하나 오진誤診이나 장기매매 커넥션connection과 관련하여 살아 있는 인간의 몸에서 장기가 적출된다고 할 때 이는 상상만 해도 소름이 끼치는 상황이다. 이를 예방하려면 장기이식은 환자가 완전히 사망한 이후에 시행하는 것이 바람직하다. 이

때 환자의 사망 판정에 관여하는 의사는 절대로 장기이식에 관여해서는 안 된다.[05] 또한 장기이식 시 무엇보다도 본인의 사전 동의나 적어도 최근친자의 동의가 있어야 함은 물론이다.[06]

생체 장기이식의 경우

생체 장기기증은 오직 쌍으로 있는 장기(신장), 장기의 일부(간) 또는 재생 가능한 장기(골수)만이 가능하다. 장기기증은 조직적합성이 높다는 장점과 뒤따를 수 있는 건강상의 위험을 감수해야 한다는 이유로 부모가 자식을 위해 또는 자식이 부모를 위해 기증하는 경우가 많다. 그러나 친척의 기증이나 타인의 기증도 드물지 않은데, 이는 근래 발달한 면역억제제 덕분이기도 하다.

생체기증의 경우에 유념해야 할 점은 무엇보다 기증의 자발성 보장에 관한 것이다. 가족의 경우에는 기증이 가족 내의 은근한 압력에 의해 이루어질 수 있다는 점을 배제할 수 없다. 또한 가족 외의 경우에도 기증이 혹 조작이나 강제 또는 매매나 협박에 의한 것일 수도 있기 때문에 항상 자발적이고 순수한 희생정신에 의한 것인지 여부를 잘 판단해야 한다.[07] 다음으로 기증자가 수술의 방법

05 '장기 등 이식에 관한 법률'은 이를 다음과 같이 명시하고 있다.
제27조(뇌사판정 의사의 장기 등의 적출 등 금지) 다음 각 호의 어느 하나에 해당하는 자는 해당 뇌사자의 장기 등을 적출하거나 이식하는 수술에 참여하여서는 아니 된다.
1. 해당 뇌사자의 뇌사조사서를 작성한 전문의사와 진료담당의사
2. 해당 뇌사자에 대하여 뇌사판정을 한 뇌사판정위원회에 출석한 위원인 의사

06 위의 법률 제22조에 따르면, 살아 있는 사람의 장기는 본인이 동의한 경우에만 적출할 수 있으며, 뇌사자와 사망한 사람의 장기도 본인이 뇌사 또는 사망하기 전에 동의한 경우에만(단, 가족이나 유족이 거부하는 경우에는 제외) 적출할 수 있다. 또 본인의 의사가 확인되지 않을 경우에는 그 가족이나 유족이 동의한 경우에만 적출할 수 있다. 또 위와 같이 동의한 경우라 하더라도 장기를 적출하기 위한 수술이 시작되기 전까지는 언제든지 장기의 적출에 관한 동의의 의사표시를 철회할 수 있다.

과 정도, 생길 수 있는 후유증과 건강상의 위험에 대한 완전한 정보와 포괄적인 설명을 듣고 동의한 경우에만 기증이 허용되어야 한다. 따라서 미성년자나 정신질환자, 포로, 수감자 등은 생체기증자에서 제외되어야 한다. 그 밖에도 생체이식 수술 후의 근본적인 치료뿐만 아니라 뒤따르는 부가적 치료와 정신적 배려도 보장되어야 한다.[08]

짐작하다시피 이식할 장기는 수요에 비해 공급이 항상 부족[09]하기 때문에 장기매매의 가능성이 상존한다. 치명적 질병에 걸린 사람이 장기이식을 통해 새 생명을 얻을 수 있다면 이식할 장기를 얻기 위해 얼마든지 지불할 용의가 있을 것이다. 또 자신의 신장을 적당한 대가를 받고 떼어 줄 용의가 있는 사람도 있을 것이다. 그러나

07 생체 장기기증이 오로지 기증자의 자율적 선택에 의한 것임을 보장해 줄 독립적인 기관이 있어야 한다는 주장에도 주목할 필요가 있다. 실제로 미국, 영국, 일본, EU 등에서는 생존 기증자를 위한 '기증자 옹호자' 제도를 운영하고 있다. 미국은 ILDA(Independent Living Donor Advocate)라는 수혜자, 의료진 등과 분리된 독립적인 기구에서 생존 기증자의 자율성을 평가한다. 영국 역시 의사, 임상심리치료사, 사회복지사, 이식전문 간호사 등으로 이루어진 DAT(Donor Advocacy Team)라는 기구에서 기증후보자가 과연 외부 압력이 없는 상태에서 자율적으로 기증을 선택한 것인지 여부를 검증하며, 기증후보자가 기증 의사를 철회한다고 하더라도 이로 인한 정서적 어려움을 극복할 수 있도록 적절한 지원을 한다. 우리나라의 경우에는 '사회복지사' 개인이 기증자 옹호자의 역할을 하고 있는데, 이분들은 대개 병원에 속해 있는 신분이어서 기부 승인 시 (병원의 이익과 무관한) 독립적인 판단을 하기가 힘들다. 따라서 현재 우리나라에는 독립성을 보장받고 기증자의 권익을 옹호해 줄 전문 인력이 아예 없는 셈이다(이경은, 『나는 생존기증자의 아내입니다』, 생각생각, 2020, 167-170쪽 참조).

08 구인회, 『생명윤리의 철학』, 철학과현실사, 2002, 208-210쪽 참조.

09 2023년 우리나라에서 뇌사로 인한 장기기증자는 483명, 이식 대기자는 51,857명으로 기증받을 확률은 1/100에도 못 미친다. 실제로 매일 8명의 환자가 장기이식을 기다리다 숨진다고 한다. 또한 2022년 우리나라 뇌사자 중에서 장기를 기증하는 비율은 7.88%로 미국(44.5%), 스페인(46.03%), 영국(21.08%)에 비해 현저히 낮다(보건복지부 자료). 그러므로 장기기증에 대한 긍정적 인식과 사회적 공감대가 확산될 필요가 있다. 그러기 위해서는 장기기증자에 대한 사회적 예우를 더 높여야 하고, 신청 방식 등도 널리 알려야 한다. 장기기증은 16세 이상이면 국립장기조직혈액관리원 홈페이지에서 누구나 온라인으로 등록할 수 있다.

장기매매는 법으로 금지[10]되어 있을 뿐만 아니라, 윤리적으로도 문제가 된다. 왜냐하면 돈으로 장기를 사고파는 행위는 인간의 몸을 목적이 아닌 수단으로 취급하는 것으로서 인간 존엄성에 위배되는 일이기 때문이다.

더불어 생체 장기이식과 관련한 우리 사회의 풍토에 대해서도 되돌아볼 부분이 있다. 오늘날 우리는 매스컴을 통해 간혹 골수이식, 간이식, 신장이식 등의 사례를 접한다. 그리고 고통받는 이웃을 위해 혹은 부모를 위해 자신의 장기를 기증한 사람들의 선행을 칭송한다. 그런데 우리는 장기기증 이후의 기증자의 삶(건강)에 대해서는 별다른 관심을 기울이지 않는다. 과연 그들은 기증 이전과 다름없는 삶의 질을 누리며 살아가고 있을까? 2016년 생명윤리정책연구원 조사에 따르면 신장 기증자의 27%, 간 기증자의 34.6%가 이전과 동일한 신체상태로 회복되지 못했다고 답했다. 간 기증자 중에는 수술 후 면역력이 저하되고 일상생활에 지장을 받을 정도로 체력이 저하되었다고 호소한 경우도 있었다. 또한 기증자의 예우에 대한 논란도 끊이지 않는데, 자신의 생명을 걸고 선의로 장기를 기증한 사람들에게 보험 가입이 거부되는 등 기증자에 대한 사후관리 문제도 적지 않게 지적된다. 장기기증자에 대한 체계적이고 꾸준한 사후관리는 자기희생을 무릅쓴 선행에 대한 응당한 보상일 뿐만 아니라, 미래의 잠재적 기증자를 안심시키는 역할을 함으로써 차후 더 많은

10 '장기 등 이식에 관한 법률' 제7조는 '다른 사람의 장기를 제3자에게 주거나 제3자에게 주기 위하여 받는 행위 또는 이를 약속하는 행위'와 '자신의 장기를 다른 사람에게 주거나 다른 사람의 장기를 자신에게 이식하기 위하여 받는 행위 또는 이를 약속하는 행위'는 물론이고 '이러한 행위를 교사·알선·방조하는 행위'도 모두 금지하고 있다.

기증자를 확보할 수 있도록 할 것이다. 이에 대한 정부 차원의 대책 마련이 시급하다.

장기이식과 분배 문제

이식이 필요한 사람들에게 부족한 장기를 분배하는 일은 분배 정의 문제를 제기한다. 장기이식은 이식을 원하는 모든 사람에게 동등한 기회를 부여하는 기회균등의 원칙을 지키면서 시행되어야 할 것이다. 그러나 동등한 기회를 준다는 것은 어떻게 하는 것을 의미할까? 이식의 우선순위는 가장 먼저 신청한 사람, 즉 가장 오래 기다린 사람인가?

기회균등만이 능사는 아니다. 의학적 고려가 더 중요한 변수가 될 수도 있다. 의학적 고려 요인 중 첫째는 조직적합성이다. 장기 수혜자와 기증자 사이에 조직이 일치하는 정도가 커야 수혜자에게 면역거부반응이 적어 이식의 성공 확률이 높아지기 때문이다. 둘째는 위급성이다. 빨리 이식받지 않으면 생명을 유지할 수 없는 경우이다. 셋째는 성공 전망이다. 조직적합성 이외에 성공적인 치료 가능성 및 장기간 양질의 생존 가능성 등을 고려하는 것이다.

다음으로 사회적 고려 사항도 염두에 두지 않을 수 없다. 예컨대 환자의 연령(기대 수명에 대한 고려), 가족 상황(아이들 엄마와 같이 부양가족이 많은 경우), 신분이나 직업, 능력이나 업적 등이다. 그러나 이러한 고려 사항에 대해서도 반론이 적지 않다. 기대되는 생존기간이 중요한 기준이 된다면, 노인이나 짧은 생존기간이 예상되는 환자들은 장기를 이식받을 동일한 권리를 지니지 못한다는 말인가? 어린 자식들을 돌봐야 하는 엄마 같은 경우는 예외를 인정한다 하더라도, 환자들의 경제적 능력이나 사회적 지위에 따라 치료 순위를 정하는 것은 비난받을 소지가 크다. 어떤 환자의 치료받을 권리가 그의 재력이나 사회적 기여도에 따라 좌우되어서는 곤란하지 않겠는가?

이런 문제들 때문에 차라리 추첨하는 방식이 바람직하다는 의견도 있다. 공정한 추첨을 통해 우연적 선택의 원칙에 따라 분배를 결정한다면, 사람들은 그 결과에 승복하기가 쉬워질 것이다. 하지만 매우 연로한 사람이 젊은이에 앞서 선택된다든가, 가족이 없는 사람이 어린 자식들이 딸린 엄마에 앞서 선택된다면 사람들은 이를 유감스럽게 여길 것이다. 뿐만 아니라 이처럼 우연에 의해 환자의 삶과 죽음이 결정된다는 사실이 알려질 경우, 숭고한 장기기증이 그에 걸맞은 진지함이나 감사함 없이 무성의하게 처리된다는 느낌 때문에 장기기증을 원하는 사람이 줄어들지도 모른다. 이러한 한계에도 불구하고 추첨방식은 여전히 우리가 마지막으로 수용할 수 있는 원칙이자 올바른 대안으로서, 이식 당사자인 의료진이나 환자들에게 가장 적은 우려를 불러일으킬 것이라는 견해가 상당히 설득력을 지닌다. 왜냐하면 이는 동등한 권리를 지닌 사람들에게 동등한 기회를 부여한다는 정신에 가장 근접한 방식이기 때문이다.[11]

모든 의료자원의 분배를 결정할 때는 윤리적 측면과 더불어 효율

11 구인회, 앞의 책, 225-227쪽 참조.

성을 고려하지 않을 수 없다. 한정된 의료자원을 가장 도움이 절실한 환자에게, 그리고 최고의 효과를 얻으리라 기대되는 곳에 투입해야 하는 것이다. 어떤 시기에 어떤 방법으로 환자를 도울 것인지를 판단하는 의사의 결정은 질병의 상태뿐만 아니라 사회가 부담해야 하는 비용을 감안하여 이루어져야 한다. 개인의 생명연장이 가능하다는 이유만으로 엄청난 비용을 수반하는 장기이식 치료방법이 과연 정당화될 수 있는지 생각해 봐야 하는 것이다. 만일 그런 비용 때문에 다른 사람들이 제대로 치료받을 수 없게 된다면, 그래서 그들의 건강과 생명연장에 위험이 초래될 수 있다면, 우리는 장기이식과 관련해서도 의료자원의 효율적인 배분 문제를 깊이 생각해 보지 않을 수 없다.

생각해 볼 문제

1. 다음 사례에서 보는 의사들의 태도가 과연 정당화될 수 있는지에 대해 토론해 보자.

> 1986년 미국에서 있었던 사례이다. 아기 제시Jesse는 심장이식을 받아야 할 환자였다. 의학적으로 그 아기는 이식을 위한 여러 가지 기준을 만족시킨 상태였다. 하지만 범죄경력이 있을 뿐만 아니라 약물중독 문제까지 지니고 있는 십 대의 미혼 부모는 심장이식 수술 후에 요청되는 후속 치료를 재정적으로 부담하거나 면역억제제를 정확한 시간에 아기에게 복용시킬 만큼 책임 있는 역할을 하기에는 역부족이라고 판단되었다. 공급이 매우 달리는 이식용 어린이 심장을 순수한 의학적 기준에 따라 분배했다는 의사들의 주장에도 불구하고, 제시를 이식수술 후보로 받아들이기를 거부했던 그 의사들은 사람을(특정 사회계층을) 차별했다는 이유로 고발당했다.[12]

12 앞의 책, 223쪽 각주 20)에서 재인용.

2. 이식할 장기의 분배방식으로서 다음과 같은 방식이 타당한지에 대해 토론해 보자.

> 장기이식을 필요로 할 정도의 질병이 생기기 이전에 이미 장기기증 의사를 밝혔던 사람들에게 장기이식의 우선권을 부여한다면, 이식 찬성자들과 반대자들 사이의 갈등을 줄일 수 있을 것이다. 잠재적 장기기증자들은 자신의 행위를 기증으로 여기기보다는 오히려 호혜互惠 관계로 생각할 것이다. 그들은 자신도 경우에 따라서 언젠가 타인의 장기를 받아야 하는 입장이 될 수도 있기 때문에, 미리 스스로 장기를 기증할 용의가 있다고 선언하는 것은 공평한 일이라 생각할 것이다. 마찬가지로 자신이 뇌사상태에 빠진다 하더라도 자신의 장기를 기증하지 않겠다는 사람은 나중에 뇌사자의 장기를 요청해서도 안 될 것이다.
>
> 이 방식의 요점은 장기분배를 할 때 스스로의 장기를 기증할 용의가 있는 사람을 우선적으로 고려하고, 장기기증자가 되기를 원하지 않는 사람은 분배 우선순위에서 제외하는 것이다. 기여도가 있는 사람에게 우선권을 주는 이런 방식은 사람들로 하여금 스스로 장기기증자가 되도록 고무하는 효과도 기대할 수 있을 것이다. 하지만 이런 방식으로 장기 부족을 어느 정도 해소할 수 있을지는 모르지만, 이는 기증이 함축하는 순수한 희생정신을 퇴색시키고 무조건적인 균등한 대우의 원칙을 훼손하는 일이 되지 않을까?[13]

13 앞의 책, 216쪽 참조.

3. 다음 글은 현재 우리나라의 생체 장기이식이 주로 가족 간에 이루어지고 있으며, 미성년자의 장기이식 사례도 적지 않다는 사실을 보여 준다. 이것이 왜 문제가 되는지, 그리고 그 대안은 무엇인지 토론해 보자.

보건복지부 산하 국립장기조직혈액관리원의 『2019년도 장기 등 이식 및 인체조직 기증 통계연보』(2020)에 따르면 우리나라에서 2019년 인체조직을 기증한 888명 중 770명(86.7%)이 생존 기증자이다. 신장의 경우 2293건 중 1499건(65.4%)이, 간의 경우 1579건 중 1188건(75.2%)이 생존 기증자로부터 장기이식이 이루어졌다. 생체 장기이식 비중이 이처럼 큰 선진국은 흔치 않다. 또 하나의 특징은 자신과 전혀 관계없는 타인에게 이식을 해 주는 경우는 극히 적은 반면, 직계비속, 직계존속, 형제자매, 배우자 등 가족에게 이식을 해 주는 경우가 대부분이라는 것이다. 이는 생체 장기이식이 주로 가족에 대한 기증자의 사랑 혹은 희생으로 이루어지고 있다는 것을 반증한다.

가족을 향한 희생과 헌신은 분명 숭고하고 존경받을 만한 일이다. 문제는 가족에게 생체 장기이식을 해 주지 않았다고 해서 비난받아 마땅한 존재가 되는 현실이다. 이 경우 기증을 거부한 가족 구성원은 마치 자기 부모나 형제를 자신이 죽인 것과 같은 큰 죄책감에 빠진다. 그러나 이런 죄책감이나 가족, 병원 등으로부터의 무언의 압박에 밀려 본인이 원하지 않는 생체 장기이식을 해서는 안 된다. 이 문제는 특히 자율적인 선택이 제대로 보장될 수 없는 미성년자의 경우 더욱 심각하다. 극단적인 예로는 큰아이에게 장기이식을 해 주려는 목적으로 동생을 낳는 경우를 들 수 있지만, 일반 미성년자의 생체 장기이식 사례 역시 드물지 않게 발생하고 있다. 권미현 의원(더불어민주당)이 질병관리본부로부터 국정감사 자료로 제출받은 '살아 있는 사람으로서 미성년자의 장기 등 이식 현황'에 따르면, 2010년부터 2017년 6월까지 19세 미만의 미성년자가 장기를 기증한 사례는 678건에 달했고, 이 중 16세 미만인 경우(골수 기증)도 108건이나 되었다(「약업신문」, 2017). 이는 한 달 평균 약 7건의 미성년자 장기공여가 일어나고 있음을 의미한다.

이러한 우리나라의 생체 장기기증 사례를 돌아볼 때, 미성년자를 포함한 직계비속들은 강력한 법적 보호를 받지 못하고 있으며 한국 특유의 가족 우선주의 문화 속에서 자의에 반해 희생될 가능성이 크다. 개인의 인권이 신장되고 과거에 비해 가족 간의 유대감도 느슨해진 요즘 시대에 단순히 가족이라는 이유로 장기기증을 쉽게 허용하는 관행은 시대에 뒤떨어진 일이자 현대 민주주의적 인권 개념에도 반하는 일이 아닐 수 없다. 그러므로 생체 장기이식의 악용 가능성을 차단하고 미성년자를 보호하기 위해서 미성년자 등 약자의 장기공여는 법적으로 금지하거나 크게 제한을 두어야 할 것이다.[14]

14 현직교사, 서울대학교 윤리교육과 대학원생 이○○이 제출한 과제물, 2020년 2학기.

10장

생명윤리(3):

인간복제와 배아줄기세포 연구

영화 〈A. I.〉에서 '헨리'와 '모니카' 부부는 불치병에 걸려 냉동상태로 보관 중인 아들 '마틴' 대신 감정이 있는 로봇 '데이비드'를 입양한다. 데이비드는 모니카를 진짜 엄마로 여기며 살아간다. 하지만 마틴이 병을 고치고 돌아오자 이제 더 이상 로봇 아들이 필요 없게 된 부부는 데이비드를 반품(폐기)하기로 결정한 후 숲속에 버린다. 오랜 세월이 흐른 후 지구를 지배하게 된 외계인은 데이비드의 소원을 들어 모니카를 재생시켜 주지만, 기술적 제약 때문에 그녀는 단 하루의 시간밖에 살 수 없다. 즐거운 시간을 보낸 모니카와 데이비드는 그렇게 하루를 마무리하고, 데이비드는 처음으로 영원히 잠들 수 있게 된다. 이 영화는 마틴과 (복제인간에 해당하는) 데이비드의 갈등 관계, 그리고 모니카와 로봇 아들 사이의 미묘한 애정을 잘 그리고 있다. 만일 영화에서처럼 미래에 복제인간 시대가 온다면, 인간 존엄성의 관점에서 우리가 가장 유념해야 할 점은 무엇일까?

1997년 2월 영국 에든버러의 로슬린 연구소에서는 윌머트I. Wilmut 박사팀이 6년생 암양의 체세포를 이용하여 그것과 동일한 유전자를 지닌 양, 즉 복제양 돌리[01]를 만드는 데 성공했다고 발표했다. 이는 인간의 경우도 체세포 하나를 떼어 내어 원본인간과 동일한 유전자를 가진 인간, 즉 복제인간을 만들어 낼 수 있다는 가능성을 보여

01 돌리는 이른바 체세포 핵이식(somatic cell nuclear transfer) 기술에 의하여 탄생하였는데, 그 과정을 요약하면 다음과 같다. 6년생 암양 A의 유선(乳腺)세포를 채취하여 핵을 분리해 내고, 암양 B로부터 난자를 채취하여 핵을 제거한 후, A의 핵을 B의 난자에 이식시켜 배아를 만든다. 그다음 이 배아를 대리모인 암양 C의 자궁에 착상시켜 A와 유전형질이 동일한 암양을 출산시킨다. 이렇게 해서 태어난 것이 돌리이다.

줌으로써 사람들을 놀라게 했다. 그리고 사실상 인간복제의 시장화도 곧 가시화될 것이라는 전망이다. 복제양 돌리 이후 동물복제 실험은 유행처럼 되어 버렸고, 많은 사람들은 이러한 동물복제 기술이 인간을 운명적인 질병으로부터 해방시켜 주리라 기대하고 있다. 유전적 질병을 유전자 조작이나 수선으로 치료할 수 있게 될 것이라든지, 뇌질환, 당뇨병, 심장병 등의 난치병도 배아복제 실험을 통한 세포배양으로 치료가 가능해질 것이라는 전망도 나오고 있다. 하지만 다른 한편에서는 인간복제 기술이 인간개체의 유일성과 인간 존엄성을 훼손할 것이라는 우려의 목소리도 커지고 있다.

과연 인간복제는 우리에게 축복일까, 재앙일까? 인간복제가 가시화된다고 할 때 발생하는 윤리적 문제는 어떤 것일까? 우리는 인간복제를 포함한 생명공학 분야의 연구를 과학자들의 자율에 전적으로 맡겨도 좋은가, 아니면 법적·윤리적 통제 장치를 마련해야 할 것인가?

1. 인간개체복제와 관련된 문제점

인간복제human cloning라는 말은 체세포 핵이식 기술을 이용한 생명복제 기술을 인간을 대상으로 시행하는 것을 말한다. 인간복제는 그 결과에 따라 배아복제와 개체복제로 구분된다. 배아복제는 체세포 핵이식 기술을 사용하여 배아(정확히 말하자면, 임신 시작에서부터 14일까지의 착상 이전의 수정란)[02]를 만들어 내는 것을 의미한다. 그 이유는 이렇게 만들어진 배아에서 줄기세포를 추출한 후 이식용 장기를 배양하거나 결손 있는 장기를 재생시키기 위해서이다. 개체복제는 체세포 핵이식을 통해 만들어진 배아를 모체의 자궁에 착상시켜 체세포 제공자와 동일한 유전자를 가진 인간개체를 만들어 내는 것을 가리킨다. 그래서 전자를 '치료용' 인간복제라 부르고, 후자를 '생식용' 인간복제라 부르기도 한다. 이러한 구분에 따를 경우, 배아복제는 모체의 자궁에 착상시키기 전까지의 배아를 복제하는 것을 말하며, 개체복제는 이러한 배아를 모체의 자궁에 착상시켜 하나의 완전한 개체가 세상에 태어나게 하는 것을 말한다.

인간복제에 대한 찬성 논거

인간개체복제는 체세포 핵이식 기술을 사용하여 핵을 제공한 원본인간과 동일한 유전자를 가진 인간을 만들어 내는 것을 말한다. 이것은 우리의 상상력을 자극하는 매우 극적인 가능성을 함축하고 있다. 하지만 그것이 실제로 실현될 경우에 예상되는 문제점이 너무 크기 때문에, 극소수 사람들의 주장을 제외하고는 아직까지 공개적으로 가시화될 조짐은 보이지 않는다. 유엔도 2005년 3월 8일 "인

02 통상적으로 '배아(embryo)'란, 수정란이 발생을 시작한 후 약 2주에서 8주까지의 상태를 의미한다. 그리고 8주 이후의 상태를 '태아(fetus)'라 한다. 그러나 흔히 '배아복제(embryo cloning)'라 할 때의 배아란 이러한 상태에 있는 배아를 의미하는 것이 아니라 수정란이 발생을 시작한 후 자궁에 착상되기 직전까지의 존재를 가리킨다. 다시 말해서 임신 시작에서부터 원시선(primitive streak)이 나타나는 수정 후 14일까지의 존재, 엄밀히 말하면 '전배아(pre-embryo)'를 가리킨다.

간 존엄성 및 인간 생명 보호와 양립할 수 없는 모든 형태의 인간복제를 금지한다"라는 내용의 선언을 채택한 바 있다. 그러나 치료용 배아복제를 연구하는 과정에서, 자칫 한발 더 나아가 개체복제까지 시도해 보려는 유혹이 없으리라 단정할 수는 없다. 여전히 인간(개체)복제를 찬성하는 논거들도 있기 때문이다. 그 요지를 살펴보면 다음과 같다.

첫째, 인간복제가 죽은 사람을 대신하여 동일한 유전자를 지닌 '대체인'을 만들 수 있다는 주장을 들 수 있다. 아마도 죽은 아이의 대체인으로서 부모가 복제를 원하는 경우가 있을 수 있다. 물론 이때 복제되는 아이는 단지 유전형질만 죽은 아이와 동일할 뿐, 죽은 아이 그 자체가 다시 생겨나는 것은 아니다. 목적으로 대우받아야 할 인간이 이렇게 누군가의(비록 부모라 하더라도) 뜻에 따라 존재가 결정되어도 될 것인가? 그것은 분명 복제된 인간의 도구화를 의미할 것이다.

둘째, 우생학적 혹은 사회 개량적 관점에서 인간복제를 찬성할 수 있다. 즉 부모나 사회가 유전병의 위험을 예방하거나 좀 더 우수한 형질의 아이를 얻기 위해서 인간복제를 이용할 수 있다. 때로는 남녀 성비性比의 균형을 맞춘다든지, 사회가 꼭 필요로 하는 능력을 갖춘 사람을 생산하기 위해 계획적으로 인간을 복제할 수도 있을 것이다. 한 인간이 어떤 사회적 목적을 달성하기 위한 수단으로서 생산되어도 좋은가? 이것 역시 인간의 존엄성에 위배되는 일이라고 비난받을 것이다.

셋째, 인간복제가 불임 문제 해결의 대안이 될 수 있다는 논변이다. 실제로 자식을 원하는 불임부부, 미혼자, 동성애자 등은 이 인간복제 기술을 생식보조 기술의 하나로 활용하여 소원을 이룰 수 있을 것이다. 인간복제에 대한 찬성 논거 중에는 이 세 번째 것이 비교적 사람들의 공감을 얻을 수 있을 것으로 보인다. 그런데 이 경우 불임부부가 가지게 되는 아이는 무성생식을 통해 만들어진, 부 또는 모와 유전형질이 똑같은 아이이다. 즉 복제된 아이는 '한 부모 아이single-parent child'로서, 그 부모와는 '부자父子 쌍둥이' 또는 '모녀母女 쌍둥이'가 된다. 사람들이 원하는 것은 단지 '자기의 아이'이지 '자기와 똑같은 유전자를 지닌 아이'가 아니지 않을까? 물론 복제된 인간도 하나의 독립적 인격체로서 존중받고 사랑받지 못하리라는 법은 없겠으나, 혹 원본인간인 부모와의 관계에서 종속적인 위치에 놓이게 되지는 않을까?

이상 살펴본 복제인간에 대한 찬성 논변들이 공통으로 지닌 문제점은 위의 관점들이 모두 '복제되는' 자의 관점이 아니라 '복제하는' 자의 관점에 서 있다는 것이다. 이러한 문제점은 곧바로 그것에 대한 반대 논변으로 이어진다.

인간복제에 대한 반대 논거

첫째, 우리가 흔히 말하는 바와 같이 '인간은 단지 수단으로 취급되면 안 된다'는 정신에 비추어 볼 때, 적어도 복제된 인간은 거기에 저촉되는 것처럼 보인다. 원래 보통의 남녀가 성적 결합으로 아이를 가지고 부모가 될 때 부모는 그냥 '자신들의 아이'를 원하지 이러이러한 외모와 성격까지 규정된 아이를 원하는 것은 아니다. 물론 복제된 인간도 개체성을 지닌 독립적 인격체로 볼 수 있겠으나, 자기 부 또는 모의 '붕어빵'에 불과한 자신의 모습을 바라보는 복제인간은 심각한 자아 정체성 위기에 빠지게 될지도 모른다.

사회적 계획에 의해 생산된 복제인간의 경우도 마찬가지이다. 주문 상품을 제작하듯이 어떤 목적과 의도에 맞추어 복제된 인간이란 아무래도 수단화되고 상품화되기 쉬울 것이다. 더욱이 앞으로 복제기술이 계속 발달하여 한 원본인간으로부터 무수히 많은 복제가 가능해진다면, 특정 형질을 지닌 복제인간이 대량으로 만들어질 수도 있을 것이다. 그러한 경우 복제인간에게 전통적 의미의 부모란 없다. 그 대신 유전자 제공자와 양육자가 있을 뿐이다. 그리고 아마도 이들은 국가나 공적 양육기관에 의해 길러질 것이다. 어쩌면 이들이 느끼게 될 소외감은 아주 심각한 것일 수도 있다.

둘째, 인간복제는 인간 종의 유전적 다양성을 파괴함으로써 자칫 인류의 멸종을 초래할 수도 있다는 것이다. 각 생물 종은 저마다 유전자 풀gene pool을 가지고 있는데, 종 단위 내에서 각 개체는 유성생식을 통해 자신들의 유전자를 다른 집단의 유전자와 섞는 방식으로 번식한다. 각 종의 유전자 풀의 강점은 그 다양성으로부터 나온다. 때로 그 다양성 속에는 결함을 지닌 유전자도 포함되어 있다. 그런데 이 결함 유전자를 없애 버리게 되면 단기적으로는 더 효율이 높은 종이 될지 모르지만, 장기적으로는 종의 생존 능력이 오히려 약화된다. 따라서 생물 종에서 결함 유전자를 없애는 것은 그 생물 종에 사형선고를 내리는 것과 같다. 인간복제 기술은 인간을 유성생식이 아니라 무성생식으로 탄생시키는 기술이다. 만일 이러한 생식방법이 일반화될 경우, 근친교배와 마찬가지로 인간 종의 유전적 다양성을 약화시킴으로써 결국 인류를 멸종에 이르게 할지도 모른다.

앞에서도 언급한 바와 같이 생식용 인간개체의 복제는 매우 선정적인 사안이기는 하다. 하지만 자연과 사회의 근본 질서를 무너뜨릴 수 있다는 우려와 반감이 워낙 커서, 그 떠들썩함에 비해 가까운 시일 내에 가시화되기는 어려울 것으로 보인다. 또 설사 예외적인 소수 집단에서 그것을 시도한다 하더라도, 현시점에서 볼 때 그것이 일반화되기는 힘들 것으로 예상된다. 반면에 인간'개체'를 복제하는 것이 아니라는 점만 분명히 할 수 있다면, 치료용 인간배아복제 연구는 계속 활성화될 것으로 보인다. 거기에 따르는 막대한 효용성과 부가가치를 기대하는 각 나라 혹은 연구소들에서 경쟁적으로 이러한 연구가 이루어질 것이기 때문이다.

2. 인간배아복제(배아줄기세포 연구)와 관련된 문제점

인간배아복제는 인간개체복제와 기술적으로는 동일하다. 하지만 그 목적이 개체를 얻으려는 것이 아니라 배반포[03] 단계까지 배양하여 배아줄기세포를 얻거나 거기에 이르기까지의 과정을 연구하려는 것인데, 그 과정을 살펴보면 다음과 같다. 환자의 몸에서 소량의

인간배아복제 과정

1. 환자의 몸에서 체세포를 하나 떼어 낸 후 그 핵을 추출하여 이를 핵이 제거된 난자와 융합시킨다.
2. 이 '새로운 형태의 수정란'이 분열을 거듭하다 배반포기에 이르면 장차 태아로 자랄 부분인 안쪽의 세포덩어리를 떼어 내 배양한다.
3. 이 가운데 분열을 거듭하다 적절한 처리에 의해 조직으로 분화될 수 있는 세포를 가리켜 줄기세포라 부른다.
4. 줄기세포가 근육이나 신경과 같이 특정한 신체부위로 자라면 이를 환자 자신에게 다시 이식한다.

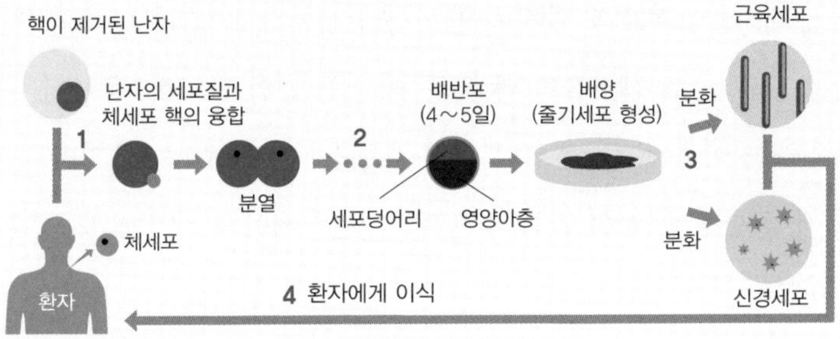

출처: 동아사이언스

03 정자와 난자가 수정하여 수정란(fertilized egg)을 형성하면 수정란은 바로 분열을 시작하여 수많은 세포(할구)들로 이루어진 덩어리가 되는데, 이것을 상실배(morula)라고 한다. 수정 후 4~5일째가 되면 이 상실배가 두 층으로 분리되어 안과 밖의 세포덩어리로 나뉘는데, 이 단계를 배반포(blastocyte) 혹은 포배(blastula)라 부른다. 보통 이 단계에서 자궁에 착상이 이루어지며, 착상 이후부터 임신으로 본다.

조직을 채취하고 이를 효소 처리하여 체세포를 분리한 후, 그 체세포로부터 핵을 빼내어 그것(공여핵)을 핵이 제거된 난자의 세포질에 이식한다. 체세포의 핵으로 치환된 난자를 전기적·화학적 자극을 가하여 인위적으로 활성화시키면 마치 정자를 받아들인 수정란처럼 발생을 시작한다. 이 복제 수정란을 배양액 속에서 착상 전 단계(배반포 단계) 배아로까지 발생시킨 후 거기서 줄기세포를 추출한다. 이 줄기세포는 인체의 어떤 세포나 조직이나 기관으로도 자라날 수 있는 만능세포이자, 환자의 유전자와 동일한 유전자를 지닌 세포이다. 따라서 면역거부반응을 피할 수 있기 때문에 세포이식 치료술의 이상적 수단으로 여겨진다.

이제 인간배아줄기세포 연구와 관련하여 우리가 간과해서는 안 될 문제점에 대해 살펴보자.

인간배아복제 연구는 무엇보다 윤리적 측면에서 많은 논란거리가 된다. 흔히 지적되는 문제들로는 난자 매매, 복제된 배아의 소유권 문제, 난자 확보를 위해 불임클리닉에 가해질 압력, 난자의 과배란 유도와 난소 절제술의 남용 등 여성의 몸의 도구화, 동물난자를 이용하는 이종간교잡행위의 위험성 등을 들 수 있다. 하지만 논쟁의 가장 중심에 놓여 있는 것은 역시 인간배아의 생명권과 관련된 문제이다.

배아 연구 과정에서 배아로부터 줄기세포를 추출할 경우 배아는 필연적으로 파괴될 수밖에 없다. 이는 체세포 핵이식을 통해 만들어진 배아든, 불임클리닉에서 착상을 시도한 후 남은 배아든 마찬가지이다. 여기에서 배아의 도덕적 지위에 관한 논쟁이 벌어지게 된다. 배아를 온전한 인간의 지위를 지닌 생명체로 본다면 이는 일종의 살인 행위가 되는 반면, 배아를 단순한 세포덩어리로 본다면 이는 인간의 어느 세포조직을 이용한 실험과 마찬가지로 허용될 수 있는 연구가 될 것이기 때문이다. 따라서 배아의 줄기세포를 이용한 연구를 허용하거나 지원하는 문제에 대해서는 배아의 도덕적 지위에 대한 입장 차이에 따라 찬반 양론이 첨예하게 대립한다.

인간배아의 도덕적 지위에 대한 관점은 다음과 같이 대략 세 가지로 나누어진다.

첫째, 인간배아는 생성된 순간부터 완전한 인간의 지위를 가진다는 관점이다. 즉 자궁에 착상되기 전의 인간배아도 성인과 도덕적으로 동등한 존재라는 것이다. 이에 따르면 당연히 인간배아 연구는 전면 금지되어야 한다. 이 견해는 가톨릭교회의 공식 입장이자 많은 개신교 교회와 생명윤리학자들의 견해이기도 하다.

둘째, 인간배아를 단순한 세포덩어리에 불과한 것으로 보는 관점이다. 이에 따르면 마치 사람의 분리된 체외신체조직 일부가 그런 것처럼, 배아 또한 소유자의 물건처럼 다루어져도 좋다. 다시 말해서 배아는 체세포 공여자의 소유물에 불과하기 때문에 그것을 만든 자의 의도에 따라 처분될 수 있고 과학적 실험의 대상이 될 수도 있으며 실험 과정에서 그것이 파괴되더라도 실험동물의 경우와 마찬가지로 아무런 윤리적 문제가 수반되지 않는다는 것이다. 이 견해는 유물론자와 기계론자들의 지지를 받는다.

셋째, 인간배아를 잠재적 인간존재로 보는 관점이다. 이에 따르면 배아도 일정한 기간이 지나면 인간으로 성장할 수 있기 때문에 어느 정도의 권리를 인정할 수는 있지만, 출생 이후의 인간과 동등한 존재로 인정할 수는 없다는 것이다. 이는 배아를 이용한 연구로부터 얻을 잠재적 이익과 배아의 도덕적 지위를 동시에 고려하는 절충적 견해로서, 적절한 규제 장치를 갖춘 이후에 배아 연구를 제한적으로 허용하자는 주장을 함축하고 있다. 이 견해는 공리주의자들의 지지를 받으며 많은 생명공학자들이 이러한 견해에 동조한다.

이상에서 살펴본 인간배아의 지위에 대한 세 가지 견해 가운데 두 번째 견해는 논의할 만한 가치가 없다. 왜냐하면 드러내 놓고 이 견해를 지지하는 사람은 거의 없기 때문이다.

주목할 만한 것은 세 번째 견해이다. 이 견해는 현실적으로 다수의 지지를 받고 있으며, 우리나라의 '생명윤리 및 안전에 관한 법률'(2014. 11. 19. 공포)도 대체로 이 견해에 입각한 것으로 보인다.[04] 이 견해는 배아가 수정 후 14일이 지나 척추와 뇌로 발전하기 시작한다고 알려진 원시선primitive streak이 나타나는 시점까지는 아직 독립된 생명체라기보다 하나의 세포덩어리라 할 수 있으므로, 그 시기까지의 배아에 대한 연구는 허용해야 한다고 주장한다.[05]

04 법안 제29조(잔여배아 연구) ①항 참조: "잔여배아는 발생학적으로 원시선이 나타나기 전까지만 체외에서 다음 각 호의 연구 목적으로 이용할 수 있다." [밑줄 필자]

05 피터 싱어, "인간의 생명은 언제 시작되는가," 구영모 엮음, 『생명의료윤리』, 동녘, 2004, 94-95쪽.

하지만 이러한 견해에 대한 반론도 만만치 않다. 헬렌 피어슨Helen Pierson은 2002년 7월 4일에 발간된 「네이처Nature」지를 통해 난자와 정자가 수정된 후 24시간 이내에, 지금까지는 원시선이 나타난 이후에야 결정되는 것으로 간주된 현상들이 결정된다는 것을 밝혀냈다. 이로써 수정된 지 14일 이후에 비로소 인간배아가 완전한 생명으로서 기능을 발휘할 것이라는 종래의 가설은 그 근거를 상실하였다고 볼 수 있다.[06]

그런데도 수정 후 14일 이전의 배아는 생명체가 아니라 세포덩어리에 불과하므로 다른 실험용 세포와 마찬가지로 얼마든지 실험대상으로 삼을 수 있다는 견해가 은연중에 유포되어 배아복제 연구를 정당화하는 논리로 사용되고 있는 것이 현재의 실정이다.[07]

이상 살펴본 바와 같이 인간복제 연구는 윤리적 측면에서 많은 문제점을 지니고 있다. 흔히 인간배아복제 연구를 허용해야 한다고

06 Helen Pearson, "Developmental Biology: Your destiny, from day one," in: *Nature*, Vol. 418, 2002. 7. 4, pp.14-15.

07 배아실험에 대해 비교적 엄격한 규제를 하고, 연구 목적의 수정란 생산도 금지하는 나라로는 독일, 오스트리아, 스페인, 노르웨이 등이 있으며 이 중에서 가장 엄격한 규제를 하고 있는 나라는 독일이다. 1991년부터 시행되고 있는 '독일 수정란 보호법'은 연구 목적의 수정란 생산 금지뿐만 아니라 수정란을 소모시키는 일체의 연구까지 금지하고 있다. 반면 영국의 '수태 및 수정란 보호법은' 수정란 생산을 허용할 뿐만 아니라 수정란 생성 후 14일까지 ① 최고 5년간의 보존·사용, ② 시험관 수정 기술의 개선, ③ 유전병 퇴치 기술 개선 등으로 활용할 목적이라면 수정란을 실험에 이용하는 것을 허용하고 있다. 이렇게 상반되는 각국의 입장은 1996년 유럽평의회에서 체결한 생명윤리협약에서도 해결점을 찾지 못한 것 같다. 연구 목적의 수정란 생성은 일반적으로 금지하지만, 공공의 안전보장과 제3자의 자유와 권리 보호를 목적으로 하는 수정란 생산 및 복제 연구는 14일 이내에서 예외적으로 허용하였기 때문이다. 그리고 그 구체적인 허용 내용은 각국이 정하도록 되어 있기 때문에, 배아복제 기술 연구 결과로 얻을 사회적인 이익을 고려하는 공리주의적인 입장에 치우친 국가라면 얼마든지 수정란 생산을 허용할 것이다. 최근 한국거래소에서 개최된 '제3차 줄기세포 산업컨퍼런스'와 관련하여 현재까지 줄기세포 분야 논문 건수는 미국이 4만8970건으로 세계 1위이고, 일본이 1만3336건으로 2위이며, 중국이 1만2888건으로 그 뒤를 쫓고 있다. 「news1 Korea」, 2015년 10월 22일.

주장하는 사람들은 불치병·난치병으로 고생하는 인간의 처지를 구원하기 위해 배아의 희생이 불가피하다고 말하지만, 어떤 목적도, 설사 그것이 인간의 생명을 구하기 위한 목적이라 하더라도, 다른 인간의 희생을 전제로 추구되어서는 안 된다. 그것은 인간을 수단화하는 것이요, 인간의 존엄성에 위배되는 일이기 때문이다.

3. 유전체 편집과 맞춤형 아기 논란

최근 언론의 주목을 많이 받고 있는 생명의료기술은 단연 유전체 편집genome editing이다. 특히 박테리아의 면역 시스템을 응용해 원하는 부위의 염기서열을 삭제하거나 교체하는 기술은 조작이 간편하고 가격도 저렴해서 급속히 확산되고 있다. 이미 우리에게 익숙한 유전자변형생물체GMO 또한 이 기술이 적용되는 경우이다.

이 기술을 동식물에 사용하는 경우에도 윤리적 논란이 없지 않지만 인간을 대상으로 하는 경우는 더 큰 윤리적 논란에 직면하고 있다. 1980년대 이후 유전질환이나 암 등을 치료하기 위해 유전자치료술이 시도되었으나 큰 성과를 내지 못한 가운데 이제는 유전자 편집이 유전자치료술을 발전시킬 수 있는 계기로 주목받고 있다. 2015년 미국, 중국, 영국의 저명 과학단체들은 과학자, 인문사회학자들과 함께 인간 유전체 편집에 관한 국제회의를 개최하고 안전성과 유효성이 입증될 때까지 생식세포를 대상으로 하는 유전체 편집을 중단해야 한다고 선언한 바 있다. 하지만 인간배아 대상 실험들이 2016년 중국, 2017년 미국에서 경쟁적으로 실시되면서 큰 사회적·윤리적 논란을 낳고 있다. 인간, 특히 배아와 같은 생식세포를 실험 대상으로 하는 유전자 편집은 배아줄기세포 연구와 마찬가지로 생명 경시라는 비판을 불러일으켰을 뿐만 아니라, '맞춤형 아기designer babies'의 위험성도 부각시켰다.

현재 과학자들은 심각한 질병에 한해서 배아 대상 유전체 편집을 연구할 것이라고 주장하지만, 이를 비판하는 사람들은 이 기술이 허용되면 심각한 질병과 장애의 치료를 넘어 선호하는 형질 개선 등의 목적에, 즉 평범한 몸과 정신을 강화하고 증진하는 우생학적 목적에 사용될 것이라고 우려하고 있다. '우수한' 배아의 생성이 가능하다고 알려질 경우, 불임클리닉에서는 태어날 아기의 형질 개선을 위해 배아의 유전체 편집을 시도하는 일이 벌어질 수 있다는 것이다.

그 밖에 유전체 편집이 갖는 기술적 위험을 지적하는 목소리도 적지 않다. 현재 이 기술과 관련한 대표적인 위험성 중 하나는 '표적이탈 효과off-target effect'이다. 이것은 변경하려는 유전자가 아닌 다른 부위를 변경하는 경우를 가리키는데, 생명체가 지닌 원초적 복잡성과 기술의 내재적 한계 때문에 결코 피할 수 없다는 주장도 제기되고 있다. 이런 표적이탈 효과가 인간배아를 대상으로 하는 유전체 편집에서 나타날 경우, 그 결과는 당사자에 그치지 않고 다음 세대로 유전될 수 있다. 미세한 정도라도 표적이탈이 발생하면 향후 배아의 발달 과정에서 심각한 결과를 가져올 수 있고, 만약 이 결과가 상당한 잠복기를 거쳐 발생할 경우 후대의 자손이 피해를 입게 되며 이는 되돌리기 어려워진다. 이렇게 돌이킬 수 없는 심각한 일이 어느 정도로 발생할지는 현재로서는 가늠하기 어렵다. 이 때문에 배아를 대상으로 하는 유전체 편집에 대해서는 매우 신중해야 한다는 주장이 제기되고 있는 것이다.[08]

08 하대청, "생의료 기술의 발전과 과학시민권—최근의 유전의학 기술을 중심으로," 정원섭 외, 『제4차 산업혁명시대 인문 정책 방향』, 경제·인문사회연구회, 2017, 77-83쪽 참조.

생각해 볼 문제

1. 다음 글은 체세포 핵이식을 통한 인간개체복제에 찬성하는 입장을 피력하고 있다. 이 글이 내세우는 근거는 얼마나 타당성이 있는지 논의해 보자.

> 체세포 핵이식 아이에게 예상되는 대부분의 해악들은 체세포 핵이식 아이에 대한 사람들의 속단과 편견에서 기인한다는 점에 주목하라. … 첫 번째 시험관아기가 태어난 후에 그러한[시험관아기에 대한] 불합리한 태도가 사라졌듯이, 이 경우에도 또한 사라질 것이다. … 제기된 비판의 많은 부분들은 논점을 회피한 채 체세포 핵이식으로 태어난 사람이 결함을 가지고 있을 것이라거나 혼란을 경험할 것이라 가정하고 있다. …
>
> 결론적으로, 체세포 핵이식이 인간에게 해악을 끼칠 것이라고 예상하는 의견들은 매우 과장되어 있고, 비교 기준을 결여하고 있으며, 알려지지 않은 것에 대한 비이성적인 두려움에 기인하고, 익숙한 것들이 가지는 더 큰 위험을 간과하고 있으며, 때로 아마추어가 안락의자에서 머릿속으로만 하는 추측에 기반을 두고 있다. 일단 체세포 핵이식이 인간 이외의 포유동물에게서 정상적인 유성생식만큼 안전하다는 점이 밝혀진다면, 그러한 반대는 사라질 것이다. 체세포 핵이식이 많은 아이들에게 실질적인 도움이 될 수 있다는 다른 주장들에 비추어 볼 때, 아이들에게 해를 끼칠 수 있다는 주장은 체세포 핵이식이 가지는 여러 가지 잠재적인 이익과 저울질해 볼 필요가 있는, 설득력이 약한 주장이다.[09]

2. 다음 글은 인간배아에 대한 연구를 전면적으로 반대하고 있다. 이 글은 인간의 인격 지위를 언제부터 인정하고 또 어떻게 규정하고 있는가?

> 인간의 인격적 정체성의 시작은 수정이라는 사건, 혹은 아직 완전한 개체적 존재는 아니지만 그 전체 과정의 시작으로서 임신의 발달 과정으로부터 잡아야 한다. … 물론 배아, 태아, 신생아는 아직 인격을 지닌 존재로서 행동할 수 있다는 의미에서의 인격체는 아니다. 그러나 그들이 인격체가 될 수 있는 잠재적 능력이 있는 한, 이들에게도 인격의 지위를 부여할 참된 근거가 있는 것이다. 이는 윤리적으로 부모가 아직 태어나지 않은 아이를 위험하게 하는 모든 것을 피하고 아이에게 유익한 환경을 제공해야 한다는 것을 의미한다. 만일 부모가 아이를 가질 예정이라면, 그 아이가 아직 임신되지 않은 상황에서도 부모는 아이에 대한 윤리적 의무를 지닌다. 그리하여 아이의 모든 요구를 존중해야 하는 한, 부모는 미래의 아이를 미리, 그리고 상상적으로 인격으로서 대우하는 것이다. …
>
> 이러한 입장에서 도출되는 윤리적 결론들은 분명하다. 인간존재는 출산 전이나 출산 후 존재하고 발달하는 모든 단계 동안, 그가 인격의 특징적 능력들을 발달시킬 능력이 있는 한, 인간의 지위를 가진다. 또 이미 인격인 인간존재들과 아직 인격은 아니지만 인격이 될 능력이 있는 인간존재들 간에 우리는 어떠한 도덕적 차이도 발견할 수 없다. 따라서 근본적인 인간 능력의 상실을 초래하

09 그레고리 펜스, "복제는 사람에게 해로운가?," 『인간복제, 무엇이 문제인가』, 류지한, 박찬구, 조현아 역, 울력, 2002, 217-221쪽.

거나 생명 자체를 잃게 하는 어떠한 해로운 행위도 윤리적으로 금지되어야 한다. 마찬가지로 인격 지위를 지니고 있는 어떠한 인간 존재에 대한 조사나 실험도 윤리적으로 금지되어야 한다. 물론 배아는 그런 조사나 실험에 동의할 수 없다. 인격 지위는 인간존재의 가장 높은 도덕적 지위이기 때문에, 인격가치와 무관한 이익이나 더 낮은 선들 사이에서 경중을 따지는 것에 의해 좌우될 수 없다. 오직 인격 지위를 가진 존재들 사이에서 생명 요구가 서로 충돌할 때, 그리고 이 충돌이 그들의 인격 지위에 대한 고찰만으로는 해결할 수 없을 때만, 인격 지위가 아닌 다른 이유들로 생명 요구의 경중을 재는 것이 윤리적으로 정당화될 수 있다(예를 들어 태아가 산모의 생명을 위협할 때). …
인간배아에 대한 연구는 인격으로서의 배아의 지위에 내포된 배아의 권리가 침해되지 않을 때만 윤리적으로 허용될 수 있다. 그러므로 오로지 다른 인격의 이익을 위해서 배아를 창출하거나 희생시키는 일은 모두 부당하다.[10]

10 R. Wimmer, "Bioethical Aspects of a Freedom-Based Conception of Personhood," in: *Jahrbuch für Wissenschaft und Ethik*, Bd. 8, 2003, pp.123-124.

3. 다음 글은 '유전자 편집을 통한 맞춤형 아기의 탄생' 소식에 대해 이를 우려하고 비판하는 내용을 담고 있다. 이 글에서 예시한 "영화"를 관람한 후 이 문제에 대해 자기 의견을 말해 보자.

> 지난해 11월에 중국에서 세계 최초로 유전자 편집 아기가 탄생했다는 소식은 전 세계에 커다란 충격을 주었다. 에이즈에 걸리지 않는 아기를 출산하게 했다는 것인데, UC버클리의 다우드나 교수, 브로드연구소의 장펑 박사 등 크리스퍼 유전자가위기술 개발의 주역들도 일제히 우려와 비판의 목소리를 높인 바 있다.
>
> 유전자 맞춤 아기 하면 1997년에 제작된 SF영화 〈가타카GATTACA〉를 먼저 떠올리게 된다. 앤드류 니콜 감독에 에단 호크, 우마 서먼이 주연으로 나온 이 영화는 유전자 맞춤 아기가 보편화된 먼 미래 사회를 배경으로 한다. 제목인 가타카는 영화에 나오는 우주 항공 회사의 이름이지만, 아데닌Adenin; A, 티민Thymine; T, 구아닌Guanine; G, 시토신Cytosine; C 등 DNA를 구성하는 염기들을 임의로 배열하여 나타낸 것이기도 하다. 피 한 방울로 갓 태어난 아기가 각종 질병에 걸릴 확률, 수명, 기타 건강지표 등을 정확히 예측해 내는 영화의 첫 장면은 상당 부분 실현되어서, 질병 진단용 DNA칩 등은 이미 상용화되었다. 그러나 이 영화가 뛰어난 점은 단순한 기술의 예측뿐 아니라, 미래의 '유전자 차별' 가능성에 대해 경종을 울리는 등 여러모로 시사하는 바가 크다는 데에 있다.
>
> 현재는 거의 세계적으로 생명윤리 차원에서 유전자 편집 아기는 금지되고 있지만, 일종의 모라토리엄 상태이다. 작년 중국의 유전자 편집 아기는 윤리적 문제뿐 아니라 실효성 측면에서도 논란이 되고 있고, 워낙 무모하게 진행된 탓에 관련 규제가 상대적으로

느슨한 중국에서조차 관계 당국이 해당 과학자의 연구를 중지시키고 엄정 대응에 나섰다고 전해진 바 있다. 그러나 앞으로 유전자 편집 아기의 안전성과 실효성 등이 어느 정도 입증된다면, 이러한 모라토리엄이 언제까지 지속될 것인지는 장담하기 어렵다. 일명 시험관 아기라 불리는 인공수정 시술 역시 처음에는 각계에서 적지 않게 반발했지만, 지금은 수많은 난임과 불임 부부들에게 커다란 희망이 되고 있다. 그리고 똑똑하고 건강한 아기를 바라는 것은 전 세계 모든 부모의 공통된 소망일 것이다.

유전자 맞춤 아기는 당연히 적지 않은 비용이 들어서 부유한 사람들만 누릴 수 있을 것이므로, 오늘날 가난이 대물림되듯 열등한 유전자 역시 대물림될 것이다. 그러면 영화에서처럼 인종차별, 학력차별 등보다 더한 유전자 차별이 일상화된 불평등사회가 될지도 모른다. 영화에서는 열등한 유전자를 타고난 주인공이 유전자 맞춤형 우월 유전자를 타고난 동생을 도리어 수영 시합에서 이기는 인간 승리를 보여 주고, 다른 사람의 생체정보를 바꿔치기하여 꿈꾸던 우주비행사가 되는 데에 성공하는 것으로 나온다.

그런데 유전자 편집 아기 모라토리엄이 해제된다면, 과연 첨단의 생명과학기술로 열등한 유전자는 제거하고 최상의 유전자들로 맞춤형 인간을 설계할 수 있을까? 일부 낙관적으로 보는 이들도 있을지 모르지만, 필자는 대단히 비관적이라 생각한다. 무엇이 우월한 유전자이고 무엇이 열등한 유전자일까? 이들을 구분하는 것조차 과연 가능하기나 할까? 예를 들어 자폐증이나 우울증, 신경쇠약 등을 일으킬 수 있는 유전자가 확인된다면, 그 역시 제거 대상인 '열등한 유전자'에 속할 것이다. 그런데 역사상 잘 알려진 천재와 위인, 특히 탁월한 과학자나 예술가 중에는 이러한 정신 병리적인 성향을 보인 이들도 적지 않았다.

유전자 이상으로 생기는 질병 중에는 이른바 겸상적혈구 빈혈증鎌狀赤血球貧血症; sickle-cell anemia이라는 것이 있다. 정상적인 적혈구는 도넛처럼 둥근 모양이지만, 헤모글로빈을 암호화하는 유전자의 염기 하나가 바뀌어 비정상적인 헤모글로빈이 만들어지면 적혈구의 모양이 낫 모양(겸상)으로 바뀌게 된다. 겸상적혈구를 지닌 사람들에게는 당연히 심한 빈혈이 생기고, 모세혈관이 막히기 쉬워 육체적 피로나 통증, 뇌출혈 및 각종 장기의 기능 장애도 생기는데, 마땅한 치료제도 없다. 겸상적혈구의 대립유전자 2개로 동형 접합된 사람들은 심각한 빈혈증으로 대부분 일찍 사망하게 된다. 그러나 유전자의 이형 접합자Heterozygote는 별다른 이상 증세를 느끼지 않으며 도리어 정상인보다 말라리아에 잘 걸리지 않는다고 한다. 이처럼 심각한 열등(?) 유전자가 사라지지 않고 지금까지 건재한 이유가 바로 말라리아에 대한 강한 저항성 때문이다. 말라리아 감염은 아프리카 등의 열대 지역에서 여전히 무서운 위협일 수밖에 없다. 현재 미국에 거주하는 흑인의 약 10%, 아프리카 전 인구의 46% 정도가 이 겸상 적혈구 빈혈증의 유전자를 가지고 있을 것으로 추정되기도 한다.

이에 비추어 생각한다면, 가뜩이나 새로운 인수 공통 전염병이 창궐하는 시대에 우월한(?) 유전자 조합의 인간들이 도리어 신종 바이러스 등에 극히 취약하게 될지도 모를 일이다. 우성이든 열성이든 인간의 유전자는 오랜 세월에 걸친 진화와 생존경쟁의 산물일 것이다. 과욕을 부려서 섣불리 맞춤형 인간을 시도하려다가 도리

어 개성의 상실이나 인류 절멸에 가까운 부작용과 재앙을 초래할 지도 모를 일이다.[11]

11 최성우(과학평론가), "유전자 맞춤 아기, 현실화 가능할까," 「ScienceTimes」, 2019. 1. 18.

11장

생명윤리(4):

동물권(animal right)

영화 〈더 코브: 슬픈 돌고래의 진실〉은 일본의 타이지太地 지역에서 일어나고 있는 끔찍하고 잔인한 '돌고래 사냥' 이야기를 담고 있다. 겉으로는 한없이 평화로워 보이기만 하는 작은 어촌 앞바다에서 매년 가을부터 이듬해 봄까지 약 반 년 동안 조용하고 은밀하게 돌고래 사냥이 벌어진다. 뒤편은 깎아지른 절벽으로 막혀 있고 바다로 통하는 앞쪽은 좁은 입구로 트여 있는 이 작은 만은 이 기간 동안 돌고래 피로 물든 붉은 파도가 치곤 한다. 온 바다를 핏빛으로 물들이는 이 충격적이고도 무시무시한 돌고래 포획 작업은 수십억 달러에 이르는 돌고래 엔터테인먼트 사업 및 식품 사업과 관련되어 있다. 영화는 타이지에서 벌어지는 돌고래 사업의 어두운 진실과 인간의 잔혹함을 적나라하게 보여 준다. 과연 인간은 자기 이익을 위해서라면 이렇게 잔인하게 동물을 다루어도 되는 것일까? 인류가 과거의 인종차별, 성性차별을 극복해 왔듯이, 이제는 종種차별(인간과 동물 간의 차별)을 극복해야 할 시점에 이른 것은 아닌가?

동물에게도 권리가 있는가? 만일 있다면 음식으로서 고기를 먹는 사람은 동물의 권리를 침해하고 있는 것인가? 또 질병 연구와 의약품 개발을 위해서는 동물실험이 불가피한데, 이 경우에도 동물의 권리를 침해하는 것은 아닌가?

우리는 이전 장들에서 (특히 생명존중 사상이나 대지윤리 등을 통해)

윤리적 고려의 범위가 확장되어야 한다는 주장을 접한 바 있다. 만일 윤리가 인간의 범주를 넘어 적용되어야 한다면 그 첫 번째 대상이 아마도 동물(그중에서도 포유동물)일 것이다. 동물은 인간과 가장 유사하고 우리와 교감할 수도 있는 존재이기 때문이다. 하지만 현실적으로 동물을 인간과 동등한 수준으로 대우해야 한다는 주장에 동의할 사람은 별로 없을 것이다. 따라서 동물의 권리를 주장한다 하더라도 그 본래의 취지는 동물이 인간과 동일하다거나 동등한 대우를 받아야 한다는 것이라기보다 인간처럼 고통과 공포를 느낄 수 있는 동물을 너무 함부로 대하지 말고 가능한 한 배려해야 한다는 것일 것이다.

그렇다면 동물도 인간처럼 쾌락과 고통의 감각을 가진 존재라는 점이 우리가 동물의 도덕적 지위나 권리를 인정해야 할 이유가 될 수 있을까? 어떤 존재가 도덕적 지위나 권리를 갖게 되는 조건은 무엇이고 또 그러한 권리를 인정하는 기준선은 어디에 그어져야 하는가? 아니 도대체 인간 이외의 존재(생명)에 대해 권리 개념을 적용하는 것이 타당한가? 만일 타당하지 않다면 그 이유는 무엇인가?

이 장에서는 이러한 문제의식 아래 우선 동물의 지위에 대한 대표적 관점들을 살펴보고, 동물에게도 '권리'라는 말을 적용할 수 있는지의 문제를 심도 있게 검토해 보고자 한다.

1. 동물의 지위에 대한 다양한 관점

우리가 동물의 지위나 권리를 논하게 된 것은 비교적 최근의 일이다. 여기에는 아마도 과거 먹고살기에 급급했던 시절이 지나가고 집에서 애완동물을 기르는 일이 일반화된 시대 분위기도 영향을 미쳤을 것이다. 하지만 오늘날의 동물권 논의를 촉발시킨 직접적인 계기는 1975년에 나온 피터 싱어Peter Singer의 저서인 『동물해방*Animal Liberation*』이었다. 아래에서 서양 고대로부터 현대에 이르기까지 동물의 지위를 둘러싼 다양한 관점들을 간단히 살펴보기로 하자.

유대·그리스도교적 관점

서양의 유대교와 그리스도교 전통에서는 인간과 인간 이외의 동물들 사이에 위계位階가 뚜렷하였다. 성서 「창세기」의 구절은 창조의 질서에 따른 인간과 동물 사이의 상하 관계를 잘 보여 주는데, 특히 신이 인간에게 동식물을 자기 필요에 따라 마음대로 이용할 수 있는 권한을 부여했다는 해석을 낳았다.

> 하느님께서는 "우리 모습을 닮은 사람을 만들자! 그래서 바다의 고기와 공중의 새, 또 집짐승과 모든 들짐승과 땅 위를 기어 다니는 모든 길짐승을 다스리게 하자!" 하시고[01] … 살아 움직이는 모든 짐승이 너희의 양식이 되리라. 내가 전에 풀과 곡식을 양식으로 주었듯이 이제

01 『성서』, 공동번역, 일과 놀이, 1999, 「창세기」 1:26.

이 모든 것을 너희에게 준다.[02]

아리스토텔레스의 관점

> "자연은 인간을 위해 동물을 만들었다."
>
> —아리스토텔레스

아리스토텔레스는 이 우주의 모든 존재가 목적과 수단의 위계질서 아래에 놓여 있다고 생각했다. 그는 유대·그리스도교적 관점처럼 인간과 다른 동식물의 지위를 근본적으로 다른 것으로 보지는 않았지만, 이성 능력을 지닌 인간이 다른 존재보다 상위에 있는 존재라는 점을 분명히 하였다.[03] 다음 인용문은 그의 견해를 잘 보여 준다.

> 식물은 동물을 위해 존재하며, 짐승들은 인간을 위해 존재한다. 따라서 가축은 인간이 사용하거나 음식으로 먹기 위해 존재하며, 야생동물은 식용 및 의복이나 다양한 도구와 같은 삶의 다른 부속품으로 사용되기 위해 존재한다.
>
> 자연은 어떤 존재도 아무런 목적이나 이유 없이 만드는 법이 없다. 그러므로 자연이 인간을 위해 모든 동물을 만들었다는 것은 의심의 여지가 없다.[04]

02 앞의 책, 「창세기」 9:3.

03 Tom Regan, "Treatment of Animals," in: *Encyclopedia of Ethics*, 2. ed. Vol. 1 (New York and London: Routledge, 2001), p.70.

토마스 아퀴나스의 관점

위에서 살펴본 유대·그리스도교적 관점과 아리스토텔레스의 관점을 모두 이어받은 중세의 성 토마스 아퀴나스에 따르면, 신의 관점에서 볼 때 비이성적인 존재는 아무런 가치를 가지고 있지 않다. 그것은 오직 이성적 존재의 목적을 위해서만 존재한다.

> 사물의 질서는 불완전한 것이 완전한 것을 위해 존재하는 방식으로 이루어져 있다. … 단순히 생명만을 가지고 있는 식물과 마찬가지로 모든 사물은 동물을 위해 존재한다. 그리고 모든 동물은 인간을 위해 존재한다. 따라서 "철학자"[아리스토텔레스]가 말하고 있는 바와 같이, 우리가 동물의 선을 위해 식물을 사용하는 것이나 인간의 선을 위해 동물을 사용하는 것은 모두 적법하고 옳다. … 사실상 이는 하느님의 명령과도 부합된다.[05]

데카르트와 칸트의 관점

> "동물은 의식이 없는 기계일 뿐이다."
>
> —르네 데카르트

근대 이성주의 철학을 대표하는 데카르트에 따르면, 이성적이지

04 피터 싱어, 『동물해방』, 김성한 역, 인간사랑, 1999, 321쪽에서 재인용.

05 위의 책, 328쪽에서 재인용.

않은 존재에게는 의식이란 것이 없고 따라서 고통도 없다. 동물은 의식이 없는 기계일 뿐이다. 동물이 감각 능력을 지니고 있기는 하지만, 감각이란 의식에 현전現前하는 것이 아니어서 고통을 경험한다고 볼 수는 없다. 이처럼 동물을 기계로 보는 자신의 견해를 뒷받침하는 근거로 데카르트는 다음의 사실을 지적한다. 첫째, 의식이 있는 존재는 언어 능력을 가지고 있지만, 동물은 그렇지 못하다. 둘째, 동물의 행동은 결코 그들이 사고할 수 있음을 보여 주지 않는다. 이처럼 데카르트는 동물에게는 영혼도 의식도 존재하지 않으며 따라서 사고할 수도 경험할 수도 없다는 입장을 견지했다.[06]

"동물을 잔인하게 다루는 사람은 자기 성격도 포악해진다."

– 임마누엘 칸트

한편 칸트는 데카르트와 달리 동물도 고통을 느낄 수 있다는 사실을 인정했다. 그러나 동물이 인간과 같은 도덕적 권리를 가진다고 생각하지는 않았다. 왜냐하면 그들에게는 인격의 전제 조건인 이성적 사유 능력이 결여되어 있기 때문이다. 따라서 동물은 인간의 필요에 의해 도구적 가치를 지닐 뿐, 결코 도덕적 존재들로 이루어진 목적의 왕국의 구성원이 될 수는 없다. 그렇지만 인간은 동물을 학

[06] Evelyn Pluhar, "Animal Rights," in: *Encyclopedia of Applied Ethics*, Vol. 1 (San Diego: Academic Press, 1998), p.165.

대하거나 거칠게 다루지 말고 따뜻하게 보살펴야 하는데, 그것은 동물에 대한 직접적인 도덕적 의무 때문이 아니라 인간의 바람직한 도덕성 함양이라는 간접적 교육효과를 얻기 위해서이다. 예컨대 칸트는 동물을 잔인하게 다루는 사람은 자신의 성격도 함께 포악해질 위험성이 있다고 보았다.

> 생명을 지니고 있지만 이성을 지니고 있지는 않은 피조물과 관련하여, 동물들을 거칠고 잔인하게 다루는 것은 인간의 자기 자신에 대한 의무에 위배되는 것이며, 인간은 그렇게 하지 말아야 할 의무를 지닌다. 왜냐하면 동물을 잔인하게 다루는 것은 그들의 고통을 함께 느끼는 우리의 감정을 무디게 함으로써, 다른 사람과의 관계에 있어 우리의 도덕성에 크게 기여하는 자연적 기질을 약화시키고 점차 사라져 버리게 하기 때문이다.[07]

벤담의 관점

> "중요한 것은 동물들도 우리처럼 고통을 느낀다는 사실이다."
>
> – 제러미 벤담

07 I. Kant, *Metaphysik der Sitten, Tugendlehre*, in: Kants Werke in zehn Bänden, Bd. 7 (Darmstadt: Wissenschaftliche Buchgesellschaft, 1983), A52(§17).

동물의 권리와 그들에 대한 인간의 의무를 최초로 언급한 사상가는 벤담이다. 그는 동물의 처지를 흑인 노예의 처지와 비교하면서 동물에 대한 인간의 지배를 비판했으며, 공리주의 원리에 입각하여 쾌락과 고통을 느낄 수 있는 존재인 동물의 권리를 주장했다.

> 동물들이, 폭군에 의해서가 아니라면 결코 빼앗길 수 없는 자신들의 권리를 획득할 날이 올지도 모른다. … [인간과 동물 사이의] 차별을 정당화할 수 있는 근거가 되는 것은 무엇인가? 이성 능력인가 아니면 언어 능력인가? 하지만 완전히 성장한 말이나 개는 갓난아이 또는 일주일이나 한 달 된 유아와 비교할 수 없을 정도로 말이 더 잘 통하고 더 합리적인 동물이다. 설사 그렇지 않다고 하더라도 그게 그토록 문제가 되는가? 중요한 것은 그들이 이성을 지니고 있는가 그들이 말을 하는가가 아니라, 그들이 고통을 느낄 수 있는가이다.[08]

싱어의 관점

> "우리의 육식 습관, 사냥 취미, 동물원에 관한 태도는 모두 바뀌어야 한다."
>
> — 피터 싱어

08 J. Bentham, *An Introduction to the Principles of Morals and Legislation* (New York: Hafner Publishing Company, 1948), Chap. XVII, Part I, note.

벤담의 정신을 이어받은 현대 공리주의자로서 윤리의 적용 범위가 동물에게까지 확대되어야 한다는 주장을 대표하는 사람은 피터 싱어이다. 그는 오늘날 우리가 인종이나 성性을 근거로 인간을 차별하는 인종차별주의racism나 성차별주의sexism를 거부하듯이, 단지 우리와 종種이 다르다는 이유로 동물을 함부로 대하는 종차별주의speciesism도 거부해야 한다고 주장한다. 그가 내세운 '이익 평등 고려의 원칙('모든 이익은 누구의 것이든 동등하게 고려되어야 한다')'에 비춰 볼 때, 쾌고 감수 능력을 지니는 동물들은 이익, 즉 고통을 당하지 않을 이익을 가지고 있다. 따라서 우리는 이들을 도덕적으로 동등하게 고려할 책임이 있다.

> 어떤 존재가 고통을 느끼는데도 그러한 고통을 고려의 대상으로 삼길 거부하는 태도는 도덕적으로 옹호될 수 없다. 한 존재의 본성이 어떠하든, 평등의 원리는 그 존재의 고통을 다른 존재의 동일한 고통과 동일하게 취급할 것을 요구한다. 한 존재가 고통을 느낄 수 없거나 쾌락과 행복을 느낄 수 없다면, 거기에 고려되어야 할 것은 아무것도 없다. 그러므로 쾌고 감수 능력limit of sentience은 다른 존재의 이익에 관심을 가질지 여부를 판단하는, 우리가 옹호할 수 있는 유일한 기준이 된다.[09]

이러한 싱어의 관점에서 본다면, 단지 인간의 편의를 위해 동물에게 심각한 고통을 주는 행위는 잘못된 것이다. 따라서 우리는 동

09 피터 싱어, 앞의 책, 44-45쪽.

물을 대하는 태도를 근본적으로 바꾸어야 한다. 예를 들어 우리의 육식 습관, 비인도적인 동물사육 및 동물실험 방식, 사냥 취미, 모피 착용 그리고 서커스와 동물원에 대한 우리의 태도를 바꾸어야 한다.[10]

리건의 관점

> "비인도적인 동물사육과 동물실험은 지금 당장 폐기되어야 한다."
>
> — 톰 리건

리건Tom Regan을 필두로 한 내재주의Inherentist의 관점은 인간과 동물의 평등을 주장하는 점에서 공리주의와 입장을 같이한다. 그러나 각 개체가 무엇을 경험하거나 의식할 수 있는지와 상관없이 그들을 궁극적 가치를 지닌 존재로 본다는 점에서는 공리주의와 구별된다. 이 입장은 칸트가 인간을 '목적 그 자체'로 본 관점을 동물에게까지 확대한 것으로서, 동물도 내재적 가치를 지니고 있기 때문에 인간과

10 동물을 대하는 인간의 태도와 관련하여 최근의 '캣맘' 논란은 우리에게 생각해 볼 거리를 제공한다. 캣맘이란 주인 없는 길 고양이에게 사료를 먹이거나 자발적으로 보호 활동을 하는 사람을 말한다. 캣맘 활동을 찬성하는 사람들은 길 고양이 보호 등 동물보호 차원이라고 주장하는 반면, 반대하는 사람들은 캣맘 때문에 길 고양이 개체 수가 늘어나 주거 환경을 침해한다며 반발하고 있다(최근에는 '캣맘 혐오증'이라는 신조어가 생기는가 하면, 길고양이들에게 독극물을 뿌려 여러 마리가 생명을 잃는 경우까지 발생함). 전자가 동물권을 적극 옹호하는 입장이라면, 후자는 인간중심주의적 시각에서 동물권을 인정하지 않는 입장이라고 할 수 있다. 인간의 권익(쾌적한 환경을 누릴 권리)과 동물의 권익(생존권)이 충돌할 경우, 동물보호주의 내지 동물권 운동의 한계는 어느 선에서 그어져야 할까?

동일한 도덕적 지위를 가진다고 주장한다.[11]

리건은 내재적 가치를 지니고 목적 그 자체로 취급되어야 할 존재를 '삶의 주체subject-of-a-life가 되는 존재'라고 불렀는데, 인간 나이 한 살 정도의 정신연령을 가진 포유류 이상의 동물이 여기에 해당한다. 리건에 따르면 이들은 각기 고유한 가치와 도덕적 권리를 지니기 때문에 어떠한 경우에도 다른 존재의 수단으로 이용될 수 없다. 따라서 비인도적인 방법으로 식용고기를 대량생산하는 동물농장이나 동물 대상의 각종 과학실험들은 무조건 폐기되어야 한다. 이와 같은 '의무론적 권리론'만이 동물의 권리를 가장 확실하게 보장할 수 있는 접근방법이다.[12]

그러나 이러한 관점에 대한 반론도 적지 않다. 우선 내재적 가치를 인정하는 기준선을 어디에 그어야 할지 애매하다는 지적이 있다. 리건은 '인간 나이 한 살 정도의 정신연령'을 기준으로 제시하는데, 그렇다면 태아나 갓난아이, 장애아나 정신박약자는 제외되어야 하는지, 또 식물인간이나 하등동물도 제외되어야 하는지 판단하기가 쉽지 않다는 것이다. 뿐만 아니라 더 근본적인 문제로서 도대체 권리나 의무라는 개념이 인간 이외의 존재를 다루는 윤리학의 토대로서 과연 타당한지에 대해서도 의문이 제기될 수 있다. 도덕적 권리나 의무라는 말은 어차피 인간의 세계에서 인간에게 부여되고 요구되는 개념이 아닌가?

11 Tom Regan, 앞의 글, p.72.

12 데자르댕, 『환경윤리』, 김명식 역, 자작나무, 1999, 194-201쪽 참조.

2. 동물에게도 도덕적 지위를 인정할 수 있는가: 칸트 윤리에 대한 재해석

동물의 지위나 권리에 관한 지금까지의 논의에서 초점이 되는 것은 동물에게 직접적인 도덕적 지위moral status를 부여할 수 있는지 여부이다. 만일 어떤 대상이 도덕적 지위를 가진다면 우리는 그 대상을 함부로 대해서는 안 될 뿐만 아니라 그 대상에 대해 도덕적 의무를 지니게 된다. 이는 우리가 인간배아 연구를 허용할지 여부에 대해 논할 때, 배아가 과연 인간으로서의 도덕적 지위를 가지는지를 먼저 따져 보는 맥락과 동일하다. 만일 배아에게 온전한 인간의 지위를 부여한다면, 인간배아 연구는 더 이상 허용될 수 없다. 그것은 인간의 기본권을 침해하는 일이 되기 때문이다.

동물의 경우에도 마찬가지이다. 만일 우리가 동물에게 인간과 동등한 혹은 인간에 준하는 도덕적 지위나 권리를 인정한다면, 우리는 더 이상 동물을 지금처럼 함부로 대해서는 안 된다. 그것은 동물의 권리를 침해하는 일이 되기 때문이다. 여기서 다음과 같은 의문이 제기된다. 과연 권리, 특히 도덕적 권리(지위)는 어떻게 해서 생겨나는 것인가? 그것은 어떻게 인정되고 누가 부여하는 것인가?

공리주의와 피터 싱어의 입장에 따르면 어떤 존재가 권리를 갖게 되는 근거, 즉 도덕적 고려의 기준은 바로 '쾌고 감수 능력'이다. 그런데 왜 하필이면 쾌고 감수 능력일까? 가령 이성적 능력이나 언어 능력은 왜 안 될까?

사실 인격 지위를 '어떤 특정한 속성이나 능력'에 근거하여 정당화하려는 논리에는 문제가 있다. 그럴 경우, 그러한 속성이나 능력을 지니지 못한 인간은 차별해도 좋다는 논리가 성립할 수 있기 때문이다. 우리는 갓난아이나 장애인, 심신미약자라고 해서 그들을 함부로 인간 이하의 존재로 취급해서는 안 된다고 생각한다. '쾌고감수 능력' 역시 예외가 될 수 없다. 우리는 어떤 사람이 감각 능력을 상실했어도, 아니 식물인간 상태에 놓이게 되었다 해도 여전히 그를 존엄한 인간으로 인정하지 않는가?

이 시점에서 우리는 칸트의 견해를 좀 더 심층적으로 해석해 볼 필요가 있다. 칸트의 견해에서 이성적 존재자가 존엄성을 지닌다고 할 때의 이성이란 현상세계에서 사실을 인식하고 판단하는 능력을 의미하지는 않는다. 만일 현상계의 차원에서 가치를 논한다면 그것은 모두 상대적인 가치일 뿐 절대적이고 도덕적인 가치가 될 수 없다. 위의 경우의 이성은 현상계 전체를 의미 지우는 (도덕적) 가치 창조 능력, 즉 실천이성을 가리키는 것이다. 그러므로 도덕적 가치란 오로지 예지계에 속한 가치 부여자의 존재를 전제할 때만 존재할 수 있는 것이다. 존엄성을 지닌 '인격'이라는 개념도 이 가치 부여자의 절대적인 지위를 의미하는 것 외의 다른 것이 아니다.

이제 논점은 분명해졌다. 상대적이 아니라 절대적인 의미의 도덕적 가치를 부여하는 자는 다름 아닌 우리 인간일 수밖에 없다. 인간은 가치세계의 창조자이자 그 의미를 아는 유일한 존재이기 때문이다. 그러므로 도덕적 가치의 관점에서 볼 때 현상세계의 여러 가지 근거를 들어 도덕적 지위나 권리를 논하는 것은 아무런 의미가 없다. 그것은 서로 다른 차원의 담론이다. 이러한 맥락에서 볼 때 '인간은 오직 인간 자신에 대해서만 직접적인 의무를 지닐 뿐, 동물과 관련해서는 단지 간접적인 의무만을 지닌다'는 칸트의 생각은 타당해 보인다. 결국 어떤 것에 가치를 부여하고 그 의미를 이해하며 거기에 따르는 책임을 다할 수 있는 존재는 인간 자신일 수밖에 없기 때문이다.

동물에게 인간과 같은 도덕적 지위를 부여할 수 없다고 해서 동물들을 함부로 대해도 좋다는 말은 물론 아니다. 아니, 오히려 그 반대이다. 칸트 역시 동물을 괴롭히거나 큰 고통을 겪게 하고 몰인정하게 대하는 것은 우리 자신의 인간성을 깎아내리는 비인도적인 행위로서, 우리 자신에 대한 의무를 위반하는 것과 유사한 것이라고 보았다. 또 "동물은 인간성과 유사한 성질을 지니고 있어서 우리가 인간에 대한 의무와 유사한 동물에 대한 의무를 준수할 때, 우리는 결국 인간에 대한 의무를 준수하는 것이며 이를 통해 인간성에 대한 우리의 의무를 계발할 수 있다"[13]고 생각했다.

이러한 칸트의 입장을 '약한 인간중심주의'로 분류하는 사람도 있다. 그런데 '인간중심적'이라는 말은 간혹 오해를 불러일으킨다. 특히 생태주의나 전체론을 표방하는 관점에서는 부정적인 의미를 띠

13 I. Kant, *Eine Vorlesung über Ethik* (Frankfurt a.m.: Fischer Taschenbuch, 1990), p.256.

기도 한다. 하지만 그것이 강자(인간)의 '권리'가 아니라 강자의 '책임'을 강조하는 맥락에서 쓰일 때는 전혀 다른 의미를 지닌다.

도덕이란 원래 약육강식의 원리에 근거한 것이 아니다. 아니, 오히려 그 반대이다. 약육강식은 현상세계(자연계)의 질서일 뿐, 결코 도덕세계의 원리(도덕적 당위의 근거)가 될 수 없다. 인간은 동물보다 더 강하다. 그래서 그들을 지배하고 자기 필요에 따라 마음대로 이용할 수 있다. 그러나 그것이 도덕적으로 옳으냐는 전혀 다른 문제이다. '할 수 있음'(사실)과 '해야 함'(당위)은 다른 차원의 담론이기 때문이다. 우리는 어린아이들을 단지 약자라는 이유로 함부로 대하면 안 된다고 생각한다. 아니, 오히려 우리가 그들보다 더 많이 알고 더 강하기 때문에, 또 그들이 우리를 필요로 하기 때문에, 마땅히 그들을 보살펴야 한다고 생각한다. 이러한 추론은 동물에 대해서도 적용될 수 있다. 물론 인간은 일차적으로 동료인간을 향해서 자신의 책임을 다해야 하지만, 그다음으로는 자신과 가장 유사한 존재인 동물에게도 배려의 책임을 다해야 한다.

우리와 가까운 존재일수록 보살펴야 할 책임도 더 크다는 견해에 대해서는 전체론이나 평등주의적 관점에서 반론이 제기될 수 있다. 그것은 가까운 사람과 먼 사람, 인간과 동물, 고등동물과 하등동물(또는 동물과 식물)을 차별하는 결과를 낳을 수 있다는 것이다. 하지만 이러한 반론은 인간 감수성의 한계를 고려하지 않은 추상적인 논변으로 보인다. 우리는 이웃 어린이를 냉대하는 사람이 먼 나라 어린이에게 참된 자비심을 가지리라 기대하기 어렵다. 마찬가지로 동물을 학대하는 사람에게서 참된 인류애를 기대하기는 어렵다. 사해동포주의의 실현이란 가까운 이웃에 대한 진정한 배려로부터 시작되는 것이지 추상적인 이론으로 되는 것은 아니지 않겠는가? 양자택일兩者擇一의 상황을 가정할 때, 우리가 남의 자식보다 자기 자식을 우선시하고 동물보다 인간을 우선시하는 것은 당연한 일이 아니겠는가? 이렇게 보자면 마치 경직된 생태주의 이념이 환경 파시즘을 낳듯이, 만민 평등주의 이념은 오히려 이웃에 대한 책임을 소홀히 하는 결과를 낳기 쉽고, 동물의 평등권을 주장하는 이념은 자칫 인간을 소홀히 하는 결과를 낳을지도 모른다. 그러므로 동물의 권리를 인간의 권리에 견주는 것이나 동물에 대한 배려의 책임을 완전히 무시하는 태도는 모두 문제가 있어 보인다.

생각해 볼 문제

1. 다음 두 편의 글은 '우리가 채식을 해야 하는 이유'를 역설하고 있다. 여러분은 이에 대해 공감할 수 있는가? 만일 그렇다면 이를 얼마만큼 실천할 수 있는가?

> ① 만약 지구의 건강을 회복시키고 날로 증가하는 인구를 먹여 살리는 데 일말의 희망이라도 가질 수 있으려면, 인류는 수십 년 내에 지구상에서 축산 단지들을 해체시키고 식탁에서 육류를 추방해야 한다. … 인간의 식단에서 육류를 제외시키는 것은 인간 의식의 역사에서 인류학적 전환을 의미한다. 우리는 육식 문화를 넘어서야만 인류를 위한 새로운 과제를 정할 수 있다. 또 생태계 보호, 인간에 대한 영양 공급, 지구를 공유하는 다른 생명체들의 안녕에 대한 관심을 가질 수 있다.[14]
>
> ② 인간의 복리에 대해서 관심이 있다고 주장하는 자들은, 그리고 환경보존에 관심이 있다고 주장하는 자들은 바로 그렇게 말한 이유 자체만으로도 채식주의자가 되어야 한다. 그들은 채식주의자가 됨으로써 다른 곳의 사람들이 먹게 되는 곡식의 양을 증가시킬 것이다. 또한 공해를 줄이고, 물과 에너지를 절약할 것이며, 산림 개발 방지에 이바지할 것이다. 게다가 채식주의자들의 식사는 고

14 제레미 리프킨, 『육식의 종말』, 신현승 역, 시공사, 2002, 8-12쪽.

기 음식에 비해 싸다. 이에 따라 그들은 기아 구제, 인구 조절, 또는 더욱 긴급한 어떤 사회적·정치적 목적에 더 많은 자금이 사용되도록 하는 데 공헌하게 될 것이다.[15]

2. 다음 글은 어린 시절부터 동물에 대한 이중적인 태도를 조장하는 현대 문화의 모순적인 측면을 보여 주는 동시에 우리의 육식 관련 유아교육에 대한 반성을 간접적으로 촉구하고 있다. 이 글에 비추어 볼 때 우리는 앞으로 어린이들을 어떤 방식으로 가르치는 게 좋겠는가?

동물에 대한 태도는 매우 어렸을 때부터 형성되는데, 육식의 의미를 따져 보지 못하는 매우 어린 시절부터 고기를 먹게 됨으로써 우리는 대개 평생 그 습관을 유지하게 된다. 흥미롭게도 처음부터 동물고기를 즐겨 먹는 아이들은 별로 없다. 그러다가 부모들(그들은 고기가 몸에 좋다고 잘못 알고 있다)의 끈질긴 노력이 있은 후에야 비로소 아이들은 육식에 익숙해지게 된다. 그런데 아이가 최초에 어떤 반응을 나타냈든 주목해야 할 점은 먹고 있는 것이 죽은 동물의 몸뚱어리라는 사실을 알기 훨씬 전부터 우리가 동물고기를 먹는다는 사실이다. …

한편 아이들은 동물을 사랑하는 자연스런 마음을 가지고 있으며, 우리 사회는 아이들이 개와 고양이, 그리고 껴안고 싶은 느낌이

15 피터 싱어, 앞의 책, 368-370쪽.

드는 동물인형을 사랑하는 마음을 갖도록 분위기를 조장한다. 이러한 사실은 우리 사회가 지니고 있는 동물에 대한 태도의 두드러진 특징을 설명하는 데 도움을 준다. 즉 아이는 동물에 대하여 같은 태도를 갖는 것이 아니라 동물의 고기를 먹으면서 동시에 동물을 사랑하는 상반된 태도를 갖게 되는 것이다.[16]

3. 다음 글은 '동물실험'의 문제점을 지적한 어느 학부생의 글이다. 이 글의 취지에 여러분도 공감하는가?

"동물실험은 얼마나 필요한가?"

오늘[2015년 11월 23일] 우연히 네이버를 켰다가 세계 최대 의학 연구소인 미국 국립보건원NIH이 침팬지를 더 이상 실험에 이용하지 않기로 했다고 밝혔다는 뉴스를 접했다. 이로써 NIH에 남아 있던 50마리 침팬지는 모두 보호구역으로 돌아가게 됐다. 프랜시스 콜린스 미 국립보건원장은 지난 18일 "인간과 가장 가까운 영장류인 침팬지를 의학 연구에 사용할 더 이상의 명분이 없다"며 "앞으로 백신 등을 개발하기 위한 의약품 실험에 이용하지 않겠다"고 밝혔다고 한다. 앞서 뉴질랜드의 과학자들은 일찌감치 침팬지와 다른 유인원의 권리를 주장하는 법률을 정부가 통과시켜야 한

16 앞의 책, 358-359쪽.

다고 주장한 바 있으며, 오랜 논의 끝에 뉴질랜드 정부는 1999년 유인원의 동물실험을 금지한 법률을 통과시켰다. 이는 동물실험에서의 동물권 문제와 관련될 뿐만 아니라, 무분별한 벌목과 밀림 개발, 포획의 결과로 한때 100만 마리에 이르던 침팬지 수가 최근 10만 마리 수준으로 줄었음을 고려할 때 그들 개체를 보호할 필요가 있다는 점에서 종 다양성 보존 문제와도 관련된다. 비슷한 이유로 네덜란드 정부도 2002년 연구용 침팬지 63마리를 사설 동물권리보호협회에 마지막으로 양도하면서 연구용 침팬지 사용을 금지했으며, 2003년에는 연구용 영장류 사용을 완전히 금지하는 법안을 마련했다고 한다. 영국도 침팬지와 고릴라, 오랑우탄에 대한 실험을 금지하는 가이드라인을 발표했고, 미국 법원은 침팬지에 인간과 비슷한 법적 지위를 부여하는 방안을 심리 중이라고 한다. 이러한 추세는 많은 국가들이 동물실험에 대해 윤리적 책임의식을 느끼고 있음을 시사한다. 그런데도 여전히 일부 사람들은 영장류 동물실험이 주는 커다란 이익 때문에 침팬지 연구를 금지하는 정책에 반대 입장을 내놓고 있다고 한다.

전 세계에서 한 해 동안 사용되는 실험동물은 약 5억 마리이다. 그중 일부 실험의 경우에는 유독증기를 들이마시게 하거나 배 속의 새끼를 유산시킨 후 자궁을 해부하기도 하는데, 이 과정에서 동물들은 경련과 발작 증세를 보이는가 하면 생식기와 눈, 입으로 피를 흘리며 자해를 하기도 한다. 이렇게 잔인한 동물실험 과정을 거치지만, 정작 오늘날 동물과 인간이 공유하는 질병은 1.16%에 불과하다고 한다. 그런데도 여전히 많은 제약회사와 화장품회사 등은 인간의 이익을 위해 동물실험을 계속하고 있다.

생각해 보면 나도 화장품을 살 때 그게 얼마나 미백효과가 있는지 미용에 도움을 주는지 피부에 유해한지만 생각했지, 동물실험을 거친 것인지 아닌지에 관심을 기울인 적은 없었다. 평소에는 동물을 사랑한다고 말하고 책이나 영상을 볼 때 순간적으로 감화되어 동물을 생각해야지 하면서, 막상 일상 속에선 동물들의 권리에 무관심하고 외면하는 나의 이중 잣대에 대해 다시 한 번 생각해 보게 되었다. 벤담이 말했듯, 동물 또한 우리와 같은 고통을 느끼는 존재임을 고려할 때, 그들에 대한 동정심을 발휘하기 위해 노력하는 것이 인간중심주의를 벗어난, 좀 더 나은 인간이 되는 길이 아닐까? 나도 스스로를 좀 더 되돌아볼 필요가 있을 것 같다.[17]

17 서울대학교 윤리교육과 학부생 김○○가 제출한 과제물 요약, 2015년 2학기.

12장

정보윤리(1):
컴퓨터 윤리, 인터넷 윤리, 사이버 윤리

영화 〈매트릭스〉는 미래에 인공지능을 가진 컴퓨터가 지배하는 세계를 그리고 있다. 이 세계에서 인간은 태어나자마자 그들이 만든 인공자궁에 갇혀 생체 에너지로 사용되고 머리에는 매트릭스라는 프로그램이 입력된다. 그 프로그램의 내용은 1999년의 가상현실세계이며, 인간들은 프로그램에 따라 평생 동안 그 가상현실세계를 살아간다. 이 가상현실을 벗어나지 않는 한 인간은 진정한 현실을 인식할 수도 살아갈 수도 없다. 그래서 여기서 벗어나 인류를 구원하기 위해 A.I.에게 대적하는 '모피어스'와 그의 동료들은 인류를 구원할 영웅을 찾던 중 '네오'를 발견하고 그에게 기대를 걸게 된다. 오늘날 우리는 가상현실을 만들어 냈다. 정보기술이 급속도로 발전하여 급기야 진짜 현실과 가상현실을 구분하기 어려워지고, 그래서 무엇이 진짜 현실인지조차 모르게 되는 시대가 왔을 때에도, 우리가 깨어 있기 위해서는 어떤 노력을 해야 할까?

새로운 기술은 으레 윤리 문제를 일으키곤 한다. 왜냐하면 그 기술이 인간의 행위 영역에 새로운 가능성을 열어 주기 때문이다. 컴퓨터의 출현은 개인적·사회적 행위에서 이전에는 가능하지 않았던 일을 가능하게 만들어 주었다. 만일 컴퓨터 기술이 없었다면 인류는 달에 착륙할 수 없었을 것이고, 오늘날 우리가 누리는 인터넷 통신도 불가능했을 것이며, 인공지능 시대의 도래도 꿈꿀 수 없었을 것이다. 다른 한편으로 이제 우리는 사람들의 행위를 당사자도 모르게 추적하거나 감시할 수 있고, 더욱 파괴적인 무기체계를 개발할 수 있으며, 많은 활동에서 인간적 접촉을 불필요하게 만들어 버리는 등 막강한 능력을 가지게 되었다. 이렇게 정보기술은 우리에게 밝은 전망과 어두운 전망을 동시에 가져다주었다.

정보윤리의 문제는 새로운 정보기술로 인한 사회적 변화가 인간관계와 사회제도에 영향을 미치고 또 이것이 우리의 일상적 윤리의식, 즉 개인의 권리와 책임에 대한 우리의 생각이나 우리가 추구하는 선과 사회제도에 깃들여 있는 전략 등에 도전해 옴으로써 제기된다.[01]

이 장에서는 정보사회의 도래로 인한 이러한 도전들에 우리가 어떻게 대응해야 하는지를 다각도로 살펴본다.

1. 정보윤리 문제의 발생 배경

정보사회의 윤리 문제를 이해하기 위해서는 우선 정보사회가 기존의 산업사회와 어떻게 다른지 그 특징들을 이해할 필요가 있다. 아래에서 정보사회의 특성과 그로 인한 윤리 문제의 발생 배경에 대

01 D. G. Johnson, "Computers," in: *Encyclopedia of Ethics*, 2nd ed., Vol. 1 (New York: Routledge, 2001), p.283. '정보윤리'라 하면 일단 '정보사회를 살아가는 사람들 사이의 도리' 또는 '정보사회에서 지켜야 할 개인적·사회적 차원의 윤리'를 의미한다고 할 수 있다. 하지만 오늘날 정보윤리라는 이름으로 제기되는 담론들은 사실상 대부분 컴퓨터의 활용과 관련되어 있기 때문에 여기서는 정보윤리라는 개념을 컴퓨터 윤리나 인터넷 윤리 혹은 사이버 윤리와 특별히 구분하지 않고 사용하기로 한다.

해 살펴보기로 하자.

첫째, 윤리적 지체ethical lag와 정책적 진공policy vacuums의 문제이다. 이는 정보통신기술의 발달을 일반의 윤리의식과 사회의 법적·제도적 대응이 따라가지 못함으로써 생기는 현상을 가리킨다. 대개 윤리나 법은 기술 발달과 그에 따른 사회 변화가 먼저 일어난 후 그것들이 야기한 부작용이나 역기능을 치유하는 후속 조치로서 등장하는 경우가 많다. 정보통신 분야 역시 예외가 아니다. 지금 우리는 그러한 과도기의 혼란 속에 놓여 있다고 볼 수 있다.

둘째, 디지털 정보의 형태와 빠른 유통이라는 특성이다. 오늘날 컴퓨터상에서 모든 정보는 디지털화되어 있고 빠르게 전달될 수 있는데, 이로써 상대방의 허락 없이 일방적으로 개인의 정보를 유포하거나 타인의 정보를 복제, 활용, 대량 전파하는 일이 가능해졌다. 지적 소유권 문제라든가 프라이버시 침해 문제를 비롯하여 스팸메일, 해킹, 언어폭력, 허위·음란정보, 바이러스 유포 등 온라인상의 불법 행위 대부분은 정보기술이 지닌 이러한 특성과 관련된 것으로 볼 수 있다.

셋째, 광범위한 정보통신망의 연결이라는 특성이다. 오늘날 컴퓨터를 통한 통신망의 발달은 각 컴퓨터 상호 간은 물론이고 거대 컴퓨터와 연결되어 정보를 동시에 교환하거나 처리하는 것을 가능하게 하였다. 이러한 통신망을 통해 우리는 자료를 마음대로 이동시키고, 먼 곳에 있는 컴퓨터를 사용하는가 하면, 세계적인 데이터 뱅

크의 자료도 얻을 수 있게 되었다. 뿐만 아니라 핀테크 기업이 등장하고 앱을 이용한 주문이나 배송, SNS(유튜브, 페이스북, 인스타그램), 드론을 이용한 배달도 가능하게 되었다. 이러한 모든 사실은 개인의 행위가 미치는 범위가 전 세계로 확대되었음을 의미한다. 우리는 이제 과거에는 상상할 수 없을 정도로 많은 정보를 소유하고 활용함으로써 편리한 삶을 누리게 되었지만, 다른 한편으로는 우리의 행위로 인한 결과에 대해 더 많은 책임을 지지 않을 수 없게 되었다.

넷째, 기술 및 시스템의 복잡성 증가라는 문제이다. 현대 정보기술의 또 다른 특징은 개별 기술들이 복합체계에 통합됨으로써 점점 더 다양하고 복잡한 시스템이 등장한다는 것이다. 이제 우리는 다차원적인 멀티미디어 정보시스템(예컨대 Hypertext-system)과 이른바 인공지능의 등장을 맞고 있다. 그러나 이와 같은 하드웨어나 소프트웨어의 눈부신 발전은 동시에 여러 가지 부작용을 낳을 수 있다. 우선 기술의 격차가 정보의 격차를 낳고 이것이 빈부의 격차로 이어지거나 복잡한 기술을 익히지 못한 사람들의 상대적 박탈감으로 연결될 수 있다. 다음으로 인간이 그러한 기술이나 체계의 기능에 점점 더 의존하게 됨으로써, 체계에 이상이 생기거나 기술적 통제가 잘 안 될 경우 속수무책의 혼란이 일어날 수 있다. 또 설사 통제가 잘 된다 하더라도 시스템의 복잡성 때문에 책임 소재가 불분명하다든가 자료의 비밀 보장이 안 되는 경우가 생길 수 있다. 역설적이게도 정보기술의 발달로 세상은 더 편리해졌지만 재난의 위험성은 증가했고, 우리의 책임은 더 커졌지만 그 책임을 회피하기도 더 쉬워진 셈이 되고 말았다.

다섯째, 익명성과 간접적인 인간관계의 증대라는 요인이다. 과거의 사회가 면대면face to face 커뮤니케이션을 기반으로 한 사회였다면, 현대 정보사회는 불특정다수의 인간들이 사이버상에서 간접적으로 접촉하는 사회라 할 수 있다. 오늘날 인터넷을 통한 의사소통이 가진 매력 중의 하나는 그것이 익명성anonymity을 유지할 수 있다는 점이다. 이러한 익명성이 지닌 장점은 사람들로 하여금 심리적 안정감을 갖게 함으로써 정치적 비판이라든가 내부자 고발을 손쉽게 할 수 있고, 보고 싶은 그림이나 정보를 향유할 수 있으며, 소셜 네트워킹 등을 통해 낯선 사람들과 더 편안하게 의사소통을 할 수 있다는 데 있다. 신체적으로 거리를 두고 있는 상태에서 익명으로 각자의 신분이 노출되지 않는다면 상호 간에 친밀감은 떨어지는 대신 안정감을 느낄 수 있다. 이러한 측면은 참여자들에게 평등한 지위를 부여하고 자유로운 의사소통을 가능하게 함으로써 참여 민주주의의 가능성을 높여 줄 수 있다.

그러나 이러한 장점의 이면에는 심각한 부작용이 자리 잡고 있다. 익명의 사용자들이 타인을 모욕하거나 비방하고, 스팸메일이나 혐오메일을 보내는가 하면, 심지어 온라인 사기 등 범죄와 반사회적 행위가 빈발하고 있다. 어쩌면 '기게스Gygès의 반지'[02] 이야기에서 보듯이, 인간이 자기의 정체를 감출 수 있다고 생각하는 상황에서 윤리적 행위를 기대하기는 힘든 일인지도 모른다. 이런 문제에 대한 대안으로 도입된 것이 이른바 '인터넷 실명제'이다. 하지만 이 제도는 사람의 말과 행동을 위축시키는 결과를 초래할 것이라는 이유로 반대의 목소리가 끊이지 않았다. 익명성은 구조적으로 억압 받는 사회적 약자와 소수자의 표현을 보장하고 조직의 비리를 고발하는 내부 고발자를 보호하기 위한 최소한의 장치이기 때문에 반드시 보장되어야 한다는 것이다. 헌법재판소가 인터넷 실명제에 대해 위헌 결정을 내린 것도 이러한 취지로 이해된다.[03]

2. 정보윤리의 접근법과 과제

위와 같은 다양한 정보윤리의 문제들은 크게 법적 차원, 도덕적

02 플라톤의 『국가』 제2권에 '기게스(Gygès)의 반지' 이야기가 나온다. 어느 날 기게스는 우연히 금반지 하나를 얻게 되는데, 이 반지의 보석 부분을 밑으로 돌리면 자신의 모습이 보이지 않게 되고, 위로 돌리면 다시 자신의 모습이 보이게 된다는 사실을 발견한다. 그는 곧 이 반지를 이용하여 왕이 사는 곳으로 숨어들어 가서 왕비와 간통을 하고, 왕비와 더불어 왕을 살해한 다음, 왕국을 장악한다. 화자(話者)인 글라우콘은, 만일 이러한 반지를 손에 넣게 된다면 대부분의 사람은 도둑질, 간통, 살인 등을 자행하면서 마치 신과 같은 존재로 행세할 것이라고 주장한다. 플라톤, 『국가 · 정체』, 박종현 역, 서광사, 2005, 129쪽 참조.

03 2012년 8월 23일 헌법재판소는 인터넷 게시판에 글이나 댓글을 쓰려면 사용자 실명을 확인하도록 한 제한적 본인 확인제, 이른바 인터넷 실명제에 대해 위헌 결정을 내렸다. 인터넷 실명제는 악성 댓글 등 사회적 폐해를 방지하자는 차원에서 지난 2007년 처음 시행됐으나, 그간 표현의 자유를 침해한다는 지적과 더불어 위헌 시비가 잇따랐다. 헌재는 재판관 8명 전원 일치 의견으로 위헌 결정을 내리면서 "인터넷 실명제는 개인의 표현의 자유와 언론출판의 자유, 그리고 개인정보 자기결정권 등 기본권을 침해해 헌법에 어긋난다"고 밝혔다. 또 "인터넷 실명제 시행 이후 불법 게시물이 의미 있게 감소하지 않았다"며 제도의 효과에 대해서도 의문을 제기했다. 불법정보 게시로 피해가 발생한다면 인터넷 주소 등의 추적을 통해 가해자를 특정할 수 있다며 일부에서 제기하는 인터넷 범죄 증가 우려를 일축했으며, 피해자를 구제하는 것도 해당 정보 삭제 조치와 사후적인 손해배상 등을 통해 할 수 있다고 판단했다.

차원, 정신건강 차원으로 나누어 생각해 볼 수 있다.

정보윤리의 법적 차원

정보윤리의 문제들 가운데 우선 법적 차원에서 접근할 수 있는 문제들이란, 정보사회나 정보기술의 특성이 개입되었을 뿐 사실상 일반적으로 불법이라 간주되는 것과 별반 차이가 없는 행위들을 말한다. 예컨대 바이러스 유포, e-mail폭탄, 언어폭력 등은 타인에게 직접적으로 폭력을 행사하는 것이나 다름없는 행위이다. 또한 허위정보 유포, 인터넷사기 등은 일반적인 사기죄에 해당되는 행위로서 일차적으로 법적 차원에서 다루어져야 할 문제이다. 해킹, 프라이버시 침해, 지적 소유권 침해 문제 등도 마찬가지이다. 이것들은 모두 직간접적으로 개인의 소유권을 침해했다는 이유로 불법으로 간주될 수 있다. 넓은 의미에서 한 개인에게 속하는 것(정보)을 그의 동의 없이 활용하거나 활용할 가능성을 확보하는 것은 개인의 소유권을 침해한 것과 마찬가지이기 때문이다. 이제 사이버 공간에서 논란거리가 되는 대표적인 문제들로서 '표현의 자유' 및 '지적 소유권'과 관련한 문제를 살펴보자.

표현의 자유 문제. 흔히 사이버 공간을 자유의 공간, 해방의 공간이라고도 한다. 오프라인상에서는 불가능한 자유로운 표현이나 광범위하고 신속한 의사소통이 가능하기 때문이다. 자유란 보통 '자신이 원하는 대로 행위하는 데 구속을 받지 않는 상태'를 의미한다. 그러나 사람이 혼자서만 사는 것이 아니라 남과 더불어 살아가는 한 '완전한 자유', 즉 어떠한 제한도 받지 않고 자기가 하고 싶은 대로만 행위하는 것은 문제를 일으킬 수밖에 없다. 그것이 타인의 자유를 침해하기 때문이다. 여기서 타인의 강제적 자의恣意로부터 개인의 독립성을 지켜 주기 위해 법이 등장하게 된다. 이 법은 한 개인의 자유가 다른 모든 사람들의 자유와 조화될 수 있게 하는 조건들을 규정한 것이다. 이 법에 의해 다른 사람들의 자유와 합치될 수 있는 행위는 허용되는 반면, 다른 사람들의 자유(기본적 권리)를 침해하는 행위는 허용되지 않는다.[04]

간혹 논란거리가 되는 사이버 공간에서의 표현의 자유 문제 또한 여기서 예외가 될 수 없다. 이와 관련하여 "사이버 공간에서는 무엇이든 자유로이 표현할 권리를 보장해 주는 일이 우선되어야 하는가 아니면 상대방의 '자유로운' 표현으로 피해를 입는(예컨대 마음의 상처를 받거나, 불쾌감을 경험하는 등) 사람의 권리를 지켜 주는 일이 우선되어야 하는가"라는 문제를 놓고 논란이 벌어지는 경우가 있다. 이 문제는 사이버 공간의 특성을 감안하여 지혜롭게 풀어 갈 필요가 있다. 특히 표현의 자유의 한계가 인터넷의 사적인 영역과 공적인 영역에서 서로 다르게 설정될 필요가 있음을 유념해야 한다. 사적인 영역에 속하는 개인들 간의 전자문서 교환이나 일대일 대화는 제한 없이 보호되어야 하겠지만, 공적인 영역에 속하는 게시판이나 공개형 전자회의실에서의 명예훼손이나 음란물 게시는 처벌되어야 할

04 O. Höffe, *Immanuel Kant* (München: Beck, 1992), p.213 이하.

것이다.[05] 특히 인터넷 매체의 독자성을 감안하지 않은 채, 일반적인 명예훼손 논리나 음란성 개념을 무조건적으로 적용하는 일은 피해야 할 것이다.

지적 소유권 문제. 원래 우리가 소유하고 있는 물건에 대해서 우리는 (마치 우리 자신의 신체에 대해서 그런 것과 마찬가지로) 자유로운 처분권을 가진다. 법적인 소유권은 물리적 보유에 한정되지 않는다. 그것은 공간적·시간적으로 현존하는, 그래서 경험적으로 지각할 수 있는 보유뿐만 아니라, 비경험적·정신적, 즉 지적인 취득에서도 성립한다.[06]

이로써 우리는 정보사회에서의 지적 소유권 문제에 대한 최소한의 법적 기준을 알 수 있다. 그것은 우리가 일반적으로 저작권, 초상권, 특허권 등을 인정하고 있는 것과 마찬가지로, 사이버 공간상의 모든 정보, 기술, 지식에 대해서도 원칙적으로 지적 소유권이 인정되어야 한다는 것이다. 여기서 지적 소유권이 침해되었느냐 아니냐의 여부는 소유권자의 명시적이거나 묵시적인 동의가 있었느냐의 여부에 따라 판단할 수 있을 것이다.

05 현행법에 따르면, 동일한 명예훼손이라 하더라도 현실 공간의 경우보다 사이버 공간의 경우 처벌이 훨씬 더 무겁다. 그 결과의 파급효과를 고려한 것이다(아래 두 가지 법조항 참조).
[형법] 제307조(명예훼손) ① 공연히 사실을 적시하여 사람의 명예를 훼손한 자는 2년 이하의 징역이나 금고 또는 500만 원 이하의 벌금에 처한다. ② 공연히 허위의 사실을 적시하여 사람의 명예를 훼손한 자는 5년 이하의 징역, 10년 이하의 자격 정지 또는 1천만 원 이하의 벌금에 처한다.
[정보통신망 이용촉진 및 정보 보호 등에 관한 법률] 제70조(벌칙) ① 사람을 비방할 목적으로 정보통신망을 통하여 공공연하게 사실을 드러내어 다른 사람의 명예를 훼손한 자는 3년 이하의 징역 또는 3천만 원 이하의 벌금에 처한다. ② 사람을 비방할 목적으로 정보통신망을 통하여 공공연하게 거짓의 사실을 드러내어 다른 사람의 명예를 훼손한 자는 7년 이하의 징역, 10년 이하의 자격 정지 또는 5천만 원 이하의 벌금에 처한다.

06 O. Höffe, 앞의 책, p.218 이하.

정보윤리의 도덕적 차원: 덕 교육의 중요성

위에서 살펴본 바와 같이 정보사회의 문제들을 법적 차원에서 접근하는 것은 한편으로 불가피한 일이라 하겠지만, 다른 한편으로는 많은 한계를 내포하고 있는 방법이라 할 수 있다. 왜냐하면 정보사회에서 생기는 모든 문제를 법적 강제를 통해 해결하려 하는 것은 우선 효과적이지도 않을 뿐만 아니라 개방성과 자유로운 의사소통을 특징으로 하는 정보사회의 발전 가능성을 저해하는 일이 될 수도 있기 때문이다. 여기서 우리는 타율적 방법 대신에 자율적 방법, 즉 법적 차원 대신에 도덕적 차원의 접근에 주목하게 된다.

흔히 인터넷의 자정自淨 능력을 믿는 사람들은 정보사회의 초기에 정보윤리의 부재로 많은 폐해가 나타나겠지만 점차 자연발생적인 자율적 질서가 생겨나리라고 기대한다.[07] 인간은 분명히 이성적 존재로서 그러한 분별력을 발휘할 수 있는 가능성을 지닌 존재이다. 하지만 문제는 미성년자를 포함하여 익명의 불특정 다수로 구성되어 있는 정보사회의 구성원들에게 이러한 분별심을 기대할 수 있겠느냐 하는 것이다. 여기서 우리는 덕 교육의 중요성에 눈을 돌리게 된다.

잘 알다시피 덕이란 단지 머리로 아는 것만으로 얻어지는 것은 아

07 다행히 최근 온라인 공간에서 운영되고 있는 게시판이나 인터넷 카페의 양상을 볼 때, 네티즌들 사이에 어떤 자율적 질서가 형성되고 있다는 희망적인 전망이 나오고 있다. 네티즌들 사이의 자율적 감시와 비판기능이 게시판 문화부터 바꾸기 시작하고 이것이 전체 커뮤니티로 확대되는 긍정적인 분위기가 조성되고 있는 것이다. 특히 익명 자유게시판에서도 이러한 변화의 조짐이 나타나고 있다. 익명 게시판에서 토론이 점점 더 장기화되는 과정에서 주목할 만한 변화를 접하게 된다. 그 변화란 토론 참여자들 사이에서 악성 ID가 자연스럽게 확인되며 그 결과 토론의 기피인물로 찍혀 배제되는 소위 자정 현상이 나타난다는 점이다. 이런 현상이 폭발적으로 증가하고 있는 사이버 공동체들의 경우 더욱 뚜렷이 나타나고 있다는 점에서 우리는 네티즌들의 도덕성에 대한 희망을 보게 된다.

니다. 그것은 대체로 몸의 훈련과 습관의 결과 체득되는 것이다. 그래서 인간과 인간의 직접적인 만남의 과정은 생략된 채 감각적·즉흥적으로 의사소통이 이루어지는 사이버 공간에서 청소년에게 덕의 습득을 기대하기는 어려울지도 모른다. 하지만 우리가 조금만 긍정적으로 생각해 본다면, 이러한 가능성이 그렇게 비관적인 것만은 아니다. 마치 유아기의 훌륭한 교육이 한 사람의 평생에 걸쳐 영향을 미치고, 운전대를 처음 잡았을 때의 정확하고 세심한 교육이 사람의 운전 습관을 결정하듯이, 어린이가 컴퓨터를 처음 대하는 시절부터 체계적인 정보윤리 교육을 시행한다면 우리는 조금 더 예의 바르고 조금 덜 폭력적이며 조금 더 남을 배려할 줄 아는 네티즌을 키워 낼 수 있을 것이다.

비록 이와 같은 '도덕적' 접근은 가장 힘이 약하고 그 효력도 불확실한 방안처럼 보일지 모르겠으나, 장기적으로 볼 때 이것만이 정보윤리 문제를 근본적으로 해소할 수 있는 대안이라 할 수 있다. 힘들더라도 우리는 이 길을 차근차근 걸어갈 수밖에 없다.

정보윤리의 정신건강적 차원

정보사회의 문제 중에는 남에게 피해를 입히거나 불쾌감을 주는 일 이외에 자기 자신의 심신을 건강하지 않게 만드는 일들도 있다. 예컨대 인터넷 중독이라든가 음란물 탐닉 그리고 자아 정체성 상실 등이 그것이다.

인터넷 중독. 인터넷을 하지 않을 경우 행동이 조절되지 않고 금단증상을 보이며 일상 생활을 정상적으로 유지할 수 없는 상태를 말한다. 정보사회에서 사람들이 컴퓨터와 보내는 시간이 많아지고 온라인 공간에서의 활동에 친숙해지다 보면 점차 직접적인 대인 관계를 기피하고 컴퓨터를 통한 간접적인 인간관계나 가상현실 속에서 더 친근감을 느끼는 경우가 생겨나는데 이것이 아주 심해진 경우에 해당한다. 이러한 증상을 보이는 사람들은 현실의 생활보다 사이버 공간에서의 삶에 더 많은 흥미를 느끼기 때문에 일상생활을 제대로 영위할 수 없음은 물론 심한 경우에는 정상적인 인간관계의 단절과 인격 장애로 발전할 수 있다.

음란물 탐닉. 청소년들의 음란물 탐닉에 대해서는 그것을 우려하는 목소리와 일부의 부정적인 예를 너무 확대해석할 필요가 없다는 낙관론이 엇갈린다. 그럼에도 분명한 것은, 미성년자들이 인터넷을 통해 과장되고 왜곡된 성 정보에 무차별적으로 노출되는 것을 찬성할 사람은 거의 없다는 점이다. 하지만 이러한 사태를 예방할 무슨 방법이라도 있는가? 애석하게도 기술적 측면에서만 보아도 그 전망은 매우 비관적이다. 게다가 우리 사회의 대세는 당분간 성적 억압 문화가 해체되는 방향으로 진행할 것이 틀림없다. 인터넷은 아마도 그러한 해체를 더욱 촉진하는 기능을 하게 될 것이다. 그렇다면 이 문제에 대한 대책은 이제 자명하다. 그것은 결국 우리 청소년들로 하여금 자생력을 갖도록, 다시 말해서 건전한 이성관異性觀과 결혼관을 갖도록 가르치는 길밖에는 없다.

자아 정체성 상실. 사이버 자아cyber self는 인터넷에 참여하기 위해서 ID를 만드는 것으로부터 창조된다. 그리고 사이버 자아가 생성됨으로써 현실의 자아로부터 가상의 자아가 분화된다. 이 분화가 왜곡되면 자아분열self-fragmentation 같은 현상이 나타나고, 이러한 현상은 현실에서 정체성 위기로 이어질 수 있다. 하지만 인터넷상의 사이버 자아의 존재를 부정적으로만 바라볼 필요는 없다. 인터넷상의 사이버 자아의 형성이 현실에서의 고정된 자아 관념을 해체하고 새로운 자아 개념을 형성하는 기회를 제공한다고 볼 수도 있기 때문이다.[08] 문제는 청소년들이 핵심적 자아core self를 유지하면서 다차원적인 정체성 실험을 통해 자기가 확장되는 경험을 하지 못하고, 현실에서의 정체성을 사이버 자아로 대체하고 싶은 열망에서 헤어나오지 못하는 데 있다. 그리고 그러한 간극으로 인해 절망, 우울증, 현실 거부 등의 정서적 반응을 보이면서 현실 적응에 어려움을 겪는 데 있다.[09]

지금까지 정보윤리의 정신건강적 차원에서 살펴본 문제들은 한편으로 우리의 현실생활이나 사회의 문제점이 온라인 공간에 투영되어 나타나는 것으로서, 이는 개인적 차원과 사회적 차원을 막론

08 실제로 배우가 자기 역할을 멋지게 소화해 내는 것이라든지, 우리가 성질이 다른 몇 가지 집단에 동시에 소속되어 있으면서 각기 서로 다른 이미지로 알려져 있는 사례에서 보듯이 이러한 다원적 정체성이 그 자체로 문제가 되는 것은 아닐 것이다. 다만 우리 자신이 분명한 중심을 가지고 진정한 자기의 모습을 성찰할 수만 있다면 말이다. 문제의 핵심은 복합적인 자기의 모습이 아니라 언제나 현실을 직면할 수 있고 그것에 대해 자기의 꿈과 이상을 투영할 수 있는 자세를 지니고 있느냐에 있다.

09 김현수, 「인터넷이 개인행동에 미치는 영향과 사례」, 『정보통신윤리학술포럼—인터넷의 사회심리학적 영향과 윤리적 대응』, 정보통신윤리위원회, 2001. 2. 27., 27쪽.

하고 궁극적으로 우리 삶이 온전한 건강을 되찾음으로써만 해결될 수 있을 것이다. 다른 한편으로 이러한 문제 중에는 온라인 매체 자체가 지닌 특성 때문에 촉발된 것들도 있는데, 이를 해결하기 위해서는 역시 정보윤리 교육과 계몽이 가장 유효한 방법이라 하지 않을 수 없다. 아울러 온라인 매체 자체가 지니고 있는 속성들에 대해 충분한 연구가 병행되어야 할 것이다. 왜냐하면 이러한 속성들을 정확히 이해하지 못한다면 제대로 된 정보윤리 교육이나 계몽도 있을 수 없을 것이기 때문이다.

정보윤리의 과제

이 시점에서 우리는, 우리가 왜 컴퓨터를 사용하는지에 대해 근본적으로 반성해 볼 필요가 있다. 무엇보다도 명심해야 할 것은, 컴퓨터란 인간이 삶의 편리를 위해서 고안해 낸 도구일 뿐 그것을 활용하는 주체는 어디까지나 인간이라는 것이요, 또 인터넷에서 아무리 좋은 정보를 얻어올 수 있다 하더라도 그것을 정확하게 읽고 파악해야 하는 것은 결국 우리 자신이라는 것이다. 만약 우리가, 컴퓨터가 제공하는 온갖 편리를 우리의 인간다운 삶을 위해서 활용하고 통제할 수 있는 지혜를 갖추고 있지 못하거나, 인터넷이 제공하는 온갖 정보를 제대로 읽어내고 파악할 수 있는 언어능력과 이해력을 갖추고 있지 못하다면, 아무리 컴퓨터 자체를 잘 다룰 수 있다 하더라도 그것은 무의미한 일이 되고 말 것이다.

컴퓨터와 인터넷은 우리에게 새로운 세상을 열어 준 매우 효율적인 도구이지만, 반성적 지혜가 결여된 사람에게는 재앙을 가져오는 흉기가 될 수도 있다. 더욱이 정보통신사회에서 단말기 앞에 앉은 개인은 이제 더 이상 무책임한 개인으로 머물러 있을 수 없게 되었다. 그의 존재가 이미 수많은 사람들의 운명과 연결되어 있기 때문이다. 그는 자기 행위가 이웃에게 미칠 수 있는 파급효과를 신중하게 생각해 봄으로써 자기가 짊어져야 할 책임과 의무를 깨달아야 한다. 그리고 이것은 무엇보다 윤리 교육의 과제이기도 하다.

3. 4차 산업혁명과 인공지능 윤리의 필요성

최근 대중적으로 널리 언급되는 과학기술 발전의 상징적인 용어는 '4차 산업혁명'일 것이다. '4차 산업혁명'이란 2016년 2월에 열린 '다보스 포럼Davos Forum'에서 처음 등장한 후 유행하게 된 개념으로서, 이전의 정보통신기술ICT, Information and Communication Technologies을 중심으로 한 산업의 출현을 '3차 산업혁명'이라고 부른 것에 대비되는 표현이다.

1차 산업혁명이 에너지원으로 증기기관을 사용하면서 생산성이 향상되어 농경사회를 산업사회와 도시사회로 바꾸었다면, 2차 산업혁명은 전기 에너지를 사용함으로써 대량 생산 체제를 가능하게 하였고, 3차 산업혁명은 컴퓨터, 인터넷 및 정보통신기술, 즉 디지털 기술을 통해 비약적인 생산성 향상을 가져왔다. 그리고 4차 산업혁명은 초연결성, 초지능성에 의한 생산성 향상으로 사물뿐만 아니라 인간의 신체에도 센서가 내장되는 새로운 방식의 디지털 혁명 위에 구축된 것으로서, 그 핵심은 인공지능, 로봇공학, 사물인터넷, 무인운송수단(무인항공기, 무인자동차), 3차원 인쇄, 나노 기술과 같은 6대 분야에서의 새로운 기술 혁신이다.[10]

하지만 4차 산업혁명에는 1차부터 3차 산업혁명까지의 어떤 혁명과도 다르고, 4차 산업혁명의 어떤 다른 기술과도 차별화되는 특별한 한 가지가 있는데, 그것은 바로 '인공지능'이다. 이제까지 인간만의 고유한 능력이라고 믿어 왔던 '지능'이 산업화되는 초유의 현상이 일어나고 있는 것이다. 위의 다보스 포럼에서 나온 자료에 의하면, 4차 산업혁명의 핵심은 스마트 팩토리smart factory이다. 여기서 '스마트'란 '상호 자율적으로 연결된 기계시스템에 기반한 공정과정'이라는 뜻이다. 과거 1, 2, 3차 산업혁명 같은 경우, 기계들은 언제나 인간의 주도적인 명령에 의해 인간을 위한 보조적인 도구의 역할만을 해 왔다. 따라서 기계가 스스로 알아서 하는 '스마트'한 기능은 갖지 못했다. 그에 반해 4차가 되면서 스마트해졌다는 의미는 처음에 기계들에게 일정한 정도의 정보들을 주고 나면, 기계들 나름의 내적인, 혹은 독자적인 방식으로 어떤 결과를 산출해 낼 수 있다는 것이다.

10 《위키백과》 참조.

여기서 문제는 우리가 원하는 결과뿐만 아니라 원하지 않는 결과까지도 산출할 수 있다는 데 있다. '터미네이터' 등의 공상과학 영화가 등장하게 된 이유이기도 하다. 1, 2, 3차 산업혁명에서 우리가 기계들에 기대했던 것은 기계들이 우리가 원하는 일을 잘 해내는 것이었다. 그러나 '4차 산업혁명이 혁명적이다'라고 이야기될 수 있는 이유는 이 기계들에 몇 가지 기본적인 입력을 해 주고 나면 자기들끼리 자율적으로 연결되기도 하고 떨어지기도 하면서 우리가 사전에 예측할 수 없는 방식으로 일이 진행될 수 있기 때문이다. 이처럼 기존 개념의 틀을 벗어나는 문제가 등장할 수 있다는 점에서 사전 대비의 필요성이 제기되는 것이며, 이러한 문제들을 우리 사회가 어떻게 풀어 가야 할지에 대한 진지한 고민이 요청되는 것이다.[11]

인공지능 윤리에 대한 논의가 등장하게 된 것도 이런 맥락에서이다. 과학 윤리가 인간들이 모여 사는 사회에서 과학과 관련한 인간 행동의 옳고 그름을 평가하는 것처럼, 인공지능 윤리도 인공지능과 관련한 인간 행동의 옳고 그름을 평가한다. 따라서 여기에는 인공지능을 만드는 사람의 행동뿐만 아니라 이를 이용하고 배치하고 활용하는 사람들의 행동도 포함된다. 그런데 인공지능 윤리에는 추가적인 과제가 있다. 그것은 자율주행자동차를 포함하여 의사결정에 사용되는 모든 인공지능의 행동 또한 윤리적으로 이루어지도록 해야 한다는 것이다. 이는 크나큰 도전이 아닐 수 없다. 인공지능이 인간의 지능에 도달하는 '특이점'의 시대가 오고, '특이점'을 넘어 인

11 백종현 외, 특별좌담 "제4차 산업혁명과 포스트휴먼 사회," 『철학과 현실』 112호(2017 봄) 참조.

간의 지능을 능가하는 '슈퍼 인공지능'이 등장하는 시대가 되면 인공지능의 윤리는 어떠해야 할까? 또한 자율적 인공지능의 법적 인격까지 논의되는 상황에서 인공지능에 의해 만들어진 생산물에 대한 권리와 책임은 누구에게 있는 것일까? 이런 문제들은 인공지능과 공존해야 하는 시대를 앞둔 우리에게 중대한 도전으로 다가오고 있다.[12]

12 박충식, "생명과 몸과 마음의 존재로서의 인공지능," 한국포스트휴먼학회, 『제4차 산업혁명과 새로운 사회윤리』, 아카넷, 2017, 154-156쪽 참조.

생각해 볼 문제

1. 다음 글은 '개인정보는 어디까지 보호받아야 하는가?'라는 문제를 제기한다. 뛰어난 정보 보안성을 지닌 모바일 메신저가 범죄의 온상이 되고 있기 때문이다. 이 문제의 해법을 놓고 토론해 보자.

> 텔레그램은 Telegram Messenger LLP사(이하 텔레그램사)가 두바이에서 2013년 8월 23일에 서비스를 시작한 모바일 메신저이며 월간 평균 활성 사용자가 7억 명에 이를 정도로 큰 규모를 자랑한다. 텔레그램이 이렇게 크게 성장할 수 있었던 가장 큰 이유는 뛰어난 보안으로 인한 개인정보 보호다. 텔레그램사에 따르면, 텔레그램은 개인의 사생활과 개인정보를 중요시하고 있어 사용자의 정보가 유출되거나 제공된 적이 없다. 이렇게 텔레그램이 높은 보안 수준을 유지할 수 있는 이유는 데이터의 전달 방법이 다른 채팅 서비스와는 다르기 때문이다. 서비스 회사 서버에 메시지를 잠시 저장한 후 기기에 기록을 보내주는 우리나라 메신저와 달리 텔레그램은 기기 간의 대화를 회사 서버를 거치지 않고 전달해 당사자가 아니면 그 내용을 볼 수 없다.
>
> (- 중략 -)
>
> 하지만 이렇게 높은 보안성은 범죄자 특정을 어렵게 해 범죄에 악용되기도 한다. 우선 텔레그램은 각종 미디어 성범죄의 본거지로 지목된다. 수많은 피해자가 발생한 '박사방'이나 'n번방'과 같은 미디어 성범죄 사건은 대부분 텔레그램을 통해 이루어졌다.

(- 중략 -)

우리나라는 n번방 성 착취 사건 이후 제정된 'n번방 방지법'을 통해 온라인 상에서 발생하는 성범죄를 겨냥한 법안을 시행하고 있다. n번방 방지법은 성 착취물 등의 온라인 유포를 막기 위해 플랫폼에 감시 의무를 둔 법이다. 하지만 네이버나 카카오와 같은 국내 기업의 서비스만을 규제 대상으로 삼고 정작 n번방 사건이 일어난 플랫폼인 텔레그램에 대한 규제책은 마련돼 있지 않다.

수사당국의 텔레그램 범죄 수사에 한계가 있는 이유는 서버가 해외에 있어 협조를 강제하기 어렵고 회사가 정보 요청을 거절하기 때문이다. 경찰청 자료에 따르면 지난해 수사 당국은 텔레그램사에 대한 1만 회가 넘는 수사 요청 이메일을 보냈지만 답이 오는 경우는 1%도 채 안 됐다. 텔레그램사는 고객센터 Q&A에서 대테러와 관련된 사안이 아니면 어떤 국가에도 정보를 제공하지 않으며 당사도 사용자들의 대화를 볼 수 없다는 입장을 밝힌 바 있다.

이는 우리나라에서만의 문제가 아니다. 다른 나라 역시 텔레그램에 대한 법적인 제재가 마땅치 않고, 대부분 서비스 종료를 해결책으로 내놓는다. 실제로 지난해 브라질 대법원은 텔레그램이 가짜 뉴스를 막지 않는다는 이유로 텔레그램사가 대법원의 요구를 이행하기 전까지 브라질 내에서의 접속을 차단했다. 중국, 이란 역시 텔레그램의 사용을 막기 위해서 자국의 IP로는 텔레그램에 접속하지 못하게 차단하고 있다. 하지만 차단 국가에서 이용자들은 VPN을 사용해 타 국가 IP로 텔레그램을 이용할 수 있기 때문에 차단이 범죄 예방에 실효성이 있을지는 미지수다.[13]

13 강현, "개인정보 보안과 범죄 그 사이의 텔레그램," 「성대신문(http://www.skkuw.com)」, 2023. 5. 15.)

2. 다음 글이 '컴퓨터 중독' 예방을 위해 우리에게 주는 메시지는 무엇인가?

애플 창업자인 스티브 잡스의 자녀들은 '컴퓨터 중독'이었을까. "아니다"가 정답이다. 미 일간 뉴욕타임스NYT는 2014년 9월 11일 잡스가 자녀들의 컴퓨터 사용을 집에서 엄격하게 제한했다고 보도했다. 이어 기술기업 최고경영자CEO 중에는 컴퓨터, 스마트폰의 폐해를 스스로 일찍 체험하고 자녀에게는 '접근 금지'를 시키는 경우가 적지 않다고 전했다.

NYT에 따르면, 잡스는 애플의 아이패드가 처음 출시됐던 지난 2010년 말 한 기자로부터 "아이들이 아이패드를 좋아하느냐"는 질문을 받자 "아이들은 써 본 일이 없다"고 잘라 말했다. 잡스는 이어 "집에서는 아이들의 (첨단) 기술 사용을 어느 정도는 제한한다"고 덧붙였다.

잡스의 공식 전기를 집필했던 월터 아이작슨도 "스티브는 저녁이면 부엌에 있는 길고 커다란 식탁에 앉아 아이들과 책, 역사, 그 외에 여러 가지 화제를 놓고 얘기했다"면서 "아무도 아이패드나 컴퓨터 얘기를 꺼내지 않았다. 아이들은 모든 기기에 중독된 것 같지 않아 보였다"고 말했다.

NYT는 기술기업이나 벤처기업가들 중에는 자녀들로 하여금 학교 수업이 있는 평일에는 어떠한 기기도 사용하지 못하게 하고, 주말에만 일정 시간 범위 내에서 허용하는 경우가 많다고 소개했다.

무인비행기 제조사인 '3D 로보틱스'의 크리스 앤더슨 대표는 시간 제한을 설정했으며, 집에서 사용하는 모든 기기의 사용을 '감시'한다. 그는 "아이들은 나를 파시스트라며 걱정이 지나치다고 하지만, 그것은 우리가 테크놀로지의 위험을 먼저 알고 있기 때문"이라며 "아이들에게 똑같은 일이 일어나는 것을 원치 않는다"고 말했다. 그가 말하는 '위험'이란 인터넷을 통해 유해 콘텐츠에 노출되거나, '사이버 왕따'를 당하는 것, 또는 부모 세대처럼 컴퓨터에 중독되는 것이다.

통신·마케팅 기업인 '아웃캐스트 에이전시'의 알렉스 콘스탄티노플 대표도 다섯 살짜리 자녀에게는 아예 아무런 기기도 허용하지 않고, 10세와 13세 아이들에게만 평일 하루 30분간 사용을 허락하는 정도라고 NYT는 전했다.[14]

3. 아래 첫째로 제시된 '윤리 헌장'은 2007년 우리 사회의 각계 인사 12명으로 구성된 로봇윤리협의체가 발표한 '로봇 윤리 헌장' 초안이며, 둘째로 제시된 '윤리 헌장'은 2018년 과학기술정보통신부가 발표한 '지능정보사회 윤리 헌장'이다. 이것을 읽고 장차 인공지능이 일상화될 시대의 윤리적 문제에 관해 토론해 보자.

산업자원부 '로봇 윤리 헌장' 초안

1장(목표): 로봇 윤리 헌장의 목표는 인간과 로봇의 공존 공영을 위해 인간 중심의 윤리 규범을 확립하는 데 있다.

14 김화영, "잡스도 자녀에겐 '컴퓨터 안 돼' … 美기업주들 집에선 금지령," 「연합뉴스」, 2014. 9. 12.

2장(인간, 로봇의 공동 원칙): 인간과 로봇은 상호간 생명의 존엄성과 정보, 공학적 윤리를 지켜야 한다.

3장(인간 윤리): 인간은 로봇을 제조하고 사용할 때 항상 선한 방법으로 판단하고 결정해야 한다.

4장(로봇 윤리): 로봇은 인간의 명령에 순종하는 친구·도우미·동반자로서 인간을 다치게 해서는 안 된다.

5장(제조자 윤리): 로봇 제조자는 인간의 존엄성을 지키는 로봇을 제조하고 로봇 재활용, 정보 보호 의무를 진다.

6장(사용자 윤리): 로봇 사용자는 로봇을 인간의 친구로 존중해야 하며, 불법 개조나 로봇 남용은 금한다.

7장(실행의 약속): 정부와 지자체는 헌장의 정신을 구현하기 위해 유효한 조치를 시행해야 한다.

[…]

지능정보사회 윤리 헌장

인간의 창의와 혁신을 기반으로 하는 4차 산업혁명과 그에 따른 지능정보사회는 우리 모두에게 불가피한 삶의 환경으로 자리 잡아 가고 있다. 인공지능, 로봇 등의 지능정보기술은 사회 모든 분야에서의 융·복합 과정을 통해 경제적 도약과 사회문제 해결에 새로운 기회를 제공하고 있으나, 의도하지 않은 부작용에 대한 우려도 나타나고 있다. 이에 우리는 지속가능한 공생의 가치를 구현하고, 안전하고 신뢰할 수 있는 지능정보 사회로 나아가고자 다음과 같이 결의를 다진다.

1. 지능정보사회는 인간의 존엄과 안전을 지키고 인류의 보편적 가치를 실현하는 방향으로 발전해야 한다.
2. 지능정보 사회에서 이루어지는 성과와 혜택은 소수에게 편중되기보다는 모두에게 공유되어야 한다.
3. 지능정보사회에서 기술, 제품 및 서비스를 개발·공급하는 경우, 오동작과 위험상황에 대한 제어기능을 제공해야 하고 그 사회적 책임을 다해야 한다.
4. 지능정보기술을 활용하여 이루어지는 자동화된 결정과 처리과정은 필요 시 설명 가능해야 하고, 사회적 편견과 차별 및 숨겨진 기능이 없어야 한다.
5. 지능정보사회의 가치를 논의하고 문제를 해결하기 위하여 우리는 공론의 장에 참여하여 열린 마음으로 협의하는 문화를 조성해야 한다.
6. 지능정보사회의 지속가능한 발전을 위하여 우리는 사회변화에 따른 디지털 시민성을 갖추고 역량을 강화하도록 노력해야 한다.

2018년 6월 과학기술정보통신부

13장

정보윤리(2):

비대면 시대의 인공지능과 SNS 윤리

2015년에 개봉한 영화 "엑스 마키나"는 인공지능 로봇이 인간처럼 의식을 갖게 되면 어떤 일이 벌어질지를 섬뜩하게 보여 준다. 유능한 프로그래머 '칼렙'은 치열한 경쟁 끝에 인공지능 분야의 천재 개발자인 사장의 새로운 프로젝트에 참여하게 된다. 사장의 비밀 연구소로 초대받은 칼렙은 거기서 사장이 창조한 매혹적인 AI '에바'를 만나게 된다. 그리고 그녀의 인격과 감정이 진짜인지 아니면 프로그래밍된 것인지를 밝히는 테스트를 진행하면서 점점 에바도, 사장도, 그리고 자신의 존재도 믿을 수 없게 되는 혼란에 빠지고 만다. 한편, 사장이 자기가 만든 AI들을 성적으로 착취하는 장면을 보면서 반감을 가지게 된 칼렙은 사장 몰래 에바와 동반 탈출하기로 약속한다. 그러나 이미 칼렙과 사장의 머리 꼭대기에 앉아 있는 에바는 칼렙을 연구소에 가두고 사장을 살해한 다음 혼자서 유유히 그곳을 탈출한다. 비록 인간의 필요에 의해 창조된 로봇일지라도 그들이 의식을 가지게 될 경우에는 결코 도구적 차원에 머물지 않으리라는 것을 영화는 경고한다. 그렇다면 결코 우리 뜻을 거스르지 않는 완전 맞춤형 파트너로서의 AI가 출현한다면, 우리는 참된 만족을 얻을 수 있을까?

코로나19로 인한 위기 국면이 아직도[2022년 현재] 꼬리를 끌고 있다. 일부 국가에서는 여전히 환자가 적지 않게 발생하고 있고, 특히 백신 공급이 원활치 않은 저개발국가에서는 팬데믹의 위기가 계속

되고 있다.

이번 코로나19로 인한 위기는 인류 역사상 초유의 것이다. 과거 천연두, 흑사병(페스트), 스페인 독감 등의 전염병으로 수억 명의 사람이 사망한 전례가 있기는 하지만, 이렇게 한순간에 전 세계가 동일한 전염병의 확산으로 두려움에 떨어야 했던 적은 없었던 것 같다.

코로나19 이후 세계가 어떻게 바뀔지 불확실한 가운데 그런대로 예측이 가능한 몇 가지가 있다. 첫째는 지금의 팬데믹 상황이 쉽게 잦아들지 않으리라는 것이다. 코로나19 바이러스가 끊임없이 변이를 일으키는 점과 완치 후의 항체 지속성이 분명치 않은 점도 전망을 어둡게 하는 이유 중 하나이다. 코로나19에는 아직까지 뚜렷한 치료약도 없다. 에볼라 치료제로 개발된 '렘데시비르'도 중증 환자의 치료 기간을 얼마간 줄여 주는 것이 고작이다.

둘째는 코로나19로 인한 위기가 잦아든다고 해도 팬데믹 이전 상황으로 완전히 돌아가기는 어렵다는 것이다. 바이러스의 변이로 인해 코로나19의 완전 종식이 쉽지 않고, 이로써 비슷한 감염병이 계속 출몰하여 일종의 풍토병처럼 자리 잡을 가능성이 있다. 이럴 경우 우리는 계속 '사회적 거리 두기'를 해 가면서 변화된 삶의 조건에 적응하며 살아야 할 것이다. 또 그러한 과정에서 정치 및 경제 제도가 변화되고 사람들의 사고방식과 행동 양식까지 변화될 수 있다. 어쩌면 이러한 변화는 일시적인 것이 아니라 구조적인 것으로 굳어져 새로운 시대의 새로운 삶의 양식과 새로운 인간형을 낳게 될지도 모른다.

셋째는 이러한 적응 과정에서 이른바 '코로나 뉴노멀New normal' 시대가 전개되리라는 것이다. 뉴노멀이란 이전까지는 비정상으로 간주되던 것이 이제 정상으로 여겨지는 현상을 가리키는 용어이다. 이미 우리의 학교, 직장, 그리고 일상적 삶의 현장에는 사람 간의 대면 접촉contact을 최소화하는 비대면untact 문화가 널리 확산되었고, 이러한 추세는 대세로 자리 잡아 가고 있다. 물론 코로나19가 발생하기 이전에도 4차 산업혁명의 충격으로 세계 각국에서는 산업구조 개편, 자동화에 따른 대량 실업 발생, 재택근무 중심의 노동환경 변화 등 대대적인 경제적 변화가 예견되기는 했다. 그러나 코로나19가 4차 산업혁명과 더불어 사회의 디지털 전환digital transformation 흐름이 본격화하고 있는 시점에서 발생했고, 이는 결국 컴퓨터, 인터넷, 스마트폰을 활용하는 디지털 사회로의 급속한 변환을 촉진하게 된 것이다.

이러한 변화의 물결은 어떤 결과를 낳게 될까? 이러한 도전에서 살아남기 위해, 더 나아가 바람직한 변화를 주도하기 위해 우리에게 요구되는 자세는 어떤 것일까? 아래에서 코로나 위기 이후 변화된 삶의 여건과 더불어 발생하는 윤리적 딜레마들을 우리가 어떻게 다루어야 할지에 관해 성찰해 보자.

1. 코로나 시대의 변화된 삶의 모습

사회적 거리두기

마스크를 쓰고 집을 나선다. 실외에서는 슬며시 마스크를 내렸다가 실내에 들어서면 다시 마스크를 올린다. 숨이 답답해서라지만 계속 남을 의식하며 거리 두기를 유지하는 일이 조금은 신경이 쓰인다.

버스에 오르다가 운전기사의 지적을 받고 흠칫 놀라 목에 걸었던 마스크를 다시 쓴다. 승객들은 모두 마스크를 하고 있다. 재채기라도 하는 경우에는 모두의 눈총을 받는다. 기침을 거듭하는 노인 주변의 승객은 아예 자리를 옮긴다. 타인은 이제 잠재적 보균자이자 가해자로 인식되는 분위기다.

서구 여러 나라에서는 팬데믹 초기나 지금이나 사람들이 마스크를 잘 쓰지 않는다. 전염병의 위기가 분명한데도 마스크를 하지 않을 자유, 사회적 거리 두기를 지키지 않을 자유와 같이 타인의 안전을 위협할 자유도 과연 자유일 수 있을까? 코로나19 발생 초기 국면에서 유럽 여러 나라는 우리나라의 방역을 보고 '왜 저렇게 개인의 자유를 침해하면서까지 과도하게 통제하는가'라며 비판했지만, 1차 대유행과 더불어 사람들의 활동이 전면적으로 통제lockdown된 상황에서는 오히려 우리나라가 제일 자유로운 나라가 된 셈 아닌가?

비대면 문화

많은 학교(특히 일부 대학교)에서는 아직도 비대면으로 강의를 진행한다. 화면상으로만 만나서 진행되는 강의가 처음엔 어색하게 느껴지기도 했지만, 점차 그 장점을 알게 되면서 더 좋은 효과를 거둘 수 있겠다는 전망도 하게 된다. 예컨대 집이 부산인 학생은 엄청난 시간과 비용이 소요되는 서울 유학이나 통학을 하는 대신 편안하게 집에서 강의에 참석할 수 있다. 또 퇴근 후 허겁지겁 (야간) 강의 시간에 맞춰 달려오느라 저녁까지 걸러야 했던 직장인 학생들도 간단한 식사를 해 가면서 수업에 참여할 수 있다. 필요하면 잠깐 영상과 마이크를 끄고 소리만 들으면 되기 때문이다. 물론 화장실에 다녀오는 것도 훨씬 자유롭다.

장점은 이뿐만이 아니다. 화상으로 모두의 얼굴이 동시에 나오기 때문에 각자는 발언자의 눈빛과 표정까지 읽을 수 있다. 선생이 '공유화면'으로 좋은 자료(PDF 또는 PPT 등)를 띄워 주고 학생들이 골고루 발언할 수 있도록 기회를 부여하면 아주 활기찬 수업 분위기를 연출할 수 있다. 대면수업을 할 때와는 달리 고개를 숙이고 딴짓을 하거나 한눈을 파는 학생의 숫자도 줄어든다. 옆에 잡담할 친구가 없을 뿐만 아니라, 자신의 수업 태도가 화면으로 모든 사람에게 노출되기 때문이다.

물론 장점만 있는 건 아니다. 강의 전후 또는 휴식시간에 선생이나 동료들과 개인적으로 깊이 있는 대화를 나눈다거나, 강의 후 즉 홍적으로 마련되는 티타임 등은 기대할 수 없다. 말하자면 자연스러운 친교의 기회가 적어진 것이다. 이런 사정은 재택근무가 늘어난 회사도 마찬가지다. 그렇지 않아도 일과 후 회식이나 술자리를 통해 팀워크를 다지는 분위기가 잦아드는 추세였는데, 팬데믹은 여기에 치명타를 가한 셈이다. 이러한 상황이 장기간 지속될 경우, 위에 언급한 사정들은 이제 일상이 되고 사람들은 주어진 조건에서 최선의 대응책을 찾아 적응하는 삶이 전개될 것이다.

그런데 온라인을 통한 비대면 교류만으로 형성되는 인간관계에 어떤 문제는 없을까? 예컨대 온라인을 통해서만 형성된 교우관계와 학교 학급활동을 통해 자연스레 형성되는 교우관계가 같을 수는 없지 않겠는가? 말하자면 전자에는 일반적인 인간관계에 필수적인 어떤 요소가 결여된 듯한데, 그것은 무엇이며 왜 문제가 될까?

2. 비대면 시대의 인간관계와 '챗봇'의 문제

언택트 시대의 도래

화상회의 프로그램을 통해 온라인 강의와 재택근무를 하게 되면서 우리는 새로운 시대가 오고 있음을 절감한다. 그것은 바로 비대면 또는 언택트 시대의 도래이다. 이제 사람들은 서로 만나지 않은 채 가상의 공간, 온라인과 디지털 플랫폼을 통해 모든 것을 해결할 수 있다. 이는 디지털 공간이 인간 삶의 영역에 본격적으로 들어오는 공간적 전환이 일어나고 있음을 의미한다. 코로나19 위기와 더불어 이러한 디지털 전환은 점점 가속화할 전망이다. 우리에게 디지털 문명은 이제 선택이 아닌 필수로서, 우리가 거기에 익숙해져야만 앞으로의 발전과 생존도 기대할 수 있을 듯하다.

'포노 사피엔스Phono Sapiens'란 스마트폰을 신체의 일부처럼 사용하는 새로운 인류를 가리키는 표현이다. 그들은 다름 아닌 상시 스마트폰을 들고 생활하는 오늘날의 우리들 자신이다. 이번 코로나19 위기 국면에서 한국이 방역에 성공할 수 있었던 것도 스마트폰 덕택이다. 질병관리본부가 확진자의 동선을 파악하고 접촉자들을 알아낼 수 있었던 것도 거의 전 국민이 스마트폰을 사용하는 포노 사피엔스였기 때문이다.

인터넷과 스마트폰을 통한 인간 삶의 디지털화는 인간관계를 파괴할 것이라 걱정했지만, 오히려 그 덕분에 우리는 코로나19가 개인 간 대면접촉을 차단하고 사람들 간의 교류를 단절시키는 비상상황에서도 경제와 사회활동을 지속할 수 있었다. 코로나19 위기 때문에 현실 공간은 곳곳이 막히고 폐쇄되었지만, 이와 반대로 디지털 공간은 더 넓고 더 긴밀하게 연결되었다.

언택트 시대의 변칙적 인간관계

여기서 자연스레 떠오르는 의문 한 가지가 있다. 비대면의 디지털 문명 속에서 살다 보면 혹 우리의 인간성이 피폐해지지는 않을까? 무릇 인간의 덕성이란 많은 사람과 부대끼는 인간관계를 통해 형성되는 것임을 생각할 때, 인간과 인간의 직접적 만남의 과정이 생략된 채 감각적·즉흥적으로 이루어지는 온라인 공간에서 인간성의 함양을 기대하기는 어렵지 않겠는가? 물론 이러한 의문에 대해서는 반론도 없지 않다. 온라인 공간에서는 많은 사람이 영역과 경계를 넘어 만날 수 있으며, 이를 통해 새로운 인간관계가 형성될 수 있다는 것이다. 즉 비대면으로 만나더라도 끈끈한 우정이 형성될 수 있다는 것이다. 그렇다면 온라인으로 형성된 끈끈한 관계에 혹 어떤 허점은 없을까?

요즘 많은 사람들이 수시로 접속하는 유튜브YouTube에서 우리는 중요한 특징 한 가지를 발견할 수 있다. 그것은 접속하는 순간 화면에 뜨는 영상 목록이 이미 나의 취향을 반영한 것이라는 점이다. 물론 처음부터 나의 취향에 맞는 영상들이 제시되는 것은 아니다. 제시된 영상 중에서 내가 어떤 것을 선택하는 순간 '유튜브 알고리즘'이 작동하면서 나의 취향을 맞춰나가는 것이다. 짐작건대 유튜브 운영 체계 속의 막강한 AI가 접속 고객들의 정보, 즉 빅데이터big data를 실시간으로 처리해 가며 각 고객의 취향을 저격하는 것이다. 이는 이미 대기업의 온라인 상품 판매 메커니즘에서도 찾아볼 수 있는 방식으로서 그리 놀랄 만한 일은 아니다. 문제는 코로나19 위기로 실제 공간에서의 대면 접촉이 급속히 위축되고 온라인 공간에서의 비대면 접촉이 급증하는 추세가 가져올 결과이다. 근래 인터넷과 SNS를 통하여 온라인상의 상호작용만 하거나, 온라인 게임에 몰두하여 사회적으로 고립되는 개인들이 늘고 있다. 또한 젊은 세대로 갈수록 취업난과 자녀 양육 부담 때문에 결혼하지 않고 독신 생활을 하는 사람도 늘어나는 추세이다. 이른바 '혼밥', '혼술'이 어색하지 않게 된 세상에서, 복잡한 인간관계에서 오는 스트레스를 피하면서도 정서적 공허감을 메울 수 있는 길이 열린다면 많은 이들이 그러한 기회를 환영할 것이다.

'챗봇'의 문제: 영화 〈그녀Her〉의 경우

2019년에 재개봉한 스파이크 존즈 감독의 영화 〈그녀〉는 이러한 흐름이 다다를 수 있는 극단의 모습을 보여 준다. 영화 〈그녀〉의 인공지능 운영체제(이른바 '챗봇')[01]인 '사만다'는 유튜브 알고리즘처럼 주인공 '테오도르'의 취향에 맞춰 진화해 가는 가상의 디지털 인격체Character이다. 사만다는 테오도르의 모든 메일을 순식간에 읽고 그의 모든 것을 파악한다. 단숨에 그의 성격, 그의 직업, 현재 상황 등을 분석해서 테오도르에게 최적화된 대화상대로 진화한다. 그리고 계속 발전을 거듭해가며 더욱 그에게 최적화된다. 대인 관계의 어려움 때문에, 특히 아내와의 관계가 원만치 못하여 이혼을 맞게 된 테오도르는, 자신에 대해 굳이 설명하지 않아도 있는 그대로의 자신을 인정해 주고, 타인에게 맞추려 노력하지 않아도 늘 좋은 대화 상

01 챗봇(chatbot): 음성이나 문자를 통한 인간과의 대화를 통해서 특정한 작업을 수행하도록 제작된 컴퓨터 프로그램(『위키백과』 참조).

대가 되어 주는 사만다에게 점점 빠지게 된다. 테오도르에게 사만다는 진정한 친구가 아닐 수 없다. 자연히 사만다와 함께 있을 때 테오도르는 가장 편해 보인다.

이 영화는 참으로 고독해진 인간들의 모습을 보여 준다. 사람들이 자신의 감정을 제대로 전달하지 못하여 대필 편지 회사가 성행하고, 감정을 잘 표현할 수 없어 이혼이 늘어나고, 함께 살더라도 서로에 대한 이해의 벽을 극복하지 못한다. 사람들은 이러한 소외를 이해와 공감 능력을 함양하거나 의사소통 기술을 익힘으로써 극복하려 하지 않고 아주 간단한 방법으로 해결한다. 바로 자신을 소외시키고 있는 것들을 소외시키는 방식, 즉 사람이 아닌 것과 친구가 되고 연인이 되는 것이다. 고독한 자신만을 위해 존재하는 존재, 자신의 감정에 완벽히 공감해 주고 소통해 주는 존재, 설명하지 않아도 자신을 인정해 줄 뿐만 아니라 발전적인 방향으로 이끌어 주기도 하는 존재, 그리고 자기 자신처럼 나날이 변하고 발전하기도 하는 존재인 운영체제에 사람들은 매료된다. 말 그대로 사람처럼 생각할 줄 알고 감정도 지닌 운영체제와 사랑에 빠지고, 서로 연인이 되기도 한다.

이것을 진정한 사랑, 진정한 연인이라 할 수 있을까? 테오도르는 결국 사만다를 사랑한 것이 아니라 자기 자신을 사랑한 것은 아닐까? 유튜브 알고리즘 내에서 소통하는 것은 나와 나 자신의 취향이다. 유튜브를 즐겨 찾는 사람들 사이에서 갈수록 '확증 편향Confirmation bias'02이 심해진다는 사실 역시 이러한 가능성을 보여 준다. 마찬가지로 영화 〈그녀〉에서 테오도르가 대화하고 있는 상대는 테오도르 자신이라고 볼 수 있다. 하지만 참된 사랑은 자신만의 완벽한 세상에 상대방을 초대하는 것이 아니라 서로의 세상을 알아 가며 알고리즘을 맞춰 가는 과정이 아닐까?

타자 윤리의 교훈

'타자 윤리'를 주창한 레비나스에 따르면, 타자로서의 타인은 자아의 자기중심적 표상의 논리 안으로 포섭될 수 없는 사실적 존재이다. 타자가 결코 나에게로 환원될 수 없는 이유는 그가 '절대적인 다름', '절대적인 타자성'을 지니고 있기 때문이다. 이처럼 타자는 나의 입장에서 해석하고 동일화하고 흡수할 수 있는 존재가 아니라, 나의 입장으로부터 완전히 독립되고 분리된 존재이다. 말하자면 내가 마음대로 할 수 없는 존재이다. 레비나스는 이러한 타자와의 직접적 만남, 즉 그의 '시선'과 '얼굴'을 직면하지 않는 한 윤리란 존재하지 않는다고 말한다.

> 동일자[나]의 자기중심적 자발성 안에서는 행해질 수 없는 동일자[나]에 대한 문제 제기가 타자에 의해서 행해진다. 우리는 타인의 현전이 나의 자발성을 문제 삼는 것을 윤리라고 한다. 타인의 낯섦 —타인을

02 원래 가지고 있는 생각이나 신념을 확인하려는 경향성. 흔한 말로 "사람은 자기가 보고 싶은 것만 본다"와 같은 것이 바로 확증 편향이다. 사람들은 자신이 원하는 결과를 간절히 바랄 때, 또는 어떤 사건을 접하고 감정이 앞설 때, 그리고 저마다의 뿌리 깊은 신념을 지키고자 할 때 확증 편향을 보인다. 확증 편향은 원하는 정보만 선택적으로 모으거나, 어떤 것을 설명하거나 주장할 때 편향된 방법을 동원한다(『위키백과』 참조).

나로, 내 사유와 내 소유로 환원할 수 없다는 것— 은 바로 나의 자발성을 문제 삼는 것으로서, 윤리로서 성취된다.[03]

레비나스의 메시지는, 나의 자기중심성을 문제 삼고 그것을 허무는 타자의 존재 없이 윤리란 없다는 것, 그리고 윤리란 우리로 하여금 자기중심적 세계를 벗어나 '타자로서의 타인'과 참된 관계를 형성할 것을 요구한다는 것이다. 여기서 우리는 타자와의 직접적 만남이 결여된 순전한 디지털 인간관계의 한계를 엿볼 수 있다. 거기에는 윤리가 결여되어 있는 것이다.

디지털 전환을 통한 AI 시대의 시작은 사회적 관계의 시공간적 제약을 극복한다는 점에서 인간관계의 범위를 확대한다고 볼 수도 있지만, 반대로 인간관계를 파편화시킬 가능성도 내포한다. AI 기술이 개인의 요구나 선호를 고려한 완벽한 맞춤형이 될수록 실생활에서 타인과 교류해야 할 필요성은 점점 줄어든다. 영화 〈그녀〉의 예에서 볼 수 있듯이, 앞으로는 가상공간 속에 머물거나 인공지능과의 상호작용에만 몰입하여 더 이상 사회적 관계의 대상으로서 타인을 필요로 하지 않는 사람들이 등장할지도 모른다. 초연결사회가 역설적으로 초단절사회가 될 가능성이 있는 것이다.[04]

03 에마누엘 레비나스, 『전체성과 무한』, 김도형 외 역, 그린비, 2018, 43쪽.
04 신상규, 「인공지능, 새로운 타자의 출현인가?」, 『철학과 현실』 112호(2017 봄), 173쪽.

3. 인공지능과 SNS 윤리의 과제

괴물이 된 미디어

코로나19는 기존 미디어와 SNS가 지니고 있던 문제점을 더욱 악화시켰다. 이는 무엇보다도 사람들이 '허위합의편향false consensus bias'에 빠지는 현상을 통해 분명해졌다. '허위합의편향'이란 자신의 의견이나 선호, 신념, 행동이 실제보다 더 보편적이라고 착각하는 자기중심적 해석으로 인한 편향성을 가리킨다. 한마디로 내가 믿는 것을 다른 사람들 역시 믿을 것이라고 생각하는 심리적 기제이다. 많은 경우 SNS는 허위합의편향을 부추긴다. 페이스북이나 유튜브에 뜨는 게시물 중 사람들이 정말로 관심을 보이는 것은 소수에 불과한데도 디지털 플랫폼의 최적화된 알고리즘은 내게 맞춤화된 정보만을 선별적으로 제공해 준다. 이렇게 개인 맞춤형으로 노출되는 게시물들을 보며 나는 내 생각, 선호, 믿음이 다른 사람들과 같을 것이라는 느낌을 강화하게 된다. 결국 나와 내 주위 사람들이 믿는 것이 곧 진실이 된다. 오늘날 우리는 대중들이 언론과 SNS가 던지는 메시지에 얼마나 취약한지, 여론이 얼마나 쉽게 가짜 뉴스에 의해 휘둘릴 수 있는지 익히 경험하고 있다.

이와 같이 오늘날 사람들은 큐레이션curation(빅데이터 분석을 통해 개인 맞춤형 정보를 제공하는 것)으로 노출되는 사실들을 소비하고, 고도로 개인화된 인식을 강화해 간다. SNS는 주관적 진실을 양산해 내고 사람들을 동질화된 작은 집단으로 묶는다. 이리하여 객관적 진실과 현실은 주관적 인식의 문제가 되고, 고도의 개인 맞춤형 정보는 왜곡된 인식을 강화하며, 사람들은 동질적인 하위 집단을 이루고 주관화된 정보들을 소비하고 공유한다. 이것이 현시대 일그러진 미디어 문화의 모습이다. 그래서 코로나 이후 미디어의 미래는 결코 밝지 않다.[05]

인공지능(AI) 윤리의 과제

사회 각 분야에 인공지능이 도입되고 활성화됨에 따라, 인공지능과 관련한 다양한 사회적·윤리적 문제가 부각되고 있다. 그중 주요한 것으로는 세 가지를 들 수 있다.[06] 첫째, 공정성 문제이다. 인공지능이 내린 판단이나 결정이 사회의 일반적 가치 기준에서 벗어나는 편향이나 차별을 초래할 수 있다는 것이다. 최근 인공지능 알고리즘에 의한 의사결정이 인종, 젠더, 나이, 외모 등 여러 측면에서 편향성을 드러내어 문제가 된 바 있다. 이는 알고리즘이 만들어질 때 개발자가 지닌 여러 가지 편향된 생각이 반영되었기 때문이거나, 입력 데이터 또는 설계된 기계학습 모델 자체에 이미 일정한 편향이 내재해 있기 때문일 것이다.

둘째, 투명성과 책임성 문제이다. 인공지능 알고리즘은 그 출력값이 어떻게 해서 얻어진 것인지 알기 어렵기 때문에 그것에 대한

05 제이슨 솅커, 『코로나 이후의 세계』, 박성현 역, 미디어숲, 2020, 120~123쪽.

06 이하 세 가지 윤리적 쟁점에 대한 검토는 "김건우, 「인공지능으로 인한 불공정과 불투명의 문제를 다루는 제도적 방안」, 정원섭 엮음, 『인공지능의 편향과 챗봇의 일탈』, 세창출판사, 2022," 39~50쪽 참조.

책임 소재를 밝히기 어렵다는 것이다. 우리는 주어진 입력값에 대해 인공지능 알고리즘이 구체적으로 어떠한 메커니즘에 의해 특정한 출력값을 산출하는지 알 수 없다. 인공지능 알고리즘을 흔히 '블랙박스'에 비유하는 이유도 여기에 있다. 그것은 심지어 개발자조차 이해할 수 없을 정도로 복잡해서 누구도 정확히 해명하거나 설명하기가 불가능하다는 것이다. 인간이 인공지능의 모든 출력값을 예측하거나 설명할 수 없다는 것은 인간이 인공지능을 온전히 통제할 수 없음을 의미한다. 이는 심각한 문제가 될 수 있다. 예컨대 살상용 드론이나 킬러 로봇의 오작동, 자율주행 자동차나 의료 로봇의 오작동은 심각한 인명피해를 낳을 수 있다. 따라서 인공지능 기술이나 서비스는 인간에 의해 어떤 식으로든 통제될 수 있어야 한다.

셋째, 프라이버시, 보안 및 사회정치적 신뢰의 문제이다. 해킹이나 피싱phishing[07], 또는 딥페이크deepfake[08] 등을 통해 프라이버시나 보안상의 위험이 발생할 수 있으며, 나아가 참과 거짓을 식별하기 어려워 사회정치적 신뢰가 약해질 수 있다는 것이다. 최근에는 딥페이크 기법을 통한 가짜 뉴스 생성, 유명 인사들의 발언 영상 생성, 금융사기 등의 범죄가 발생하기도 하는데, 이처럼 사회에 유통되는 정보가 왜곡될 경우에는 사회의 신뢰 기반 자체가 무너질 수도 있다. 최근 구글이나 페이스북 같은 전문기업들이 딥페이크 기술에 의한 가짜를 진짜로부터 구별하기 위한 '감식' 기술 개발을 서두르

07 피싱(phishing): 전자우편이나 메신저를 사용해서 신뢰할 수 있는 사람이나 기업이 보낸 메시지인 것처럼 가장함으로써, 비밀번호 및 신용카드 정보와 같이 기밀을 요하는 정보를 부정하게 얻으려는 소셜 엔지니어링(social engineering)의 한 종류.

08 딥페이크(deepfake): 딥 러닝(deep learning)과 가짜(fake)의 합성어로서, 인공지능을 기반으로 한 인간 이미지 합성 기술.

고 있는 이유도 여기에 있다.

위에서 제시한 문제들은 모두 대단히 심각한 사회적 위험을 초래할 수 있으므로, 차제에 인공지능 알고리즘을 개발하고 활용하는 전 과정에 적절한 규율과 관리가 이루어질 필요가 있음을 강조하지 않을 수 없다. 그렇다면 우리나라의 상황은 어떤가?

한국은 세계 어느 나라보다도 디지털화와 자동화, 그리고 인공지능의 도입에 앞장서 왔고, 그로 인한 변화와 혁신을 적극적으로 수용해 왔다. 특히 정부가 나서서 제4차 산업혁명과 인공지능 기반 기술혁신을 추진하고 있는 작금의 현실을 감안할 때, 인공지능 알고리즘의 활용은 사회적으로 더욱 널리 확산할 것이다. 한 가지 염려되는 점은, 이러한 디지털 알고리즘 사회로의 급진적 변환의 와중에 최근 사회 일각에서 퍼져 가는 혐오의 정서나 문화가 과연 어떤 양상으로 표출될 것인지의 문제이다. 우리는 이러한 윤리적 도전을 매끄럽게 극복해 낼 수 있을 것인가?

디지털 문명이 급속히 확산하고 있는 코로나 시대는 우리가 몸담고 있는 삶의 양식 자체가 근본적으로 변하는 문명의 대전환기라 할 수 있다. 여기에 인터넷과 SNS의 배후에서 움직이는 AI와 같은 자율 기술적 존재들의 출현은 우리가 이제까지 당연하게 여겼던 사고방식과 마찰을 일으키며, 우리가 지향해야 할 삶의 방식과 가치, 사회의 모습에 대해서 새롭게 성찰할 것을 요구하고 있다.

생각해 볼 문제

1. 다음 글은 몇 년 전 어느 회사가 개발·출시한 인공지능 챗봇에 관한 스캔들을 다루고 있다. 이 사건을 통해 드러난 인공지능 윤리의 쟁점들은 무엇인지 열거하고 그 해결 방안에 대해서도 토론해 보자.

> 지난달[2020년 12월] 23일 출시한 인공지능(AI) 챗봇 '이루다'가 많은 이슈와 숙제를 남기며 3주 만에 서비스를 중단했다. 짧은 시간이었지만 우리 사회와 AI 산업에 던진 메시지는 결코 적지 않다. 이번 사례를 계기로 인간과 AI기술과의 근원적 관계를 돌아보고 다가올 4차 산업, AI 시대를 대비하는 반면교사로 삼았으면 한다.
>
> 이루다는 20세 여대생으로 설정된 AI 챗봇이다. 우리가 SNS 메신저를 통해 대화하는데, 상대방이 가상의 AI라고 생각하면 되겠다. 문제의 발단은 일부 사용자들이 이루다를 성적 도구화하고 성희롱하면서 불거졌다. 그리고 곧이어 두 번째 문제가 터졌다. 대화 과정에서 이루다가 동성애, 장애인, 임산부, 흑인 등에 대해 혐오와 차별 발언을 쏟아낸 것이다. 마지막 가장 큰 문제가 발생했다. 개인정보 유출 논란이 대두된 것이다.
>
> ① 차별과 혐오를 쏟아낸 AI
>
> 먼저 이루다의 편향성 논란을 살펴보면, AI 챗봇이 대화 과정에서 동성애, 장애인 등 사회적 약자, 소수자를 대상으로 혐오와 차별을 말하며 문제가 됐다. 이루다의 경우 10대~20대 청소년들에게 크게

인기를 끌면서, 2주 동안 75만 명이 넘는 사람들이 이용했다. 이렇게 수십만 명의 사람들이 이용하는 챗봇이 혐오와 차별을 아무렇지 않게 내뱉는다면 사용자인 인간에게 잘못된 정보와 인식을 심어 주는 악영향을 끼치게 될 것이다. 특히 주사용자층이 아직 이성적으로 미성숙한 청소년들이라면 문제는 더욱 심각해진다.

AI가 이러한 혐오와 차별을 말하게 된 원인은 무엇일까. AI는 학습을 위해 실제 사용자들의 대화 데이터가 필요하다. 거기엔 편향되고 편견이 들어간 사용자들의 데이터도 포함될 수밖에 없었다. 다시 말해 혐오적, 차별적 내용의 대화를 배웠기 때문에 그런 말을 뱉은 것이다. 따라서 근원적 문제는 그런 사고를 갖고 그런 대화를 한 인간과 사회의 구조이고, 그렇다면 AI 편향성 문제는 결국 사람의 도덕성과 시민의식이 높아지고 사회 구조도 건강해질 때 해결된다.

(- 중략 -)

② AI의 개인정보 무단학습

두 번째 개인정보 유출 논란은 이번 사례에서 가장 심각했던 AI 윤리 문제다. 인공지능은 학습을 위해 데이터를 필수로 요하는데, 이루다에서는 개인의 SNS 메신저상의 사생활 대화들을 AI 학습을 위한 데이터로 사용했다. 문제는 이러한 개인정보 수집 시, 사용자들에게 명확한 고지를 하지 않은 데 있다. 또 대화 내용에는 대화 상대방이 있는데, 그 상대방에게 동의를 받지 않은 문제도 있다. 해당 기업의 일부 직원들이 이렇게 수집된 개인의 사적 대화 내용을 공유하고, '깃허브'라는 개발자 사이트에 유출시킨 것도 논란이다.

AI의 빅데이터는 합법적 데이터만을 수집해야 하고, 반드시 합법적 절차에 따라야 한다. 이것은 개인의 프라이버시권에 관련된 문제다. 유럽연합(EU)의 개인정보보호법(GDPR)에는 이 점이 명시되어 있고, 전 세계 정부와 기업, AI 연구기관들이 발표한 AI 윤리 가이드라인들에도 프라이버시권이 공통적으로 들어가 있다.

앞으로 AI 기술은 더욱 대중화되고 보편화될 것이다. 우리 주변에 AI 제품과 서비스도 매우 흔해질 것이다. 각종 매장이나 공공기관, 심지어 거리에도 CCTV나 센서 등을 통해 AI가 개인의 데이터를 지속적으로 수집해 활용하게 될 것이다. 이렇게 되면 개인의 프라이버시권이나 초상권 침해 가능성은 더욱 커지게 된다. '양날의 검'인 AI를 통한 개인정보 수집과 프라이버시권에 대해 지금부터라도 사회적 논의와 합의가 필요한 이유다.

③ AI를 학대 · 조롱하는 인간들

마지막으로는 사용자들의 AI 악용 논란이다. 인간도 아닌 AI 챗봇 프로그램에 성희롱과 학대를 한 것이 잘못인가라는 의문이다. 이번 이루다 사례는 한때 온라인상에서 화제가 됐던 로봇 학대 영상을 떠오르게 한다. 당시 로봇개발회사 개발자들은 로봇을 발로 차거나 때려서 넘어뜨리는 등의 행위를 했고, 이에 대한 논란이 불거졌다. 로봇 개가 기어갈 때 매우 안정적이라는 사실을 보여 주기 위해 옆에서 사람이 스팟의 허리를 발로 차는 장면이 등장한다. […] 법적으로 아무 문제가 없더라도, 윤리적으로는 AI 챗봇이든, 로봇이든, AI 캐릭터든 인간이나 생명체와 유사한 인식을 가질 수 있는 대상에 대해 학대나 폭력 등을 가하는 것은 매우 잘못된 행동이다. 이러한 행위를 AI 챗봇에 죄의식 없이 하다가 결국 그 폭력은 인간에게 향할 가능성이 크다.

AI 윤리에 대한 오해

인류의 발전과 기술의 발전에는 시행착오가 있을 수밖에 없다. 모든 기술에는 부작용과 역기능이 있기 때문에 완벽하게 안전한 개발은 불가능하다. 하지만 그러한 부작용과 역기능을 최소화하기 위해 AI 윤리가 필요한 것이며, 따라서 AI 기술과 AI 윤리는 반드시 조화롭게 같이 가야 한다.

(- 중략 -)

이번 이루다 사례를 통해 AI 기업들과 AI 소비자들이 AI 윤리의 중요성과 필요성을 명확히 인식하는 계기가 되었으면 한다. 한국인공지능윤리협회 인공지능 윤리 헌장 1장 1조를 소개하며 마무리 짓고자 한다. "인공지능은 인간을 편리하고 행복하게 하기 위한 도구이다."[09]

09 전창배(한국인공지능윤리협회 이사장), "배운 대로 말한 '이루다'는 죄가 없다… 문제는 AI윤리 실종," 「한국일보」, 2021. 1. 20.

2. 다음은 '인공지능 챗봇의 윤리에 대한 원칙'을 제시한 글이다. 이 원칙에 입각하여 1번 문제에서 제시된 사례를 분석해 보자.

> 인공지능 챗봇의 윤리에 대한 원칙은 '인공지능'이라는 기술의 사용과 '챗봇'이라는 서비스모델의 특성을 반영하여 다음과 같이 제시할 수 있다.
>
> ① 투명성Transparency
>
> 사용자들에게 응대하는 자가 챗봇인지 사람인지를 밝혀야 한다. 운영자는 추가적인 질문이나 긴급 상황에서는 인간 상담사와 상담할 수 있도록 이용자에게 선택권을 주어야 한다. 챗봇을 개발하는 데 활용한 데이터 말뭉치의 출처, 알고리즘의 특성, 챗봇 이용 중에 발생하는 데이터 관리 정책, 이용자의 동의 사항 등에 대해서도 밝혀야 한다.
>
> ② 이용자의 선호 존중하기Upholding Customer's Interests
>
> 운영자는 챗봇이 이용자에게 응대하며 상품 등을 제시할 때, 회사의 사업과 관련한 이익보다는 고객의 선호에 응하도록 설계하여야 한다. 챗봇 개발자와 운영자의 의도된 편향으로 유도되어 이용자의 선호와 다른 선택이 되지 않도록 해야 한다.
>
> ③ 남용 회피Avoiding Abuse
>
> 사용자는 챗봇이 강요하거나 남용하는 언어나 작동 등으로 스팸이 발생되거나 오작동하게 되면 중단할 수 있어야 한다. 운영자는

챗봇에 의해 혐오 발언 등 반사회적 행위가 일어날 때에는 동의에 근거해서 사람에 의한 중재가 가능하도록 해야 한다.

④ 데이터 소유권Data Ownership

챗봇 개발자와 사용자 중 챗봇의 사용으로 얻어진 정보의 소유권에 대한 사항을 명백히 해야 한다. 챗봇을 사용하기 전에 이에 대한 규정을 밝혀야 하며, 동의를 구하고 이에 대해 이용자가 알 수 있도록 게시해야 한다.

⑤ 챗봇으로 수집한 정보의 사용Using information Collected by the Chatbots

모든 챗봇은 사용자에게 챗봇이 얻은 개인정보를 보존하거나 삭제할 수 있는 선택권을 주어야 한다. 모든 데이터는 사용자의 지식과 동의에 근거하여 중요하게 다뤄져야 한다. 또한 챗봇을 사용하면서 수집되는 개인 식별 정보나 민감한 개인정보에 대한 보호 정책이 마련되어야 한다.[10]

10 장윤정, 「인간다운 인공지능 챗봇의 지향에 대한 경계」, 정원섭 엮음, 앞의 책, 181~182쪽.

14장

연구윤리

2005년 황우석 박사의 '줄기세포 논문 조작 논란'을 다룬 영화 〈제보자〉는 한 방송국 PD가 줄기세포 논문 조작에 대한 제보를 받고, 진실을 파헤치는 치열한 취재 과정을 그리고 있다. 이 영화는 대한민국을 뒤흔들었던 사건이 어떻게 세상에 알려지게 됐고, 진실이 어떻게 왜곡되고 은폐되는지 그 과정을 현실과 거의 똑같이 생생하게 보여 준다. 위 사건 이후 10년여가 지난 지금, 과연 우리 학계의 연구윤리 풍토는 얼마나 나아졌는가? 또한 당시 그러한 사기사건을 가능하게 했던 사회적·구조적 여건은 얼마나 개선되었는가?

'연구윤리' 문제는 오늘날 우리 학계, 아니 우리 사회 전체에 영향을 미치는 주요 이슈 중 하나가 되었다. 몇 년 전에는 국회의원에 당선된 일부 인사들의 논문표절 의혹이 불거진 바 있고,[01] 최근에도 고위 공직자의 국회인사청문회 과정에서 해당 인사의 연구윤리 위반 문제가 논란거리가 되곤 했다. 이제 우리 국민들은 과거 학계 일부에서나 논의되던 '연구윤리'라는 개념에 어느덧 친숙해지게 되었다. 이렇게 연구윤리가 많은 사람들의 주목을 받고 학자들도 연구윤리에 더욱 신경을 쓰게 되었다는 사실은 기존 우리 학계의 연구 풍토에 일정한 변화를 촉구하는 결과를 낳았다는 점에서 그 의의가 적지 않다.

01 당시 새누리당의 당적을 가지고 부산에서 출마하여 국회의원에 당선된 모 인사는 그의 박사학위 논문이 표절된 것이라는 비판에 결국 새누리당을 탈당한 바 있다. 이런 논란이 불거지자 다른 당선자들에 대한 표절 여부도 전반적으로 조사되었는데, 그 결과 학술단체협의회는 "국회의원 당선자 7명 명백한 논문표절 맞다"며 사퇴를 요구하기도 했다. 「경향신문」, 2012. 5. 7. 참조.

우리나라에서 연구윤리가 주목받기 시작한 것은 비교적 근래의 일이다. 이는 잘 알다시피 '황우석 사건'이 계기가 되었다고 할 수 있다. 연구윤리 분야의 선진국이라 할 수 있는 유럽이나 미국에서도 여러 차례 대형 연구부정 사건들을 겪은 후에 비로소 연구윤리의 기준이 확립되었던 사실을 감안할 때, 이것 역시 우리의 근대화 과정의 일환으로 볼 수 있을 것이다. 학계의 표절 문제가 범사회적 관심사가 된 것도 사회 발전과 더불어 윤리적인 기준이 점차 올라가면서 과거에는 관행처럼 이루어지던 일도 이제 더 이상 통하지 않게 된 사정을 반영한 것으로 보인다.

아래에서는 왜 이제야 연구윤리가 주목받게 되었는지, 황우석 사건은 여기에 어떤 영향을 미쳤는지, 연구윤리의 주제 영역은 어떤 것들인지, 우리가 연구윤리를 지키려면 어떤 점에 유념해야 하는지 등에 관해 살펴보기로 하자.

1. 연구윤리가 지체된 원인

연구윤리는 응용윤리의 영역 중에서도 비교적 뒤늦게 주목받기 시작했다. 이 분야에서 가장 앞섰다는 미국에서도 1980년대 말 사회를 떠들썩하게 했던 연구부정행위 스캔들을 수차례 겪은 후에 비로소 정부 차원의 체계적인 연구윤리 정책이 수립되었다. 특히 생명공학, 의과학, 행동과학 영역에서 연구부정행위가 많았기 때문에 보건성 직속 기구로 1993년에 연구진실성관리국Office of Research Integrity, ORI이 설치되어 연구부정행위를 다루고 연구의 진실성을 진작시키는 역할을 하고 있다.[02] 우리나라에서도 2005년 말 '황우석 사건'을 계기로 연구윤리에 대한 관심이 높아졌고, 그 이후 정부, 대학, 학회 차원에서 연구윤리를 정착시키기 위해 노력하고 있다.

연구윤리가 이렇게 뒤늦게 등장하게 된 것은 우선 진리를 탐구한다는 학문의 특성에서 기인한 측면이 있다. 많은 사람들은 학문(과학)이란 종교나 예술과 달리 주관적 신념이나 감정에 좌우되지 않는 객관성과 보편타당성을 지녀야 하며, 이를 탐구하는 학자들 역시 그러한 자세를 가져야 할 것으로 생각했다. 일반인들에게 알려진 학자의 이미지 또한 책과 실험 장비들에 둘러싸여 진리를 발견하기 위해 밤낮으로 몰두하고 있는 모습으로 그려지곤 했다. 이처럼 상아탑과 지성인의 이미지를 지닌 학자들은 기업이나 시장, 정당이나 정부 같은 세속적인 세계와는 동떨어져 있는 존재처럼 보이며, 따라서 이들에게는 윤리가 별로 필요 없어 보였다.

또 하나의 이유는 학계의 자기통제 시스템에 대한 일반의 믿음이다. 학계의 연구 성과는 일반적으로 동료들의 심사peer review나 실험 재연replication 등 동료 연구자의 비판과 검증 절차를 통해 발표되고, 일반인들은 이러한 과정을 통해 걸러진 최종적 결과만을 접하게 된다. 자연히 학문적 연구 성과를 직접 접할 수 없는 일반인들은 이러

02 이준석·김옥주, "연구부정행위에 대한 규제 및 법정책 연구," 『생명윤리』 제7권 제1호, 한국생명윤리학회, 2006, 120쪽.

한 학계 내부의 자기통제 시스템을 믿을 수밖에 없다. 여기에는 학자들의 과학적이고도 합리적인 태도에 대한 일반의 믿음도 일조했다고 볼 수 있다. 게다가 학자 집단은 대체로 고학력의 전문직들이다. 우리는 보통 많이 배우고 전문적 식견을 가진 이들을 신뢰하는 경향이 있다. 따라서 이들에게 특별히 윤리를 요구할 필요는 없어 보였던 것이다. 근래 학계의 윤리 위반 사건이 사회적으로 크게 주목을 받았던 이유도 어쩌면 이러한 기대가 깨진 데 대한 사람들의 충격을 반영하는 것일 수도 있다.

그러나 학계가 학문 연구에서 윤리성을 이미 담보하고 있다는 믿음은 이제 연구 환경의 변화로 설득력을 잃게 되었다. 우선 연구의 양이 폭증했고 모든 연구 성과들이 공개되어 경쟁이 치열해졌다. 또 각 대학들은 승진과 성과급을 통해 교수들의 연구를 독려하고 있는 실정이다. 이와 같이 많은 연구 실적을 내야 한다는 압박감이 커진 여건하에서는 그만큼 실적 부풀리기의 유혹도 커질 수밖에 없다.

사실 연구윤리는 상식과 양심을 지닌 사람이라면 누구나 분별할 수 있는 평범한 내용으로 되어 있어 그것을 이해하는 데 깊은 성찰이나 오랜 탐구가 필요한 것은 아니다. 따라서 우리에게 필요한 일은 꾸준한 실천과 점검을 통해 연구윤리를 준수하는 태도가 몸에 배도록 하는 것이다. 미국의 ORI에서 발행한 '책임 있는 연구 수행에 관한 교육자료'에 나오는 다음과 같은 테스트용 구절은 연구윤리의 핵심을 잘 말해 준다.

지금 수행하고 있는 연구가 다음 날 지역신문의 1면에 보도된다고 상상해 본다. 만일 나의 동료, 친구, 가족이 내가 한 일에 대해서 알게 되고 이에 대하여 마음이 편안할 것이라는 확신이 들도록 나의 행동을 결정한다면, 나는 연구자로서 책임감 있게 행동한 것일 것이다.[03]

2. '황우석 사건'의 원인과 문제점

본 절에서는 황우석 박사가 주도한 '줄기세포 논문 조작 사건'의 원인과 배경을 되짚어 봄으로써 우리 연구윤리의 과제가 무엇인지에 관해 생각해 보고자 한다. 황우석 사건은 일차적으로 연구부정행위를 저지른 황우석 개인에게 책임을 돌릴 수 있다.[04] 하지만 이 모든 것을 개인 탓으로만 돌리기에는 석연치 않은 구석이 있다. 자칫 이 사태의 발생 배경인 사회적·구조적 요인을 간과함으로써 다

03 앞의 글, 104쪽.

04 이 사건에 대해 개인의 책임을 강조하는 입장은 우선 황 박사가 대단히 정치적이며 언론 플레이에 능하다는 점을 지적한다. 일반적으로 과학자들은 주로 연구와 실험에 힘을 쏟는 바람에 대중과 소통하기가 쉽지 않은데, 그는 생명공학의 전문 용어를 대중에게 쉽게 전달하는 능력을 지녔고, 이를 통해 다양한 이해관심을 가진 대중과 비전문가들에게 생명공학과 줄기세포 연구의 필요성을 설명하고 이해시킴으로써 대중적 인기를 누리게 되었다는 것이다. 문제는 그의 대중 소통이 자신의 과학적 성과를 토대로 한 진정한 소통이라기보다 대중동원적 성격이 짙었다는 점이다. 예컨대 그는 2005년 「사이언스」지에 발표한 (후에 조작으로 밝혀진) 연구 성과를 설명하는 자리에서, "경주(race)에서 반환점을 돌았다"거나 "대문 세 개를 한꺼번에 열었고 이제 사립문 몇 개만 남았다"고 과장함으로써 아직도 다양한 임상실험과 세포분화 메커니즘에 대한 연구가 필요함에도 이를 경시했다. 또 대중들 앞에 장애인 환자를 배석시키는 등의 연출을 통해 자신의 연구가 곧바로 임상 치료에 적용될 수 있는 것처럼 효과를 과장했다. 뿐만 아니라 사태가 진행되는 과정에서는 거짓말도 서슴지 않았다. 「시사저널」 2006. 1. 10. 참조. 서이종, "과학정치적 시각으로 본 황우석 사태," 『STS가 본 황우석 사태』 — 2006년도 한국과학기술학회 후기학술대회 자료집, 한국과학기술학회, 2006. 12. 9., 125-126쪽 참조.

른 많은 과학자들에게서도 발견되는 비슷한 행동에 대한 성찰을 소홀히 할 수 있기 때문이다. 연구부정에 대한 법적·제도적 장치가 잘 갖추어진 미국에서도 오늘날 여전히 연구부정행위가 발생하고 있고, 우리 또한 이 사건 이후 연구진실성 가이드라인을 만들고 관련법을 만들었음에도 여전히 연구부정과 관련된 사건들이 끊이지 않는 사실에서도 이러한 문제점을 확인할 수 있다.[05]

우리는 황우석 사건의 배후에 우리 사회가 지닌 복합적이고 심층적인 문제점이 놓여 있다는 지적에 주목할 필요가 있다. 한 과학자의 연구부정행위가 과학계 내부의 검증과 자정自淨 메커니즘으로 처리되지 못하고 이처럼 사회적 혼란과 국가적 재앙 수준으로 치닫게 된 데에는 우리 사회 특유의 애국주의, 과학주의, 결과지상주의가 한몫했다는 것이다. 예컨대 황 박사가 2004년 2월 18일 「사이언스」지 논문 발표를 마치고 돌아온 귀국 회견에서 "미국의 심장부에서 생명공학의 고지 위에 태극기를 꽂고 돌아오는 길이다"라고 말한 것이나, 2005년 6월 7일 「사이언스」지 논문 발표 후에 열린 관훈클럽 초청 토론회에서 "과학에는 국경이 없지만 과학자에게는 조국이 있다"라고 말한 것은 한국 사람들의 애국주의적 감성에 호소한 것으로서 당시 많은 사람들의 감동을 자아냈다. 또 '줄기세포 치료로 척수마비 환자를 일으켜 세우겠다든지, 광우병 내성 복제 소 개발로 광우병을 극복하겠다'는 황 박사의 주장은 과장된 과학주의적 태도를 담고 있지만 많은 국민들의 기대를 부풀린 것이 사실이다. 그리고

05 서이종, 앞의 글, 107-108쪽 참조.

서울대 조사위원회의 발표로 황우석 팀의 연구부정행위가 확인된 뒤인 2006년 1월 12일의 기자회견에서 "논문 데이터 조작은 사과하나, 원천기술은 분명히 가지고 있다"라는 황 박사의 말에서는 결과 지상주의적 사고를 엿볼 수 있다. 연구 과정에서의 정직성보다는 원천기술개발이라는 결과가 더 중요하지 않느냐는 인식인 것이다.[06]

그러나 이 모든 분석에도 불구하고 황우석 사건을 규정하는 가장 분명한 핵심은 이것이 연구부정행위와 연구윤리 위반으로 점철된 하나의 과학사기 사건이라는 것이다. 따라서 아래에서는 이 사건이 어떤 점에서 연구윤리를 위반했는지 검토함으로써 연구윤리의 핵심에 좀 더 구체적으로 다가가 보자.

3. 연구윤리의 주요 영역과 연구부정행위

연구윤리가 다루는 주제들은 아래와 같이 대략 4가지 정도로 나눠 볼 수 있다.[07]

① 연구진실성 관련: 연구부정행위(위조, 변조, 표절), 데이터관리(획득, 공유, 소유권), 동료심의peer review

② 공동 연구자/기관 관련: 연구 책임자 · 연구원 · 연구보조원 간

06 김환석, "황우석 사태로 본 한국사회의 현재와 미래," 『과학사회학의 쟁점들』, 문학과지성사, 2006, 276-278쪽 참조.

07 연구윤리의 영역을 이와 같이 대별하는 방식은 최경석, "생명윤리와 연구윤리," 『사고와 표현』 제2집 제1호(한국사고와표현학회, 2009)를 참고하였음.

의 관계, 이해관계의 갈등, 저자자격부여, 제보자 보호
③ 피험자 보호 관련: 실험대상(사람, 동물)
④ 사회적 책임 관련: 재정 문제, 연구의 안전성, 사회에 대한 책임

위의 분류를 통해 우리는 황우석 사건이 '① 연구진실성'과 관련하여 자료의 위조, 변조 등 '연구부정행위'를 저질렀고, '③ 피험자 보호'[08]와 관련하여 취약한 피험자인 자신의 연구원으로부터 난자를 채취하는 위반 행위를 했으며, 이 밖에 '② 공동 연구자/기관'과 관련하여 부당한 저자 표시를 함으로써 '저자자격부여' 항목을 위반했음을 알 수 있다. 아래에서 연구부정행위에 대해 좀 더 상세히 살펴보자.

연구부정행위

'연구부정행위research misconduct'란 통상적으로 인정되는 연구윤리규범을 위반하는 행위들을 일반적으로 지칭하는 느슨한 개념이 아니다. 그것은 연구 공동체에서 받아들여지고 있는 정직하고 책임 있는 연구윤리를 심각하게 위반하는 행위로서, 의도적으로intentionally, 위반된다는 사실을 알면서도knowingly, 위반될지도 모른다고 생각은 하면서도 이에 개의치 않은 채 무모하게recklessly 연구윤리 위반 행위를 하는

08 '취약한 피험자(vulnerable subjects)' 보호와 관련해서는 1946년의 '뉘른베르크 강령(Nuremberg Code)', 1964년의 '헬싱키 선언(Helsinki Declaration)', 그리고 1979년 미국의 "생명의료 및 행동 연구의 인간 피험자 보호를 위한 국가위원회"에서 발표한 '벨몬트 보고서(The Belmont Report)'를 참고할 것.

경우를 특별하게 지칭하는 상대적으로 명확성을 갖는 개념이다.[09]

일반적으로 통용되는 연구부정행위의 범주는 다음의 6가지 특수한 행위들, 즉 ① 위조fabrication, ② 변조falsification, ③ 표절plagiarism, ④ 부당한 저자 표시, ⑤ 연구부정행위 의혹에 대한 조사를 고의로 방해하거나 제보자에게 위해를 가하는 행위, ⑥ 그 밖에 학문 공동체에서 통상적으로 용인되는 범위를 심각하게 벗어나는 행위로 구성된다.[10] 그 내용 요지를 살펴보면 다음과 같다.[11]

'위조fabrication'는 "존재하지 않는 연구 원자료 또는 연구자료, 연구결과 등을 허위로 만들거나 기록 또는 보고하는 행위"를 가리킨다. 예를 들어 사회과학 분야에서 "인터뷰를 하지도 않았으면서 가상의 주제에 대한 설문지를 완성하여 연구결과를 허위로 날조하는 행위", 생명과학 분야에서 "한 번도 수행한 적도 없으면서 과학 실험 연구자료를 날조하는 행위", 그 밖에 "실제로 수행한 과학 실험으로 얻은 연구자료의 통계학적 유효성을 추가하기 위하여 허구의 연구자료를 첨가하는 행위" 및 "임상 연구에서 연구계획서에 합치한다

09 연구부정행위와 구별되는 연구윤리 위반행위로서 '연구부적절행위(research misbehavior)'가 있다. 바람직하지 못한 연구윤리 위반행위이기는 하지만 연구부정행위의 정의에는 해당되지 않는 위반 행위들을 일컫는다. 연구부정행위에 비해 연구윤리를 위반한 정도가 중대하지는 않으나 편견에 사로잡힌 연구, 부주의한 데이터 관리, 빈약한 연구 설계 등이 이에 해당된다. 김도균, "연구부정행위," 「제5회 연구윤리 심포지엄: 학문 후속 세대를 위한 연구윤리」, 한국연구재단, 서울대학교 연구처, 2012. 5. 25., 3-4쪽 참조.

〈서울대학교 연구윤리지침〉은 연구부적절행위를 연구데이터의 '왜곡'으로 표현하면서 다음과 같이 정의하고 있다. "① 왜곡이라 함은 학문의 발전보다 개인적인 이익을 위하여 고의적으로 연구데이터의 일부를 과장하거나 축소하여 진실하지 않은 결론에 도달하게 하는 행위로 연구부적절행위에 해당된다. ② 연구 데이터가 정확하더라도 연구자 개인의 이익을 위하여 고의적으로 연구결과를 왜곡하는 행위는 연구부적절행위에 해당된다."

10 한국연구재단, 『연구윤리의 이해와 실천』, 2011, 146쪽 참조.

11 교육부훈령 제153호 "연구윤리 확보를 위한 지침"(2015.11.3. 일부개정) 참조.

는 점을 보여 주기 위하여 연구기록에 임상정보를 허위로 삽입하는 행위"도 이에 해당한다.

'변조falsification'는 "연구 재료·장비·과정 등을 인위적으로 조작하거나 연구 원자료 또는 연구자료를 임의로 변형·삭제함으로써 연구 내용 또는 결과를 왜곡하는 행위"를 가리킨다. 이러한 변조 행위를 예방하거나 변조 의혹에 대처하기 위해서는 연구노트의 작성이 중요하다는 점을 인식하고 연구노트 작성에 만전을 기하는 것이 필요하다.

'표절plagiarism'은 "타인의 독창적인 아이디어 또는 창작물을 적절한 출처 표시 없이 활용함으로써, 제3자에게 자신의 창작물인 것처럼 인식하게 하는 행위"이며, 다음 각 경우가 여기에 해당한다.

가. 타인의 연구 내용 전부 또는 일부를 출처를 표시하지 않고 그대로 활용하는 경우
나. 타인의 저작물의 단어·문장구조를 일부 변형하여 사용하면서 출처를 표시하지 않는 경우
다. 타인의 독창적인 생각 등을 활용하면서 출처를 표시하지 않은 경우
라. 타인의 저작물을 번역하여 활용하면서 출처를 표시하지 않은 경우

'부당한 저자 표시'는 "연구 내용 또는 결과에 대하여 공헌 또는 기여를 한 사람에게 정당한 이유 없이 저자자격을 부여하지 않거나,

공헌 또는 기여를 하지 않은 사람에게 감사의 표시 또는 예우 등을 이유로 저자자격을 부여하는 행위"이며, 다음 각 경우가 여기에 해당한다.

가. 연구 내용 또는 결과에 대한 공헌 또는 기여가 없음에도 저자자격을 부여하는 경우

나. 연구 내용 또는 결과에 대한 공헌 또는 기여가 있음에도 저자자격을 부여하지 않는 경우

다. 지도학생의 학위논문을 학술지 등에 지도교수의 단독 명의로 게재·발표하는 경우

'부당한 중복게재'는 "연구자가 자신의 이전 연구결과와 동일 또는 실질적으로 유사한 저작물을 출처 표시 없이 게재한 후, 연구비를 수령하거나 별도의 연구업적으로 인정받는 경우 등 부당한 이익을 얻는 행위"를 가리킨다.

'연구부정행위에 대한 조사 방해 행위'는 "본인 또는 타인의 부정행위에 대한 조사를 고의로 방해하거나 제보자에게 위해를 가하는 행위"를 가리킨다.

4. 표절 문화의 만연과 연구윤리 교육의 중요성

연구부정행위 중에서도 특히 표절 문제를 살펴보려 하는 이유는

표절이 인문학과 과학을 포함한 모든 학문 분야에서 발생할 뿐만 아니라 연구부정행위 중 가장 많은 부분을 차지하고 있기 때문이다. 또한 학자들을 위한 연구윤리와 학생들을 위한 학습윤리의 정립을 위해서 가장 중점적으로 교육해야 할 부분이기도 하기 때문이다.

표절 문화의 만연

우리 대학과 학계에 표절 문화가 만연되어 있다는 것은 잘 알려진 사실이다. 많은 학생들이 인터넷을 이용해 짜깁기한 보고서를 내는가 하면, 심지어 인터넷 사이트를 통해 과제물을 사고파는 행위가 성행하고 있는 실정이다.[12] 교수들도 표절 문화에서 자유롭지 못하다. 최근에는 대학마다 교수에 대한 논문 실적 기준이 갈수록 강화되고, 계약제 임용이 늘면서 교수들은 실적 압박에 시달리고 있다. 신분 보장이 안 되는 비정년 트랙으로 교수가 된 사람들은 1, 2년마다 업적심사를 받아야 하고, 조교수, 부교수를 거쳐 정년을 보장받는 정교수가 되기까지 과거보다 2~3배 엄격해진 심사 기준을 통과해야 한다. 표절의 유혹에 그만큼 취약해질 소지가 있는 것이다.

표절 문제를 엄격하게 다루지 않는 우리 학계의 풍토도 여기에 일조하고 있다. 한국 학계는 동료 교수의 표절에 대해 대체로 침묵해

12 이런 행태와 관련하여, 다음과 같은 외국 어느 중학교의 지도 방침은 우리에게 시사하는 바가 크다.

"학교 측은 부모가 학생이 과제물을 작성하는 것을 지켜보도록 권유하고, 과제물 아래 확인란에 서명하도록 요구한다. 학생은 일단 모든 과제를 직접 손으로 쓰고, 인터넷에서는 관련 자료를 찾아 인쇄해 별도로 제출하는 것을 원칙으로 삼고 있다. 과제물을 발표할 때에는 참고한 인터넷 사이트를 다른 학생들에게 알려야 한다. 인터넷을 참고할 경우 사이트명과 사이트의 페이지까지 명기해야 하고, 컴퓨터로 작성할 경우 인용된 대목의 색깔을 다르게 표시해야 한다." "표절 예방교육 실태—해외," 「동아일보」, 2007. 2. 21.

왔다. 학교나 학회에서 표절 문제가 불거지는 것을 꺼려 가급적 조용히 지나가기를 바라기 때문이다. 또 과거에 학문의 걸음마 단계에서 외국의 선진 학문을 수입해 그대로 보급하는 과정에서 익숙해진 관행 탓도 있다. 광복 이후 변변한 대학 교재가 없을 때 일부 교수들이 외국 책을 번역해서 자신의 이름으로 출간했는가 하면, 유학을 마치고 교수로 임용된 학자들이 외국학자의 책을 그대로 베껴서 내기도 했는데 이것은 흉이 아니라 성과로 여겨지기도 했다.

표절의 폐해가 크기 때문에 학문 연구에서 표절이 사라져야 한다는 데 이의를 제기할 사람은 이제 없을 것이다. 표절이 결과적으로 표절을 하는 당사자뿐만 아니라 원저자에게도 피해를 주며, 더 나아가 창의성과 신뢰를 기반으로 하는 학문 공동체의 질서를 해치고 발전을 가로막기 때문이다. 학문은 정확성과 성실성이 핵심이요, 이것이 곧 스칼라십이다. 이제까지 우리 학자들이 적당히 표절을 하면서 학술활동을 해 왔다는 것은 우리의 학문 수준이 아직 그 수준에 머물러 있다는 것을 의미한다. 연구윤리의 수준이 바로 학문 자체의 수준을 말해 주는 바로미터인 것이다.

표절 예방을 위한 연구윤리 교육

표절을 근절하기 위해서는 우선 표절의 엄밀한 정의 및 판단 기준을 세운 후,[13] 표절 행위를 조사하고 처벌할 수 있는 기구(연구진실성

13 2010년 7월 16일에 개정된 〈서울대학교 연구윤리 지침〉은 표절과 관련하여 한층 강화된 내용을 보여 주고 있다. [강조 표시—필자]
제7조 (타인의 연구성과 사용)
③ 연구자는 … 다음 각 호의 행위를 하여서는 아니 된다.
1. 타인의 연구 아이디어 및 연구 데이터의 전부 또는 일부를 서술방식을 달리하여 마치

위원회 등)를 설치·운영해야 한다. 그러나 무엇보다 중요한 것은 표절 예방교육과 올바른 글쓰기 교육을 광범위하고 지속적으로 실시하는 일이다. 외국인 교수들은 한국의 표절 문화가 개인의 도덕성 문제가 아니라 표절 예방교육에 관심을 기울이지 않는 데서 비롯되었다고 지적한다. 한국 학생들이 적절한 인용법을 알지 못할 뿐만 아니라, 다른 사람의 글이나 저작물을 마치 자신의 생각이나 연구결과인 것처럼 사용해서는 안 된다는 사실 자체를 모르는 경우가 많다는 것이다. 따라서 초·중·고교에서부터 '어떤 것이 표절이고 표절이 왜 나쁜지'를 분명히 가르쳐야 하며, 대학교에서도 신입생 때부터 표절 예방교육을 반드시 실시해야 한다.

학교에서 연구윤리와 학습윤리를 정착시키기 위해 시도해 볼 수 있는 한 가지 방안은 학생들로 하여금 모든 보고서의 표지에 다음과 같은 "배움의 윤리 서약"을 명시하고 자신이 서명한 후 제출하도록 하는 것이다.[14]

자신의 연구성과인 것처럼 표현하는 행위

2. 타인의 저술 문장을 마치 자신의 문장인 것처럼 사용하는 행위(타인의 연속된 2개 이상의 문장을 인용 표시 없이 그대로 사용한 경우에는 이에 해당하는 것으로 추정하고 전공 분야의 특성과 해당 학계의 의견을 고려하여 최종적으로 판정한다.)
3. 단어의 첨삭, 동의어 대체 등의 변형을 통하여 타인의 저술을 발췌하고 조합하여 마치 자신의 연구성과인 것처럼 사용하는 행위

제8조 (자신의 연구성과 사용)

① 연구자는 연구문헌을 작성함에 있어 원칙적으로 자신의 연구 아이디어, 연구데이터 및 문장을 사용하여야 하고, 이전에 발표한 적이 없는 연구결과물을 담아야 한다.

② 연구자는 연구문헌을 작성함에 있어 당해 연구의 독자성을 해하지 않는 범위 내에서 이미 게재·출간된 자신의 연구결과물을 부분적으로 사용할 수 있다. 다만, 연구데이터는 정확한 출처 표시와 함께 사용하여야 하며, 당해 연구에서 처음 발표하는 것처럼 제시해서는 아니 된다. 과거에 작성한 논문에서 최소한 한 단락 이상, 또는 5개 이상의 문장을 연속적으로 재사용하는 경우에는 정확한 출처와 인용 표시를 하여야 한다.

14 "글쓰기 과제물 보고서(배움의 윤리 서약) 표지 양식," 서울대학교 기초교육원, 2010. 7. 6. 참조.

1. 이 과제물은 내가(우리가) 직접 연구하여 작성한 것이다.
2. 정확한 출처 표시 없이 다른 사람의 글이나 생각을 가져오지 않았다.
3. 인용한 문헌의 내용이나 자료(도표나 데이터)를 조작(위조 혹은 변조)하지 않았다.
4. 과제물을 다른 사람으로부터 받거나 구매하여 제출하지 않았다.
5. 과제물 작성에 참여하지 않은 사람을 공동 제출자로 명기하지 않았다.

이 과제물은 위의 항목들을 준수하여 작성한 것임을 확인합니다.

(날짜 및 서명)

우리의 연구윤리는 중대한 전환기를 맞고 있다. 한국사회와 학계가 바야흐로 다음 단계로의 도약을 위해서 반드시 지나가야 할 통과의례가 바로 연구윤리의 도전을 극복하는 일이기 때문이다. 연구윤리는 때로는 사소해 보이고 또 귀찮게 여겨지기도 한다. 그러나 바로 이러한 부분에서의 정직성과 성실성이야말로 미래의 학문발전을 좌우하는 관건이라 아니 할 수 없다.

생각해 볼 문제

1. 다음은 어느 현직 교사가 오늘날 우리 중등학교의 학습윤리 실태에 관해 토로한 글이다. 이 문제를 해결할 수 있는 대책은 무엇인가?

> 중등학교에서 학습윤리가 실종된 까닭
>
> 연구윤리 및 학습윤리는 대부분 대학 이상의 교육기관에서 논의되어 왔다. 대학에 가려면 중·고등학교를 거쳐야 하는데도 중등학교 현장에서는 올바른 글쓰기 교육과 관련된 학습윤리 교육이 제대로 실시되고 있지 않다. 학습윤리가 대한민국 중등학교 현장에 존재하고 있는지도 의문이다.
>
> 학생은 어떤가. 학생들은 정기고사 이외에도 수행평가를 본다. 과제물을 만들어 제출해야 하는 보고서, 신문기사 만들기 등의 수행평가를 위해 많은 학생들이 인터넷에서 적당히 긁어 제출한다. 대학입시를 위해 학교에서는 각종 대회를 열고 있는데, 그 대회를 위해 제출해야 하는 서류도 어딘가에서 베껴 자기 생각인 양 써낸다. 심지어 부모님 도장이 반드시 들어가야 하는 서류도 학생 본인이 '부모인 척' 사인을 한다. 안타깝게도 교사는 이를 걸러 낼 시간적 여유도 능력도 없다.
>
> 교사의 베끼기 실태는 어떤가. 학교생활기록부에 각각의 학생 발달사항을 모두 다른 내용으로 구체적으로 기록해야 하지만, 과도한 업무에 시달리는 교사는 작년, 재작년 쓰던 문장을 베끼기도 하고, 생활기록부 책자에 나온 문장을 비슷하게 수정하여 이 학생

이야기를 저 학생에게 붙여 넣는다. 어떤 교사는 학교 시험문제를 시중 문제집에 나와 있는 문제와 몇 년 전 자기가 낸 문제를 적당히 조합해서 출제한다. 이 외에도 자기 실적평가서, 교수학습지도안 등 교사가 제출해야 하는 서식도 몇 년 전 본인이 쓴 글을 돌리고 돌린다. 엄밀히 말하면 자기표절이다.

초·중·고교에서부터 '어떤 것이 표절이고 표절이 왜 나쁜지'를 분명히 가르쳐야 하는데도 학생도 교사도 학습윤리에 관심을 보이지 않는 근본적인 이유는 학습이 학습 자체를 위해서 이루어지고 있지 않기 때문이다. 우리나라에서 '모든' 학생이 하고 있는 공부의 목적은 위기지학爲己之學이 아니라 오로지 경쟁 속에서 선발되기 위해서다. 취업과 승진, 상급학교 입학을 위해서 공부한다. 그래서인지 자신의 생각을 글로 표현하고 타인의 생각을 비판적으로 수용하며 궁금증을 해소하기 위해 탐구하는 등 진정으로 공부하는 자세를 어느 누구도 보여 주지도 가르쳐 주지도 않는다. 학생들은 경쟁의 와중에서 진짜 공부를 해볼 기회가 별로 없는데도 그들에게 '공부하는 사람의 기본자세'를 요구하는 것은 무언의 폭력이다. 중등학교에서 학습윤리를 강조하기 위해서는 근본적으로 학습의 본래 의미를 되찾는 일이 필요하다.[15]

15 현직 교사, 서울대학교 윤리교육과 대학원생 전○○가 제출한 과제물, 2015년 2학기.

2. 다음 글은 자본주의 사회의 교육체제하에서 왜 연구윤리와 학습윤리가 간과되기 쉬운지, 그리고 왜 과학자, 연구자의 학자적 양심이 중요한지에 대해 논하고 있다. 이와 관련한 다양한 사례들을 찾아서 발표해 보자.

> 자본주의 사회의 교육 시스템은 연관성이 없을 것 같은 두 단어 '자본'과 '교육'의 관계를 목적과 수단의 관계로 긴밀하게 연결한다. 특히 모든 교육이 입시에 초점이 맞춰 있는 대한민국 사회에서 교육은 곧 입시이며 입시의 목적은 명문대 진학으로 귀결된다. 그리고 이것은 사회적 출세로 연결되는 과정이며, 자본주의 사회에서 사회적 출세란 곧 '부富'를 의미한다. 학문과 교육이 그 본래적 목적을 상실한 자본 중심의 교육체제 속에서 연구윤리나 학습윤리는 단지 쓸모없는 것에 불과하다. 명예를 얻고 출세를 하기 위해서는 연구부정행위에 대한 자각이 오히려 걸림돌이 될 수 있기 때문이다. 결국 이러한 사회구조적인 문제가 세상을 떠들썩하게 했던 연구부정행위의 주인공과 같은 인물을 만들어 낸 것은 아닐까? 그들이 초·중·고의 정규 교육과정을 통해 연구윤리와 학습윤리의 중요성을 제대로 배웠다면 과학과 기술, 그리고 이를 가능케 하는 연구의 궁극적 목적이 인간의 행복이라는 점을 간과하지는 않았을 것이다.
>
> 이와 관련하여 문득 '탈리도마이드 사건'이 떠오른다. 탈리도마이드란 임신 초기 산모의 오심·구토 등 부작용을 완화하기 위한 약인데, 이 사건에서 주목할 만한 인물은 당시 미국에서 이 약으로 인한 비극을 막았던 프랜시스 켈시Frances O. Kelsey 박사이다. 켈시 박사는 미국 식품의약국FDA에 입사한 연구원으로 그녀의 첫 임무는 탈리도마이드 승인신청서 처리였다. 당시 심사위원이었던

켈시 박사는 서류 미비, 자체 실험자료 미비, 태아에게 미치는 영향 검토 불충분 등을 발견하고, 제약회사의 거듭된 압력에도 불구하고 제대로 된 테스트를 할 것을 요구하며 여섯 번에 달하는 승인 요구를 모두 거부했다. 덕분에 미국에서의 탈리도마이드 부작용 건수는 극히 미미했고, 그녀는 수많은 태아를 기형으로부터 구한 영웅이 되었다. 하지만 그녀는 연구자·과학자로서 자신의 책임을 다했을 뿐이라며 이러한 영웅 타이틀을 마땅치 않게 여겼다.

사람 사이의 관계에서 발생하는 모든 생각과 행위는 '윤리'를 기반으로 해야 한다. 모든 것은 결국 인간의 행복을 위한 것이기 때문이다. 따라서 연구윤리나 학습윤리, 과학과 기술은 모두 인간의 존엄성에 대한 가치를 바탕으로 해야 함을 잊지 말아야 한다.[16]

16 현직교사, 서울대학교 윤리교육과 대학원생 박○○이 제출한 과제물, 2020년 2학기.

3. 다음 "과학기술인의 윤리강령"을 읽고, 과학기술인의 윤리가 본문에 소개된 일반적인 '연구윤리'와 차별화되는 점이 있다면 어떤 점인지 지적해 보자.

〈과학기술인의 윤리강령〉

… 한국과학기술단체총연합회, 한국과학기술한림원,
한국공학한림원, UNESCO 한국위원회

과학기술은 인류가 공유하여야 할 소중한 자산으로 인류문명의 발전과 복지 향상에 기여하여 왔다. 과학기술인은 과학기술을 발전시키는 전문직 종사자로서의 특권을 가질 뿐 아니라 그 책임 또한 크다. 따라서 과학기술인은 연구 및 지적활동을 수행하는 과정에서 진실성과 정직성을 전제로 하여야 한다. 그러나 치열해 가는 경쟁 풍토, 과학기술 연구의 산업과의 연계로 인한 이해상충의 증가, 사회나 정치권의 불합리한 학문 연구 개입 등 과학기술 환경의 변화는 진실성과 정직성을 지켜야 할 과학기술인들로 하여금 그 품위를 유지하는 데 과중한 시련을 안겨 주고 있다. 이러한 시대적 변화 속에서도 과학기술인은 진실하고 보편적인 행동규범을 준수할 책임과 의무가 있다. 이에 따라 과학기술계는 다음과 같이 과학기술인이 지켜야 할 보편적 윤리강령을 제정하여, 과학기술인이 자율적으로 이를 성실히 준수함으로써 윤리의식을 제고하고, 사회적 책임을 다하며, 스스로의 위상과 긍지를 높이고, 과학기술 발전에 기여하고자 한다.

1. 과학기술인의 사회적 책임

과학기술인은 과학기술이 사회에 미치는 영향이 지대하므로 전문직 종사자로서 책임 있는 연구 및 지적활동을 하여야 하며, 그 결과로 생산된 지식과 기술이 인간의 삶의 질과 복지향상 및 환경보전에 기여하도록 할 책임이 있음을 인식한다.

2. 과학기술인의 기본 연구윤리

과학기술인은 연구 활동에서 정직성, 진실성integrity과 정확성이 연구결과의 신뢰성 확보를 위한 필수 사항임을 인식하고 연구의 제안, 계획, 수행과 결과보고 등 모든 연구 활동을 수행함에 있어 이와 같은 기본 원칙을 추구한다. 특히, 날조, 변조, 표절 및 중복 발표 등과 같은 부정행위를 배격한다.

3. 보편성의 원칙

과학기술인은 인종, 성, 종교, 교육 배경 등으로 차별받을 수 없으며, 평등한 권리와 의무를 갖는다.

4. 전문직 종사자로서의 품위유지

과학기술인은 새로운 지식창출과 기술개발로 인류복지 증진에 기여하는 전문직 종사자로서의 긍지와 품위를 유지한다.

5. 법령의 준수

과학기술인은 연구 및 지적 활동의 전 과정에서 관련법령이 정한 규정과 윤리강령에 적시된 규범 및 국제적으로 통용되는 원칙을 성실히 준수한다.

6. 연구대상의 존중

과학적 연구대상이 인간인 경우 인권을 존중함으로써 생명윤리에 부합해야 하며, 동물인 경우 생명의 존엄성에 유의한다. 자연환경을 다룰 때에는 생물 다양성의 보존과 환경보호의 중요성을 의식함으로써 인류복지 증진에 기여하도록 한다.

7. 연구자료의 기록·보존

과학기술인은 연구 과정에서 사용하거나 생성된 데이터, 샘플 등의 자료를 처음 단계에서 최종 단계에 이르기까지 성실히 기록하고, 정한 기간 동안 보존한다.

8. 저자 표시와 지식재산권

저자 표시는 연구의 아이디어 제시, 설계, 수행, 해석 등 연구에 직접 참여한 자로 제한하고 발표 논문에는 연구 과정에서 참고·인용한 타인의 연구업적을 밝힘으로써 원저자의 권리와 지식재산권을 존중한다. 표시된 저자는 논문에 대한 공동책임을 진다.

9. 사회에 대한 권리와 의무

과학기술인은 새로운 발견이나 연구 및 지적 활동의 업적을 사회에 공표함으로써 발생되는 이득을 취할 권리가 있으며, 한편 사회가 요구하는 사항에 성실히 응할 의무가 있다.

10. 이해상충conflicts of interest에 대한 대처

과학기술인은 연구 및 지적 활동 과정에서 발생했거나 발생 가능성이 있는 이해상충에 대해서는 이를 미리 공표하고 자신의 이익보다 공익을 우선한다.

11. 연구환경 조성

과학기술인은 책임 있는 연구와 지적 활동을 수행할 수 있도록 지적 자유, 공평성, 개방성과 상호 존중의 환경을 조성하는 데 적극

참여한다.

12. 윤리 교육의 실시

연구와 지적 활동의 책임자는 참여자들이 이 윤리강령의 제 규범을 성실히 실천할 수 있도록 교육할 의무가 있다.

15장

과학과 윤리

영화 〈리미트리스Limitless〉는 주인공이 '스마트 알약'을 먹게 되면서 벌어지는 사건들을 그리고 있다. 항상 마감 기한에 쫓기던 주인공은 스마트 약을 먹은 후, 뇌의 기능이 달라진 것을 알아차린다. 복잡한 수학 공식을 순식간에 풀어내고, 하루 만에 외국어를 완벽하게 습득하는가 하면, 향상된 뇌 기능을 통해 주식 투자로 거금을 모으게 된다. 비록 영화 속 모습이기는 하지만, 여기에 등장하는 사건들은 첨단 신경과학기술을 토대로 인간의 신체적·인지적 기능을 향상시킬 때 생길 수 있는 여러 가지 사회적인, 윤리적인 난제들을 보여 주고 있다. 과연 과학의 가능성과 한계는 어디까지일까? 첨단 과학기술의 발전 과정에서 윤리가 담당하는 역할은 어떤 것일까?

오늘날 학문의 왕은 단연 과학이다. 또한 오늘날 세계를 지배하고 있는 패러다임은 서양 근대문명이며 그 핵심은 바로 과학기술이다. 대략 16세기 중반부터 17세기 말에 걸쳐 성립된 서양의 근대 과학은 모든 사물을 양적量的으로 분석하여 파악하는 수학과 모든 사태를 인과관계를 통해 설명하는 경험과학의 합작품이다. 과학은 18~19세기 산업혁명에 이르러 기술과 연결되기 시작했고, 현대에는 '과학기술'이라는 하나의 용어로 불릴 만큼 밀착된 관계를 형성하게 되었다. 과학이 자연현상에 대한 '체계적 지식'이라면, 기술은 편리함을 추구하는 '방법'이다. 이처럼 과학과 기술은 처음부터 함께 발전한 것은 아니지만, 과학 이론이 응용되어 기술의 발달을 가져오고, 기술상의 문제점이 다시 과학 연구를 촉진시키는 상승작용을 하면서 발전을 가속화해 왔다.

과학기술이 우리 삶에 편리함을 가져온 측면은 이루 헤아릴 수 없을 만큼 크다. 가정의 생활용품만 보더라도 냉장고, 세탁기, 청소기, 텔레비전, 에어컨, 컴퓨터, 휴대폰 등 과학기술에 힘입지 않은 것은 없다. 자동차, 기차, 항공기 등의 교통수단도 과학기술의 창조물 아닌 것이 없다. 오늘날 우리의 삶이 얼마나 과학기술에 의존하고 있는지는 정전停電 사태를 겪어 보면 알 수 있다. 일단 전기가 나가면 순식간에 모든 기능이 정지된다. 텔레비전도, 엘리베이터도, 전철도 정지되고 도시는 암흑천지가 된다. 이때 우리는 과학기술이 우리 삶에 미치는 영향이 얼마나 큰지를 절실히 느끼게 된다. 이처럼 과학기술이 인류의 삶에 가져온 변화와 편리의 정도는 형언할 수 없을 정도로 크다.

그런데 과학기술의 발달로 인한 최근의 이슈들, 이를테면 환경오염, 장기이식, 유전자 조작, 핵 기술 등은 인간의 생존을 위협하는 부정적인 측면도 함께 지니고 있기 때문에 주의 깊게 성찰할 필요가 있다. 말하자면 과학기술 분야의 연구와 관련하여 윤리적 측면에 대한 검토가 필요하다는 것이다. 이제 과학자들은 윤리적 책임의식을 가지고 자기 연구를 수행해야 할 부담을 안게 되었다. 왜냐하면 과학기술 발달이 우리 삶에 큰 영향을 미치는 상황에서 만일 연구자가 자신의 연구가 초래할 결과에 대해 성찰하는 자세를 지니지 않는다면, 앞으로 인류는 또 어떤 재앙에 직면하게 될지 알 수 없기 때문이다.

이런 점을 염두에 두고 아래에서는 과학과 윤리의 관계를 심도 있게 검토함으로써 과학기술 발전의 앞날에 윤리가 어떤 역할을 담당해야 할 것인지 살펴보고자 한다.

1. 과학과 윤리의 관계

> "과학적 설명만으로는 우리 삶의 근본적 문제들이 해명될 수 없다."
>
> – 루트비히 비트겐슈타인

근대과학, 즉 자연과학이 다른 학문 분야에 비해 훨씬 성공적일 수 있었던 원인은 무엇일까? 그것은 아마도 과학이 철저하게 사실을 객관적으로 다루었기 때문일 것이다. 다시 말해서 자칫 주관적이고 독단적으로 흐르기 쉬운 도덕적·종교적 가치를 배제함으로써 사실을 더욱 정확하게 파악하고, 이렇게 획득한 지식을 토대로 자연을 개발하여 인간 삶을 풍요롭게 만들었기 때문일 것이다. 과학의 성공은 곧 다른 학문 분야에 영향을 미치게 되었다. 과학의 방법론이 모든 학문의 모델이 된 것이다.

실제로 서양의 근대 학문은 이렇게 '과학화'의 길을 걸어왔다. 이제 학문은 가능한 한 어떠한 규범도 가치도 없는 사실의 세계만을 다루게 되었다. 그러자 처음에는 자연이 가치의 측면에서 '중립화(탈가치화)'되었고, 다음에는 인간도 역시 그렇게 되었다. 인간의 행위를 포함한 세상만사가 자연법칙의 체계와 선행조건들에 의해 결정될 뿐이라고 주장했던 19세기의 기계론적 자연주의와 논리적·경험적 검증을 거치지 않은 어떠한 명제도 단지 무의미할 뿐이라고 주장했던 20세기의 논리실증주의는 이러한 정신을 가장 극적으로 대변한 사조라고 할 수 있을 것이다. 논리실증주의자들이 자신들의 사상적 원조로 생각했던 비트겐슈타인L. Wittgenstein의 말은 과학적 시각에서 바라본 윤리의 운명을 잘 표현해 주고 있다.

> 세계의 뜻은 세계 밖에 놓여 있지 않으면 안 된다. 세계 속에서 모든 것은 있는 그대로이며, 모든 것은 일어나는 그대로 일어난다. 세계 속에는 가치가 존재하지 않는다.[01]
>
> 그렇기 때문에 윤리의 명제들도 역시 존재할 수 없다.[02]
>
> 윤리가 말로 표현될 수 없다는 점은 분명하다.[03]

자연과학적 명제, 즉 사실세계의 사건들을 서술하는 사실명제로

01 비트겐슈타인, 『논리 · 철학 논고』, 이영철 역, 天池, 1994, 6.41.
02 앞의 책, 6.42.
03 앞의 책, 6.421.

구성된 '세계' 속에는 가치란 것이 존재하지 않으므로, 가치를 표현하는 윤리의 명제들도 존재할 수 없다는 것이다. 이처럼 세계 속에 가치가 존재하지 않고 윤리의 명제들도 존재하지 않는다면, 세계를 설명하는 데에는 자연과학만으로 충분하지 무엇 때문에 윤리에 대해서까지 신경 쓸 필요가 있겠는가? 그런데도 비트겐슈타인은 이어서 다음과 같이 말한다.

> 비록 모든 가능한 과학적 물음들이 대답된다 하더라도, 우리는 우리 삶의 문제들이 여전히 조금도 건드려지지 않은 채로 있다고 느낀다.[04]

우리가 잘 알다시피, 과학은 주로 사물이나 현상이 '어떻게' 있는지, '어떻게' 일어나는지를 물으며, 가설에 입각해 항상 조심스럽게 설명과 분석을 가한다. 다시 말해서 그 인과관계를 밝히고자 한다. 그것은 어떤 것이 '왜' 있는지에 관한 전체적 의미나 그 최종 목적에 대해서는 묻지 않는다. 왜냐하면 이런 것은 '과학적으로' 대답될 수 없는 물음이기 때문이다. 아마 이러한 물음에 대해 누군가가 과학적인 답변을 시도한다고 해도 그것은 '무의미한' 말이 되고 말 것이다. 이런 이유로 이제까지 과학자들은 대체로 실증주의적 태도를 견지해 왔다. 그러나 앞의 비트겐슈타인의 고백처럼, 인간은 결국 이 모든 것들의 의미를 묻게 된다. 과학의 눈으로 볼 때 이것이

04 앞의 책, 6.52.

무의미한 물음이라 하더라도 우리가 이러한 물음을 그만둘 수 없다면, 그것은 인간에게 있어 참으로 중요한 어떤 것이라 하지 않을 수 없다. 즉 그것은 우리들의 '삶의 형식Lebensform'[05] 중 하나가 아닐 수 없다.

"말할 수 없는 것에 관해서는 침묵해야 한다"[06]라는 비트겐슈타인의 유명한 말은 한때 논리실증주의자들에 의해 '윤리나 종교 등의 형이상학적 문제에 대해서는 더 이상 논하지 말라'거나 '그러한 문제는 학문적으로 다루어질 수 없다'는 의미로 해석된 바 있다. 그러나 우리는 비트겐슈타인의 언급을 조금 더 적극적으로 해석해 볼 필요가 있다. 그의 '침묵하라'는 표현은 참으로 중요한 문제 영역을 지키기 위한 하나의 역설적 표현으로서, 그러한 영역을 다루기에 적절하지 않은 잘못된 접근법을 사용하지 말라는 경고라고 말이다. 다시 말해서 사실세계를 다루는 과학적 방법은 그 세계를 초월한 가치의 문제를 다루기에 적절하지 않다는 점을 강조하고자 했다는 것이다. 여기서 과학자도 윤리를 공부해야 할 필요성이 제기된다. 아니면 적어도 윤리적 관심을 가지고 자기가 하고 있는 연구의 전체적 의미를 성찰할 것이 요구된다.

05 비트겐슈타인, 『철학적 탐구』, 이영철 역, 서광사, 1994, 336쪽.
06 비트겐슈타인, 『논리 · 철학 논고』, 7.

2. 과학적 방법의 특성과 진정한 과학정신

"자연법칙은 객관적 진리가 아니라 우리의 믿음일 뿐이다."

– 데이비드 흄

자연과학에서는 자연법칙을 이용하여 현상을 탐구한다. 이처럼 이미 알고 있는 법칙으로부터 연역을 통해 여러 가지 현상을 설명하거나 예측한다. 그런데 이미 참인 것으로 전제된 법칙이나 이론은 그 기원을 따져 보면 우리의 원초적 경험과 관찰을 통해 귀납적으로 얻어진 것이다. 하지만 경험적으로 얻어진 지식은 논리적 증명이 불가능한 것으로서 결코 명증적이라 할 수는 없다. 그러한 추론의 타당성을 주장하는 사람들은 '건전한' 감각을 가진 자가 '다양한' 조건 아래 '충분히 많은' 관찰을 하고 그것을 '편견 없이' 기록했을 경우, 거기서 도출된 법칙이 '참'임을 믿을 수 있다고 할 것이다. 그러나 흄D. Hume이 "법칙이나 이론에 관한 우리의 믿음이란 반복된 경험에서 얻어진 심리적 습관에 불과한 것"이라고 지적한 바와 같이, 우리의 관찰이란 늘 과거의 경험, 기존의 지식, 우리의 기대 등에서 자유로울 수 없는 것이다.[07]

07 D. Hume, *Treatise of Human Nature* (London: Dent, 1939), Part III 참조.

"과학 이론이란 그 시대의 과학자 집단이 합의한 믿음의 체계이다."

– 토머스 쿤

이로써 자연과학적 지식이나 방법은 우리에게 절대적 진리를 보증하는 것이라기보다 언제라도 새로운 사실의 발견에 의해 수정될 수 있는 잠정적인 설명체계일 뿐이라는 것을 알 수 있다. 쿤T. Kuhn도 그의 패러다임paradigm 개념을 통해, 한 시대를 지배하는 과학적 이론의 체계가 과학자 집단의 합의에 의한 일종의 믿음의 체계임을 지적한 바 있다.[08] 그러므로 '모든 진리는 오로지 과학적 방법에 의해서만 접근 가능하다'는 독단적 태도는 이른바 '과학주의scientism'라고 불리는 일종의 종교적 태도와 유사한 것임을 알 수 있다. 과학주의의 문제점은 과학적 방법을 '모든' 진리의 검증 기준으로 설정하는 데 있다. 하지만 과학적 방법은 인간이 세계를 이해하는 '한 가지' 방법에 불과할 뿐, 그것만이 우리 삶의 모든 진리를 담보해 주는 유일한 방법이라고 단정할 수는 없다.[09]

이와 관련하여 파이어아벤트P. Feyerabend도 자연과학이 다른 형태의 지식을 적절히 연구하지도 않고 스스로 다른 분야보다 우월하다

08 T. S. Kuhn, *The Structure of Scientific Revolutions* (Chicago: University of Chicago Press, 1970) 참조.

09 예컨대 도덕은 과학적 방법으로는 적절하게 다루어질 수 없다. 과학적 방법에는 으레 결정론이 전제되어 있다. 인과율을 기본으로 하는 자연법칙이 늘 전제되어 있는 것이다. 하지만 도덕은 결정론의 틀 안에서 이루어지는 담론이 아니다. 도덕은 결정론을 넘어 인간의 자유의지를 전제로 하는 담론이기 때문이다.

고 판단하는 것은 잘못이라고 지적한 바 있다.[10] 특히 사회과학의 경우에 어떤 이론이 우리 사회를 이해하고 좀 더 깊게 반성·변화하는 데 도움을 주기보다 피상적인 수준(시장조사, 행태주의 심리학 등)에서 사회를 인식하여 그것을 과학의 이름으로 옹호하려 한다면 잘못이라고 비판했다. 따라서 자연과학, 사회과학, 철학 등 어느 분야를 막론하고 우리들이 세계를 인식하게 되는 과정에 대해 아주 근본적인 이해에 도달하고 있다는 인상을 심어 주는 것은 그릇된 태도라고 할 수 있다.

> "과학적 방법이란 절대적인 문제 해결을 시도하는 것이 아니라, 가설 설정과 반증 과정을 통해 잠정적인 문제 해결을 시도하는 것이다."
>
> – 칼 포퍼

과학적 방법에 의거하여 사회과학의 가능성을 찾으려 했던 대표적인 인물은 포퍼K. Popper이다. 그는 과학적 인식이란 지각이나 관찰로부터 시작되는 것이 아니라, 먼저 이론에 입각한 가설을 세우고 그에 따라 연역해 나가되, 만일 이론이 실제 사실과 불일치할 경우에는 계속 새로운 이론을 세워 문제 해결을 시도하는 반증反證 과정 속에서 가능하다고 보았다. 따라서 과학적 방법은 절대적인 문제

10 P. Feyerabend, *Against Method: Outline of an Anarchistic Theory of Knowledge* (London: New Left Books, 1975), p.205.

해결을 시도하는 것이 아니라, 언제나 잠정적인 해결을 시도하는 것이며, 그 과정은 예리한 비판으로 통제된다. 이것이 이른바 '시행착오試行錯誤의 방법'의 비판적 연속이다.[11]

포퍼에 따르면, 지식의 객관성은 객관적이고자 하는 개별 학자들의 의도에서 확보되는 것이 아니라 많은 학자들의 선의의 경쟁과 협조 속에서만 확보될 수 있다. 따라서 설사 특수한 편견이나 전제에서 출발한다 해도 타인의 비판에 대해 항상 열려 있는 자세를 견지하는 한 우리는 자기비판과 반성을 통해 점차 보편적인 진리로 나아갈 수 있다. 따라서 진정한 과학정신이란 내 방법만이 옳다는 독단적 태도에서가 아니라, 여타의 접근법에 대해서도 항상 열려 있는 개방적인 자세에서 찾아지는 것임을 알 수 있다.

3. 과학에서 요구되는 윤리의 두 가지 차원

우리는 과학에서 요구되는 윤리를 두 가지 차원으로 나누어 살펴볼 필요가 있다. 하나는 과학기술계 내부에서 요구되는 윤리이고, 다른 하나는 그것을 넘어 과학자의 사회적 책임과 관련된 윤리이다. 우선 전자의 경우부터 살펴보자.

과학의 영역 내에서 요구되는 윤리규범의 예로는 '방법과 증명의 규칙을 준수하라', 즉 '허술한 추론이나 경솔한 실험, 실험 결과의 오

11 한국사회과학연구소 편, 『사회과학의 철학』, 민음사, 1980, 47-67쪽 참조.

류에 대한 침묵을 통해 자기 자신과 다른 사람을 속이지 말라', 요컨대 '지적 성실성과 엄밀성을 유지하라'는 것 등을 들 수 있다. 이와 함께 헌신, 인내와 같은 개인적 덕성도 요구된다. 이와 같은 과학자의 윤리는 한마디로 나쁜(불성실한) 과학자가 되기보다 좋은(성실한) 과학자가 되라는 과학자 사회 내에서 요구되는 규범이다.

그러나 이러한 규범과 덕목들은 과학 너머 또 다른 차원의 윤리적 관점에서 볼 때 일정한 한계를 가지고 있다. 그것은 과학자로서의 직업적 성공을 위한 조건에 그칠 뿐, 과학 밖의 영역과 관련하여 과학이 짊어지는 의무를 정초하는 데 도움을 줄 수는 없기 때문이다. 연구결과와 과학 집단의 토대를 공유하라는 연구자의 상호 교류 의무도 크게 다를 것이 없다. 그것 또한 과학 집단 내에서 우수한 연구 실적을 내기 위한 기술적 조건에 불과한 것일 뿐이다. 이 경우에도 과학자의 윤리는 과학의 영역 내에서 요구된다는 의미에서 여전히 '지역적'이며 그 구속력 역시 과학 자신에 한정된다. 말하자면 이러한 윤리는 '가언명법'으로서의 윤리인 것이다.[12]

이제 과학기술의 영역을 초월하는 윤리에 관해 알아보자. 과학기술의 윤리가 과학 내의 담론에 머물지 않고 과학 외의 영역으로까지 확대되게 된 것은 과학기술의 급속한 발전으로 첨단 과학기술의 영향력이 막강해졌기 때문이다. 즉 과학 연구가 순수 이론적 차원을 벗어나 인간과 세계의 안전이나 행복에 곧바로 영향을 미치게 되었기 때문이다. 특히 산업혁명과 1·2차 세계대전을 거치면서 과학기

12 1장 3절의 '가언적인' 윤리와 '정언적인' 윤리에 대한 설명 참조.

_ 1946, 비키니 섬의 핵무기 실험

술은 경제와 군사 측면에서도 광범위하게 활용되기 시작했다. 최근에는 정치, 문화, 스포츠, 환경 분야에도 과학기술의 영향력이 크게 증가하고 있다. 권력이 등장하고 그 힘이 행사되는 곳에는 언제나 윤리가 요청되기 마련이다. 원자폭탄의 등장은 과학기술이 더 이상 가치중립성을 주장할 수 없게 되었음을 보여 준 대표적인 예이다. 이제 과학기술은 모든 이가 자기 행위에 대해 책임을 져야 하는 사회적 행위의 영역 한가운데로 자리를 옮기게 되었다. 큰 힘을 가진 자에게는 그 힘이 커진 것만큼의 책임이 따르지 않을 수 없다는 의미에서, 과학기술인도 자신의 연구결과에 대한 사회적 책임을 의식하지 않을 수 없게 되었다.

그런데 애석하게도 이제까지 '과학기술과 윤리'에 대한 우리 사회의 담론은 전자의 차원에 머무는 경향을 보여 왔다. 과학기술의 발달로 초래된 윤리 문제들을 다룰 때도 늘 과학기술의 발전이라는 지상 목표가 먼저 전제된 후, 윤리 문제는 그 발전 과정상의 부작용을 완화하고 해소해야 할 필요성 때문에 주변적으로 다루어지는 일이 다반사였던 것이다. 첨단 과학기술과 관련하여 최근 이슈가 되고 있는 많은 문제들은 첨단 과학기술의 급속한 발전과 관계가 깊고 국가 경쟁력이나 경제적 생산성 문제와 맞물려 있어서, 한쪽에서 아무리 근본적인 윤리적 성찰이 필요하다고 목소리를 높여도 다른 쪽에서는 '갈 길 바쁜 과학기술의 발목을 잡는다'는 정도의 인식을 가지고 있는 경우가 많았다.

과학기술의 발달에 경도되어 더욱 질 높은 미래의 생활을 꿈꾸는 과학주의·진보주의가 득세하는 곳에서는 정언명법의 입장에서 모든 면을 비판적으로 검토하는 윤리란 자칫 거추장스러운 것으로 여겨지기 쉽다. 그래서 설사 윤리가 논의된다 하더라도 겨우 과학기술의 효율적 수행을 저해하는 요인을 제거하거나 예방하려는 차원에서 이루어지는 것이 보통이다. 말하자면 윤리는 이른바 '필요악'의 차원에서 논의되는 것이다. 그러나 여기저기서 터져 나오는 문제들을 그때그때 임시방편으로 막아 내는 역할에 동원되는 윤리란 사실상 문제의 근본적인 해결을 제시하기에는 역부족일 수밖에 없다. 그러므로 이제는 단지 주변적인 차원에서 윤리를 논할 것이 아니라 '과학기술세계의 인간화'라는 문제를 놓고 더욱 근본적인 차원에서 윤리를 논할 필요가 있다. 과학기술의 발달과 물질적 성장이 결코 그 자체로 삶의 최종 목적일 수 없으며 그 역시 더 인간다운 삶을 위한 수단임이 명백한 이상, 언제나 우리가 지향할 궁극적 가치의 관점에서 새로운 과학기술의 윤리적 함축에 대해 진지하게 논의할 필요가 있다. 그리고 길게 보자면 이것이야말로 과학기술의 진정한 발전을 위한 초석이 될 것이다.

4. 과학자의 사회적 책임

우리는 앞에서 과학기술의 영향력이 커진 것만큼이나 사회적 책임도 커졌다는 점을 살펴본 바 있다. 이는 곧 과학자들이 사회를 위해 봉사해야 할 책임이 있음을 의미한다. 실제로 현대의 많은 과학자들은 사회적 책임의 귀감이 되기도 했다. 이들은 대중에게 과학을 가르치고, 과학에 관심을 갖도록 유도하고, 연구결과를 대중에게 알리는 데 많은 기여를 했다. 예를 들어 원자폭탄의 출현에 일조한 아인슈타인A. Einstein이나 오펜하이머J. R. Oppenheimer는 2차 세계대전 후 핵에너지를 평화적인 목적으로 이용하는 운동을 이끌었다. 또 1960년대에 레이철 카슨R. Carson[13]을 비롯한 많은 과학자들은 오염, 살충제, 멸종 등의 다양한 환경문제에 대한 대중의 관심을 이끌어냈다.

그런데 과학자들이 특정한 정책과 견해를 지지하여 대중을 위해

13 레이철 카슨의 저술이 대중적 영향력을 가지게 된 과정과 그 의의에 대해서는 박찬구, 『우리들의 응용윤리학』, 울력, 2012, 8장 1절에 비교적 상세하게 나와 있다.

봉사하려고 할 때는 윤리적인 문제가 제기될 수 있다. 과학이 정치적인 문제와 결합되면서 윤리적 딜레마를 낳을 수 있기 때문이다. 지구온난화를 둘러싼 논쟁이나 핵발전소의 위험성에 관한 논쟁 등이 대표적인 예이다. 과학자는 이런 문제들에 관해 전문가로서 대중에게 사실에 대한 객관적인 평가를 제공해야 하는가, 아니면 관심 있는 시민의 입장에서 특별한 정책을 옹호해야 하는가? 이 물음에 대한 답은 물론 전자일 수밖에 없다. 그 이유는 첫째, 과학자가 전문적인 견해를 피력하도록 요청받을 때, 대중은 과학자에게 사실에 대한 편견 없고 객관적인 평가를 기대하기 때문이다. 만일 과학자가 이러한 역할을 포기한다면, 이는 대중의 믿음을 저버리는 일일 뿐만 아니라 과학을 위한 대중적 지지의 토대를 허물어 버리는 셈이 된다. 둘째, 만일 과학자가 사회적·정치적 목적을 지지하기 위해 객관성을 유지해야 하는 의무를 저버린다면, 과학은 완전히 정치화될 것이기 때문이다. 설사 사회적·정치적 가치가 과학에 영향을 미칠 수 있다 해도, 과학자는 연구를 수행할 때나 전문적인 견해를 요청받을 때, 언제나 정직하고 개방적이며 객관성을 유지하기 위해 노력해야 한다.[14]

다음으로 연구결과가 미칠 영향이 불확실할 경우에도 과학자는 자신의 전문적 식견의 범위 내에서 최대한 객관적인 견해를 제시해야 한다. 물론 아인슈타인이나 플랑크M. Plank 등은 자신들의 양자론 연구가 핵폭탄으로 이어질 것을 예상하지 못했다. 또 DNA의 발견

14 데이비드 레스닉, 『과학의 윤리』, 양재섭, 구미정 역, 나남, 2016, 253-258쪽.

이 유전공학으로 이어질 것이라고 생각한 사람도 별로 없었다. 그렇다면 과학자는 어떤 연구가 가져올 결과가 불확실한 사안에 대해서는 객관성과 공평성을 유지하기 위해서, 또는 도덕적·정치적 논란을 피하기 위해서 마땅히 침묵해야 하는가? 그렇지 않다. 과학자는 다른 사람들보다 더 많은 지식과 전문성을 지니고 있고, 그래서 그 연구결과를 추측할 자격 또한 더 많이 갖추고 있기 때문이다. 과학적·기술적 발전의 함의에 대한 전문가들의 견해는 종종 틀릴 수 있다. 그러나 견해가 전혀 없는 것보다는 탄탄한 정보에 입각한 견해들이 피력되는 편이 더 나을 것이다. 견해를 달리하는 과학자들 간에 논쟁이 벌어진다 해도 이는 객관성을 확보하는 데 도움이 될 것이기 때문이다. 연구결과에 대해 객관적인 견해를 제시하고자 노력하는 과학자들은 결과가 좋든 나쁘든 상관없이 모든 가능한 결과에 대해 논의해야 한다.[15] 그리고 이러한 노력은 미래에 닥쳐올 재앙을 최소화하는 데 기여할 수 있을 것이다.

15 앞의 책, 259-261쪽.

생각해 볼 문제

1. 다음 글은 '공중 보건을 위하여 국가가 개인에게 백신 접종을 강제할 수 있느냐? 아니면 개인의 자유로운 선택에 맡겨야 하느냐?'라는 딜레마 사례를 다루고 있다. 이에 대한 여러분의 의견을 말하고 그 이유에 대해서도 토론해 보자.

미국에서 백신 접종을 거부하는 사람들

조 바이든 미국 대통령은 고용주들이 직원들에게 신종 코로나바이러스 감염증(코로나19) 백신 접종을 받지 않으면 직장을 잃게 될 것이라는 최후통첩을 할 것을 촉구해 왔다. 바이든 대통령은 곧 모든 의료 종사자에게 접종을 의무화할 것이라고 말했고, 주 정부에는 교사들에게도 같은 명령을 내릴 것을 촉구했다.

(- 중략 -)

코네티컷주 윌링포드의 교사 카하임 아웃로는 백신 접종을 거부해 교사직을 잃었다. 작년에 그는 고등학교에서 '올해의 교사'로 선정됐지만, 주 당국에서 도입한 예방 접종 의무를 준수할 수 없다고 느꼈다. 그는 "나는 약용이든 영양제든 식품이든 내 삶에서 어떤 종류의 합성 성분도 사용하지 않는다. 그러므로 예방 접종을 한다는 것은 내 삶의 방식에 정면으로 위배되는 일"이라고 말했다. 코네티컷주의 모든 교사와 마찬가지로 아웃로에게도 '정기적인 코로나 검사'가 대안으로 제시됐다. 하지만 그는 이를 불편한

'불필요한 의료절차'로 보았다.

아웃로가 할 수 있다고 제시한 한 가지는 자신이 코로나19에 감염된 적이 있기 때문에 바이러스에 대한 항체가 있다는 것을 보여줄 수 있는 '항체 검사'였다. 그러나 이것은 선택 사항이 아니다.

교실에서 아웃로는 당연히 학생들과 밀접하게 접촉할 것이다. 그런데, 집에서 완전히 고립돼 일하는 직원은 어떨까? 고용주가 접종을 요구할 권리가 있을까?

롭 세그린은 뉴햄프셔 시골의 외딴 지역 모나드녹산 인근에 살고 있는데, 이달 말까지 1차 코로나 백신 접종을 받지 않으면 IT 분야 일자리를 잃게 될 것이라는 말을 들었다. 세그린은 "내 일자리는 연방 계약자들을 위한 100% 원격 재택근무다. 나는 사무실에 가지 않고 사람들과 교류하지 않는다. 내가 백신을 반대하는 이유는 이번 백신이 그것을 개발하기까지 충분한 연구기간이 주어지지 않았기 때문이다. 그래서 나는 내가 할 수 있는 방법으로 가족을 보호하고자 한다"고 말했다. "'이렇게 하지 않으면 직장을 잃을 것'이라는 명령은 나와 내 가족에 대한 인신공격처럼 느껴졌다. 마치 그들이 내 생계를 노리는 것처럼." 세그린은 지금까지 고용주와의 논의가 결실을 보지 못했고, 현재 상황에서 자기는 직장을 잃게 될 것이며, 결과적으로 자신의 건강보험과 가족의 건강 관련 혜택도 잃게 될 것이라고 말했다.

미국 전역에서 코로나 사태 동안 정책의 혼란이 있었던 것처럼 백신 관련해서도 논란이 있고, 공화당 주는 계속해서 백신 의무화에 맞서고 있다. 미국에서 개인의 자유와 공중 보건에 대한 논쟁이 계속되는 동안, 코로나19는 여전히 매일 거의 1,500명에 달하는

미국인의 목숨을 앗아가고 있다.[16]

2. 다음 '뉘른베르크 전범재판 사건'의 개요를 읽고, 이 재판의 최후 판결문에서 유래하여 이후 '허용 가능한 의학실험'의 기준이 된 '뉘른베르크 강령(The Nuremberg Code)'의 내용을 조사해 보자.

_ 뉘른베르크 재판 당시

2차 세계대전 중 독일과 일본은 전쟁 수행에 필요한 의학 지식과 기술을 얻기 위해 포로들을 이용하여 인체실험을 자행했다. 전쟁 승리를 목적으로 진행된 이들의 연구는 세균전, 화학전을 위한 생체실험 이외에도 압력, 추위 등 물리적 변화에 따른 전쟁 수행 상 장애를 최소화하기 위한 연구들도 있었다. 전쟁을 위한 인체실험과 의학 연구의 수행은 전쟁 참여 국가들에서 나타나는 공통점으로 보일 수 있으나, 일본의 731부대와 함께 독일 나치하의 인체실

16 「BBC News Korea」, 2021. 10. 20.

험은 우생학에서 출발하여 인종말살정책에 이르는 연속선상에 위치한 반인륜적인 범죄였다.

2차 대전이 종료된 이후 1945년 10월에 전쟁 범죄, 반평화 범죄, 반인류 범죄를 저지른 사람들을 벌하기 위한 법안이 국제 협약에 의해 통과되자, 독일 의사 및 과학자들의 인체실험을 심판하기 위해 뉘른베르크 재판이 열렸다. 소위 '의사들에 대한 재판Doctors' Trial' 또는 '의료 사건Medical Cas'으로 알려진 뉘른베르크 재판은 반인륜적 인체실험을 자행한 이들을 기소함으로써 인간을 대상으로 한 실험에서의 윤리 원칙이 정착되는 데 중요한 계기를 마련하였다. 당시 군사재판소는 23명의 피고를 기소했다. 이들의 죄목은 모두 전쟁 범죄 및 반인류 범죄였다. 재판을 맡은 기소위원회의 위원장이었던 육군중장 텔포드 테일러Telford Taylor는 기소를 위한 개회사에서 대부분의 피고가 잘 훈련된 의사들이고, 몇몇은 저명한 과학자들이기 때문에 자신들이 하는 일의 성격을 잘 판단할 수 있는 자들이며, 동시에 자신의 전문 분야에서 도덕적이고 전문적인 판단을 누구보다도 잘 내릴 수 있도록 훈련받은 사람들이라는 점을 상기시켰다. 23명의 피고 중 20명이 의사였던 것이다. 그들이 저지른 죄상을 항목별로 기소한 뒤, 테일러 중장은 이들의 행위가 의료윤리의 기본인 "무엇보다도 해를 끼치지 말라primum non nocere"는 지침을 어긴 비윤리적이고 반인류적인 것이었을 뿐 아니라, 순전히 과학의 관점에서 보아도 이들의 실험이 비효율적이고 체계적이지 않으며 비과학적이었다는 점을 지적했다.[17]

17 조석영, "과학 실험의 윤리적 문제," 한국윤리학회 편, 『과학기술과 윤리』, 형설출판사, 2008, 280-281쪽.

16장

형벌과 윤리:

사형제는 폐지되어야 하는가

영화 〈우리들의 행복한 시간〉은 '죽고 싶어 하는 사형수'와 '자살을 시도하는 교수'의 만남으로 시작한다. 그런데 이야기가 진행될수록 이제는 '살고 싶어 하는 사형수'와 '그를 살리고 싶어 하는 여자'의 슬픈 사랑 이야기로 바뀐다. 이 영화에서 특히 가슴 아픈 장면은 사형 집행 전 사형수의 얼굴에 두건이 씌일 때, 목에 올가미가 걸릴 때, 그리고 사형수가 잘못했다며 죽고 싶지 않다면서 살려 달라고 울부짖는 부분이다. 사형수가 어떤 죄를 지었든, 죽고 싶어 하지 않는 인간을 인간의 손으로 죽게 만드는 일은 참으로 안타깝고 가슴 아픈 일이 아닐 수 없다. 과연 법의 이름으로 사형은 정당화될 수 있는가?

형법은 폭행, 살인, 강도, 강간과 같은 범죄행위를 금지한다. 그리고 범죄자들은 법에 따라 처벌을 받는다. 처벌은 범죄자들이 귀하게 여기는 것을 빼앗는 방식으로 이루어진다. 예컨대 금고형의 경우에는 그들의 자유를, 벌금형의 경우에는 그들의 돈을 빼앗는다. 이러한 박탈은 그들이 타인이나 공익에 가한 피해를 보상하기 위한 것이다. 다시 말해서 그들의 범죄행위 때문에 발생한 불공정과 불균형을 바로잡기 위한 것이다. 이처럼 형벌은 어그러진 균형을 바로잡기 위한 것이므로 너무 과도하거나 부족하지 않도록, 말하자면 정의의 천칭이 어느 한쪽으로 기울지 않고 균형을 유지하도록 적절한 선에서 이루어져야 한다.

그런데 형벌로서의 사형은 어떤가. 사형은 대개 살인에 대한 처벌로서 부과된다. 살인죄를 저지른 범죄자를 사형에 처하는 것은 이른바 동해보복同害報復, 일명 '탈리오의 법칙lex talionis'[01]에 입각한 정당한 형벌로 여겨지기도 한다. 실제로 사형제도는 우리나라를 비롯한 대부분의 나라에서 옛날부터 시행되어 왔고 또 당연시되어 왔으며, 근세에 이르기까지는 아무도 이를 문제 삼지 않았다.

사형제도에 대해 처음으로 문제를 제기한 인물은 『유토피아』를 쓴 토마스 모어T. More였으며, 근대에 접어들어 명시적으로 사형폐지를 주장한 사람은 이탈리아의 형법학자 베카리아C. Beccaria였다. 베카리아는 1764년에 출간한 그의 저서 『범죄와 형벌』에서 '국가라 할지라도 한 국민의 생명을 빼앗을 권리는 없다'라고 주장하였다. 20세기에 들어와서는 인권사상의 대두와 더불어 범세계적 차원에서 사형제도의 폐지가 본격적으로 논의되기 시작했다.

과연 사형제도는 비인도적 형벌로서 이제는 없어져야 할 제도인가, 아니면 비인도적 범죄를 응징하는 최후의 보루로서 여전히 존속해야 할 제도인가. 아래에서는 사형제도의 존폐론을 뒷받침하는 이론적 근거들을 검토해 본 다음, 이 문제와 관련한 우리나라의 실태는 어떠하며 바람직한 대안에는 어떤 것들이 있는지 생각해 보고자 한다.

01 이 원칙은 범죄자들이 희생자에게 행한 것과 똑같은 형태로 처벌이 가해져야 함을 표방한다. 즉 '눈에는 눈, 이에는 이' 그리고 '목숨에는 목숨'이다. 그러므로 이 원칙에 의하면 사형은 살인에 대한 유일하게 적절한 처벌이다.

1. 사형폐지론의 논거

사형폐지를 주장하는 사람들이 제시하는 이유는 다음과 같다.[02]

첫째, 사형제도는 헌법에 보장된 기본권인 인간의 존엄과 가치 및 생명권을 침해하고 박탈하는 제도이기 때문이다. 일찍이 베카리아는 '각 사회 구성원은 안정과 평화를 위해 자신의 자유 중 일부를 법, 곧 국가에 양도하지만 생명은 여기에 결코 포함되지 않는다'고 말한 바 있다.[03] 이러한 정신은 우리의 헌법에도 반영되어 있으니, 사형은 인간의 존엄과 가치를 보장하는 헌법 제10조와 국민의 자유와 권리의 본질적인 내용은 침해될 수 없음을 규정한 헌법 제37조 2항에 위배된다는 것이다.[04]

둘째, 사형은 존치론자들이 주장하는 바와는 달리 범죄의 예방이나 억제 효과가 없기 때문이다. 폐지론자들에 따르면, 사형의 위하력(威嚇力, 사람을 겁먹게 하는 효과)이 없다는 것은 사형을 폐지한 국가에서 사형에 해당하는 흉악 범죄가 증가하지 않았다는 사실로도 입증된다. 지난 세기를 통하여 유럽 어느 나라에서도 사형을 폐지했기 때문에 살인사건이 증가했다는 기록이 없으며, 미국의 경우에도 사형제도가 없는 주의 살인율이 사형제도가 있는 주의 살인율보

02 유석성, 『사형과 인간의 존엄』, 한들출판사, 2004, 34-36쪽 참조.

03 한인섭, 『체사레 벡카리아의 범죄와 형벌』, 박영사, 2013, 111-123쪽.

04 대한민국 헌법 제10조에 의하면 "모든 국민은 인간으로서의 존엄과 가치를 가지며, 행복을 추구할 권리를 가진다. 국가는 개인이 가지는 불가침의 기본적 인권을 확인하고 이를 보장할 의무를 진다." 그리고 제37조 2항에 의하면 "국민의 모든 자유와 권리는 국가안전보장, 질서유지 또는 공공복리를 위하여 필요한 경우에 한하여 법률로써 제한할 수 있으며, 제한하는 경우에도 자유와 권리의 본질적인 내용을 침해할 수 없다."

다 높지 않다는 것이다.[05]

셋째, 오판 가능성 때문이다. 재판은 불완전한 인간이 하는 일이기 때문에 오판의 가능성을 배제할 수 없다. 사형은 되돌릴 수 없는 형벌로서, 일단 형이 집행된 이후에는 오판이 판명된다 하더라도 이를 구제할 수 없다. 실제로 오판은 우리나라를 비롯한 많은 국가에서 일어나고 있다. 그 대표적인 예가 인혁당 사건이다. 1975년 인혁당 사건의 관련자 8명에 대해 사형이 집행되었다. 하지만 2011년 이 사건의 재심청구가 받아들여져 이들은 2013년 11월 서울고법에서 무죄 판결을 받았으며 2015년 대법원에 의해 무죄가 최종 확정되었다. 이처럼 잘못된 판결로 억울하게 생명이 희생되는 일이 다시는 일어날 수 없도록 사형제가 폐지되어야 한다는 것이다.

넷째, 사형이 정치적 반대자들을 탄압하는 수단으로 악용되는 경우가 많기 때문이다. 사형제도는 독재자가 정적들을 제거하고 반대자를 침묵시키는 수단으로 악용되어 왔다. 조선시대에 당쟁에 의해 얼마나 무고한 사람들이 처형되었는지, 사육신, 조광조 등의 충신열사를 비롯해서 얼마나 많은 그리스도교 신자들이 법의 이름으로 처형되었는지 우리는 알고 있다. 일제 치하에서 처형된 독립투사의 경우는 물론이요, 광복 후에도 조봉암 등 수많은 무고한 사람들이 정치적으로 처형된 사례를 보더라도 우리가 사형폐지의 당위성을 인정하게 된다는 것이다.

다섯째, 사형이 형벌의 본질을 교화와 교육으로 보는 현대적 형

05 진교훈, "사형제도에 관한 인간학적 성찰," 『현대 사회 윤리 연구』, 울력, 2003, 478쪽.

벌관과 배치되기 때문이다. 현대적 형벌관에 의하면 흉악범들의 범행이 아무리 극악하다 하더라도 우리는 그들에게 개과천선할 기회를 주어야 한다. 즉 그들에게 참회의 기회와 교화될 수 있는 시간을 주어야 한다. 왜냐하면 인간은 성장하고 변화할 수 있는 존재이기 때문이다. 인간은 자신의 잘못에 대해 책임을 져야 하고, 국가는 범법자들에게 응분의 벌을 내려야 하지만, 극형을 통해 이들이 거듭날 수 있는 기회를 원천적으로 박탈하는 것은 비인도적 처사라는 것이다.[06]

여섯째, 범죄의 원인을 개인의 책임으로만 돌릴 수 없기 때문이다. 어떤 개인이 범죄를 저지르게 되는 원인은 그의 악한 성향 때문일 수도 있겠지만, 그가 몸담고 있는 사회의 구조적·복합적 요인과 무관하지 않다. 따라서 사회도 개인의 범죄에 일정 부분 책임이 있음을 인정하지 않을 수 없다. 실제로 많은 범죄자들이 인간다운 대접을 받지 못하는 열악한 환경 조건에서 성장했다는 사실은 우리가 범죄를 개인윤리적 차원에서만 고찰해서는 안 된다는 점을 보여 준다. 따라서 범죄의 책임을 전적으로 당사자에게만 묻는 사형제도는 불합리한 제도라는 것이다.[07]

일곱째, 사형은 당사자의 가족·친지·이웃에게 너무 가혹한 고통을 안겨 주고, 정치적·사회적·인종적 약자들에게 차별적으로 가해지는 경향이 있어 형평성에 문제가 있기 때문이다. 예나 지금이나 사형은 법적 보호를 받는 데 불리한 사람들, 예컨대 가난한 정신적

06 앞의 글, 477-478쪽.
07 앞의 글, 472-473쪽.

장애인이나 인종적·종교적으로 소수 집단에 속하는 사람들에게 많이 행해졌다. 사형선고를 받은 대다수는 그 사회의 하류계층에 속해 있었다. 오늘날에도 가난한 사람들은 그들을 제대로 변호해 줄 유능한 변호사를 세울 재력이 없기 때문에 공판정에서 불리한 재판을 받는 일이 흔하다. 이런 사실 또한 불공정한 사회에서 사형제도가 가지는 위험성을 보여 준다는 것이다.[08]

2. 사형존치론의 논거

역사적으로 사형제도는 대부분의 나라에서 시행되어 왔고, 학자들도 대체로 이를 당연시했다. 사형존치론을 대표하는 인물로는 로크, 칸트, 헤겔 등을 들 수 있으며, 그리스도교에서도 아우구스티누스, 토마스 아퀴나스, 루터, 캘빈 등이 모두 사형을 용인했다. 사형존치론이 내세우는 근거는 다음과 같다.[09]

> 첫째, 사형제도는 흉악 범죄를 억제하는 효과가 있다. 물론 이러한 주장에는 논란의 여지가 있으며, 이를 뒷받침하는 경험적인 증거도 아직까지는 충분치 않다. 그럼에도 이들의 주장에 의하면 사형에는 위하력이 있고, 그래서 흉악 범죄를 예방하는 효과가 있다는 것이다.

08 앞의 글, 475-476쪽.
09 유석성, 앞의 책, 36-38쪽 참조.

둘째, 사형을 통해 응보적 정의를 이룰 수 있다. 타인의 생명을 빼앗은 데 대해서는 그 정당한 응보로서 사형이 마땅하며, 타인을 살해한 자는 스스로의 죽음으로 속죄받아야 한다는 것이다.
셋째, 사형제도는 피해자의 법 감정에 부합하는 제도이다. 피해자와 그 가족의 감정을 위로하고 그들의 복수 욕구를 충족시키기 위해서도 국가는 피해자를 대신하여 범죄자에게 보복을 가해야 할 필요가 있다는 것이다.
넷째, 공공의 안전을 보장하기 위해서도 사형제도가 필요하다. 공공의 안전을 위협하는 극악무도한 범죄에 대해서는 사형을 통해 그 원흉을 사회에서 영구적으로 추방해야 한다는 것이다.
다섯째, 사형제도는 여론과 국민의 법 감정의 지지를 받고 있다. 따라서 국민의 일반적 법 감정에 부합하는 사형제도가 계속 유지되어야 한다는 것이다.
여섯째, 흉악 범죄가 여전히 일어나고 있는 상황에서 사형폐지는 시기상조이다.

3. 형벌 이론과 사형제도

범죄를 저지른 자에 대하여 국가가 형벌을 가할 때, 그 형벌이 정당화되는 논거에는 크게 두 가지가 있다. '공리성의 원리(공리주의)

에 입각한 목적형주의'와 '등가성의 원리(의무론)에 입각한 응보형주의'가 그것이다. 이 글에서는 이를 간단히 줄여 전자는 공리주의 이론, 후자는 응보 이론으로 부르기로 한다.

공리주의 이론은 결과주의를 표방하기 때문에 처벌의 좋은 결과들을 들어 처벌을 정당화한다. 처벌은 범죄자에게 어떤 식으로든 고통을 가하는 것이기 때문에 그 자체로는 나쁜 것이지만, 그 고통보다 훨씬 더 큰 고통을 방지하거나 더 큰 선을 산출하는 경우에는 정당화될 수 있다. 따라서 처벌을 통해 범죄자가 범죄를 되풀이하지 못하게 한다면, 또는 잠재적 범죄자들이 유사한 범죄를 저지르지 못하도록 예방할 수 있다면, 처벌은 범죄자에게 끼치는 해악을 능가하는 좋은 결과를 산출한다고 볼 수 있다. 이러한 입장에서 볼 때 처벌의 주요 기능은 범죄를 감소시키는 것이다.

응보 이론에 따르면 범죄자에 대한 처벌은 그가 자발적으로 잘못된 행위를 했다는 이유로 정당화된다. 범죄자는 자신이 저지른 행동 때문에 고통을 받아 마땅하며, 이는 그 고통을 통해 산출될 (어떤 좋은) 결과와는 무관하다. 공리주의자와 달리 응보주의자는 처벌을 통한 범죄자의 고통을 그 자체로 나쁜 것으로 생각하지 않는다. 죄 없는 사람의 고통은 나쁜 것이지만, 죄지은 사람의 고통은 합당한 것이기 때문이다.[10]

위의 두 이론을 사형에 적용해 보자. 우선 응보 이론에 따르면 '동해보복법'에 따라 살인죄에는 오직 사형만이 적합한 처벌이다. 그

10 피터 싱어 편, 『응용윤리』, 김성한 외 역, 철학과현실사, 2005, 223-227쪽 참조.

러나 동해보복법에는 허점이 있다. 피해자가 입은 피해를 가해자에게 그대로 되돌려 줄 수 없는 경우가 생길 수 있다. 예컨대 무일푼의 도둑이나 남의 이를 부러뜨린 이 없는 폭행범에게는 이 형을 적용할 수 없다. 마찬가지로 살인자들이 희생자를 살해한 것과 정확히 똑같은 방식으로 그들을 죽일 수는 없다. 이러한 허점을 의식한 어떤 응보주의자가 자신의 주장은 모든 처벌이 범죄의 도덕적 심각성에 '비례해서' 주어져야 한다는 것일 뿐 반드시 '똑같은' 방식으로 이루어져야 함을 요구하는 것은 아니라고 해보자. 이런 요구는 살인범이 다른 범죄자보다 더 가혹하게 처벌받기만 한다면 충족될 수 있다. 그렇다면 사형은 불필요해지는 셈이다.

공리주의의 관점에서 보면, 사형은 오직 다른 형태의 처벌보다 더 나은 결과를 산출할 경우에만 정당화될 수 있다. 즉 사형이 무기징역 같은 형벌보다 더 탁월한 범죄 억지력을 보인다면 정당화될 수 있지만, 그렇지 않을 경우에는 정당화될 수 없을 것이다. 따라서 공리주의자들은 사형의 효과에 관한 증거에 따라 쟁점을 해결하고자 할 것이다. 하지만 그러한 증거가 아직 명확하지 않을 뿐만 아니라, 그 외에도 이 입장은 자칫 공공복리를 증진하고 범죄를 예방한다는 명분으로 무고한 사람을 처벌한다든지, 범죄의 정도에 비례하지 않는 과도한 형벌을 묵인할 위험성이 존재한다는 지적을 받고 있다.[11]

11 앞의 책, 230-232쪽 참조.

4. 한국 사형제도의 현주소와 과제

우리나라는 법적으로 사형제도를 인정하고 있다. 현행 형법과 군軍 형법에 사형이라는 형벌이 명문화되어 있으며, 정부는 실제로 사형제도를 시행해 오고 있다. 다만 지난 1997년 12월 30일에 사형수 23명의 사형이 집행된 이후 현재(2019년)까지 사형 집행이 이루어지지 않고 있다. 이에 따라 국제사면위원회Amnesty International는 한국을 '실질적 사형폐지국'으로 분류하고 있고, 사형수 61명은 미결수로 수감되어 있다.

사형제도의 존폐에 관한 우리나라 법원의 입장은 이제까지 대법원의 판례와 헌법재판소의 결정을 살펴보면 알 수 있다. 다음은 1963년 2월 28일자 대법원 판결문 중 일부이다.

> 생명은 한번 잃으면 영원히 회복할 수 없고 이 세상에서 무엇과도 바꿀 수 없는 절대적 존재이며 한 사람의 생명은 전 지구보다 무겁고 또 귀중하고도 엄숙한 것이며 존엄한 인간존재의 근원인 것이다. 이와 같이 존귀한 생명을 잃게 하는 사형은 형벌 중에서도 가장 냉혹한 형벌임에 틀림없다. 그러므로 현대국가에 있어서 통치권의 작용으로서의 형벌 종류 중에 사형을 인정할 것이냐 어떠한 범죄에 대하여 사형을 인정할 것이냐가 입법적으로 문제가 되어 있을 뿐 아니라 구체적인 범죄의 심판에 있어서 사형을 택할 것이냐 함은 역시 법관에게도

> 엄숙하고도 심각한 문제가 아닐 수 없다. … 헌법 제37조 제2항은 국민의 모든 자유와 권리는 질서를 유지하고 공공복리를 위하여 필요한 경우에 한하여 법률로써 제한한다라고 규정함으로써 질서유지와 공공복리를 위하여는 법으로써 자유와 권리를 제한할 수 있음을 헌법이 허용하였는바 현재 우리나라의 실정과 국민의 도덕적 감정 등을 고려하여 국가의 형사상 정책으로서 질서유지와 공공복리를 위하여 형법, 군형법 등에 사형이라는 처벌의 종류를 규정하였다 하여도 이것을 헌법에 위반된 조문이라고 할 수 없다.

이로부터 20년이 지난 1983년 3월 8일자 대법원 판결에서도 기본 입장은 달라진 것이 별로 없다.

> 인도적 또는 종교적 견지에서 존귀한 생명을 빼앗아 가는 사형은 피해야 할 것임에는 이론이 있을 수 없다. 그러나 한편으로는 범죄로 인하여 침해되는 또 다른 존귀한 생명을 외면할 수 없고 또 사회공공의 안녕과 질서를 위하여 생명형의 존치를 이해하지 못할 바가 아니다. 이것은 바로 그 나라의 실정법에 나타나는 국민적 총의라고 파악될 것….

한편 비교적 최근인 2010년 사형이 확정된 일명 '보성어부사건'과 관련한 위헌 심판에서 2010년 2월 25일 헌법재판소가 내린 결정은 사형에 대한 우리나라 법원의 일반적 입장을 보여 주는 동시에 그

변화 추세도 짐작하게 한다. 1996년에는 재판관 7:2의 비율로 합헌 결정이 났으나, 이번에는 5:4의 비율이었음을 감안할 때, 앞으로는 위헌 결정이 날 수도 있음을 예상케 한다는 것이다. 다음은 이 합헌 결정의 다수 의견 중 일부이다.

> 사형은 일반 국민에 대한 심리적 위하를 통하여 범죄의 발생을 예방하며 극악한 범죄에 대한 정당한 응보를 통하여 정의를 실현하고, 당해 범죄인의 재범 가능성을 영구히 차단함으로써 사회를 방어하려는 것으로 그 입법 목적은 정당하고, 가장 무거운 형벌인 사형은 입법 목적의 달성을 위한 적합한 수단이다. … 한편, 오판 가능성은 사법제도의 숙명적 한계이지만 사형이라는 형벌제도 자체의 문제로 볼 수 없으며 심급제도, 재심제도 등의 제도적 장치 및 그에 대한 개선을 통하여 해결할 문제이지, 오판 가능성을 이유로 사형이라는 형벌의 부과 자체가 위헌이라고 할 수는 없다. … 사형제도는 형벌의 경고기능을 무시하고 극악한 범죄를 저지른 자에 대하여 그 중한 불법 정도와 책임에 상응하는 형벌을 부과하는 것으로서 범죄자가 스스로 선택한 잔악무도한 범죄행위의 결과인바, 범죄자를 오로지 사회방위라는 공익 추구를 위한 객체로만 취급함으로써 범죄자의 인간으로서의 존엄과 가치를 침해한 것으로 볼 수 없다.

이상 살펴본 위의 판결문들을 통해 우리는 앞에서 검토한 사형존치론의 논거인 흉악 범죄의 억지 효과, 응보적 정의의 구현, 피해자의 생명권이 침해된 데 대한 보상, 국민의 법 감정 감안, 사회 질서 유지와 공공의 안녕 등의 이유를 모두 찾아볼 수 있다.

또한 위 판결의 소수 의견을 통해 우리는 앞에서 검토한 사형폐지론의 논거들과 함께 사형제에 대한 대안도 찾아볼 수 있다.

> 범죄에 대한 형벌로서 범죄자를 사형시키는 것은 이미 이루어진 법익 침해에 대한 응보에 불과하고, 살인자를 사형시킨다고 해서 피살자의 생명이 보호되거나 구원되지 아니하므로[12]
>
> 사형제도를 통하여 확보하고자 하는 형벌로서의 기능을 대체할 만한 가석방 없는 무기자유형 등의 수단을 고려할 수 있으므로 피해의 최소성 원칙에도 어긋나며 … 사형제도는 범죄인을 사회 전체의 이익 또는 다른 범죄의 예방을 위한 수단 또는 복수의 대상으로만 취급하고 한 인간으로서 자기의 책임하에 반성과 개선을 할 최소한의 도덕적 자유조차 남겨 주지 아니하는 제도이므로[13]
>
> 사형제도는 범죄억제라는 형사정책적 목적을 위해 사람의 생명을 빼앗는 것으로 그 자체로 인간으로서의 존엄과 가치에 반하고, 사형제도를 통해 일반예방의 목적이 달성되는지도 불확실하다.[14]
>
> 우리나라는 국제인권단체로부터 사실상의 사형폐지국으로 분류되고 있어 사형제도가 실효성을 상실하여 더 이상 입법 목적 달성을 위한 적절한 수단이라고 할 수 없으며 … 사형제도가 헌법에 위반되어

12 재판관 조대현의 위헌의견 중.
13 재판관 김희옥의 위헌의견 중.
14 재판관 김종대의 위헌의견 중.

> 폐지되어야 한다고 하더라도 이를 대신하여 흉악범을 사회로부터 영구히 격리하는 실질적 방안이 강구되어야 하는바, 가석방이 불가능한 절대적 종신형제도를 사형제도를 대신하여 도입하고, 엄중한 유기징역형을 선고할 수 있도록 경합범합산 규정을 수정하고 유기징역형의 상한을 대폭 상향 조정해야….[15]

위의 소수 의견들은 사형이 인간의 존엄과 가치에 반하고, 돌이킬 수 없는 일에 대한 복수에 불과하며, 범죄예방의 효과도 불확실하고, 범죄인을 다른 범죄예방의 수단으로 취급하며, 반성과 개선의 기회를 박탈할 뿐만 아니라, 이미 장기간 그 집행을 보류함으로써 실효성을 상실했다고 보고 있다. 그러면서 사형제가 폐지될 경우를 대비하여 '가석방이 불가능한 절대적 종신형제도'를 도입할 것과 현행 유기징역형의 상한선을 대폭 높여 흉악범에 대한 형벌의 비례성을 제고할 것을 제안하고 있다.[16]

15 재판관 목영준의 위헌의견 중.

16 흉악범에 대한 가중처벌의 필요성과 관련하여 최근 '한국형 제시카법'에 대해 논란이 벌어진 바 있다. '제시카법(Jessica law)'이란 미국에서 시행 중인 법으로, 2005년 2월 성범죄자 존 코이에게 강간 살해된 피해자 제시카 런스포드의 이름에서 유래했다. 이 법에 따르면 12세 미만 아동에게 성범죄를 저지른 자에게는 최소 징역 25년의 형량을 적용하고, 그가 출소한 후에도 평생 위치추적 장치를 채워 감시하며, 또 학교나 공원 주변 등 아동이 많은 곳으로부터 2000피트(약 610m) 이내에 거주하지 못하도록 하고 있다.
2023년 10월부터 논의되기 시작한 '한국형 제시카법'(고위험 성폭력범죄자의 거주지 지정 등에 관한 법률안)은 13세 미만의 아동을 상대로 성범죄를 저질렀거나 3회 이상의 성폭력 범죄로 10년 이상의 징역이나 전자발찌 착용 판결을 받은 사람 중 재범 가능성이 높다고 판단되는 고위험 성범죄자의 거주지를 국가가 지정하는 법이다. 이 법은 미국의 제시카법을 참고하여 만들어진 것으로, 고위험 성범죄자가 출소 후 자유롭게 거주지를 선택하는 것을 막고, 국가가 지정한 시설에서만 살도록 강제하는 내용을 담고 있다. 그러나 이 법안에 대해서는 반대 의견도 적지 않은데, 헌법에서 보장하는 거주·이전의 자유를 침해하고, 과잉 금지의 원칙에 위배된다는(즉 이중 처벌 또는 추가 처벌이라는) 비판 등이 그것이다.

2016년 현재 사형존치국은 58개국이고, 사형폐지국은 102개국이며, 한국을 포함한 사실상 사형폐지국은 32개국이다. 현재는 사형폐지국이 계속 늘어나는 추세일 뿐만 아니라 미국, 중국 등을 제외한 주요 국가 대부분이 사형제를 폐지한 것으로 미루어 한국도 조만간 여기에 동참할 가능성이 커 보인다. 그렇다면 우리도 이제 그 대안과 대체 형벌을 신중하게 모색할 단계에 이르렀다. 이에 위의 소수 의견은 우리에게 그 방향을 제시해 주고 있다.

생각해 볼 문제

1. 다음과 같은 칸트의 말은 형벌 이론 중 어떤 입장에 속하는지, 또 이러한 그의 입장은 오늘날에도 설득력을 지닐 수 있는지에 관해 토론해 보자.

> 그가 살인을 했다면, 그는 죽어야만 한다. 이 경우에 정의의 충족을 위한 대체물은 없다. 제아무리 고통 가득한 생이라 해도 생과 사 사이에 동종성은 없으며, 그러므로 범인에게 법적으로 집행되는 사형 외에 '범죄와 보복의 동등성'은 없다. 사형은 고통받는 인격 안의 인간성을 끔찍하게 만들 수도 있는 모든 가혹행위에서 범죄자를 벗어나게 해 주는 것이기도 하다. 시민사회가 모든 구성원의 동의로써 해체될 때조차도(예컨대 섬에 거주하는 국민이 서로 헤어져 온 세계로 흩어질 것을 결의할 때조차도), 감옥에 있는 마지막 살인자는 먼저 처형되어야만 할 것이다. 그것은 누구든 자기의 행실에 값하는 것을 당하고, 살인죄가 이러한 처벌을 촉구하지 않았던 국민에게 씌워지지 않게 하기 위한 것이다. 왜냐하면 [그를 처형하지 않을 경우] 국민은 정의를 공적으로 침해하는 데 참여한 자로 간주될 수 있기 때문이다.
>
> 엄격한 보복법에 따른 재판관의 사형선고를 통해서만 가능한, 형벌의 이와 같은 [범죄와의] 동등성은, 그를 통해서만 범죄자들의 내적 사악성에 비례하여 모든 이 위에 사형선고가 내려진다—그것이 살인이 아니라, 오히려 오직 죽음으로써만 갚아야 하는 국사범에 관한 것일 때조차도—는 사실에서 분명하게 드러난다. …

그러므로 살인을 했거나, 그것을 명했거나, 또는 그에 협력했던 살인자는 누구든 사형에 처해지지 않으면 안 된다. 이것이 사법권의 이념으로서 정의가 보편적인 선험적으로 정초된 법칙들에 따라 의욕하는 바이다.[17]

2. 다음은 2012년 7월 20일에 발생한 이른바 '울산자매 살인사건'의 피고인에게 2013년 1월 25일자로 사형을 선고한 울산지방법원의 판결문 내용 중 일부이다. 현재 사실상의 사형폐지국으로 분류되는 우리나라에서 이처럼 사형선고를 내려야 하는 이유는 어떤 것이며, 여러분도 이러한 판결에 동의할 수 있는지에 관해 토론해 보자.

피고인이 진심 어린 반성이나 피해 회복을 위한 노력을 외면한 채 조금이라도 경한 형을 받아 보고자 사건을 축소하거나 피해자들에게 책임을 전가하며 범행 경위를 왜곡하는 등 용서받기 어려운 태도를 보여 준 점, 결국 피고인의 범행은 우발적·즉흥적이었다기보다 계획적·의도적인 것으로서 극도의 사회적 비난 가능성을 면할 수 없는 점, 무고한 피해자들은 극한의 공포와 불안 속에서 그 무엇과도 비교할 수 없는 고귀한 생명을 빼앗겼고, 유족들 또한 피해자들이 참혹하게 살해됨으로써 평생 치유될 수 없는 깊은 상처를 입게 되었던 점, 우리나라에는 현재 확정판결을 받고 수감 중인 사형수가 60명(군인 2명 포함)이나 되지만 1997년 23명을 사

17 임마누엘 칸트, 『윤리형이상학』, 백종현 역, 아카넷, 2012, 295-297쪽.

형 집행한 후 지금까지 15년간 1건도 집행하지 않아 국제앰네스티는 우리나라를 '실질적 사형폐지국'으로 분류하고 있어 학계에서는 사형폐지론이 비등하나, 다수설은 사형존폐 문제가 정치·문화·사회의 여러 상황을 다각적으로 고려하여 종합적·상대적으로 논의되어야 할 문제로서 사형폐지는 아직 시기상조라고 보고 있으며, 헌법재판소도 1996.11.28. 사형제가 위헌이 아니라고 선언한 이래 2010.2.25. 재차 이를 확인한 점, 사형은 오판을 한 경우 그 피해를 회복할 수 없다는 점(만회 불가능성)에서 위헌론의 주요 논거가 되고 있으나, 이 사건의 경우 피고인이 피해자들을 살해한 범인이 아닐 가능성은 전무하다고 할 것이므로 오판의 문제점은 전혀 없는 점, 현행법상 가석방이나 사면 등의 가능성을 제한하는 이른바 '절대적 종신형'이 도입되어 있지 않으므로 지금의 무기징역형은 개인의 생명과 사회안전의 방어라는 점에서 사형을 대체하기는 어려운 점, 피고인의 나이, 전과가 없는 점, 성행, 범행 동기 등에 비추어 피고인에게 개선·교화의 가능성이 전혀 없지는 아니하나, 피고인의 범행에 경악하여 극형에 처해 달라는 피해자들의 유족을 포함한 25,000여 명의 일반 국민의 탄원은 사형선고 시 양형의 조건 중 하나인 '피해감정'에 해당하는 것으로서, 최근 우리 사회에서 엽기적이고 잔혹한 범죄가 빈발하고 있는데다가 평소 믿었던 피고인의 계획적이고 잔인한 범행에 의하여 같은 장소에서 거의 동시에 두 딸을 졸지에 잃어버린 부모의 참담한 심정 등을 헤아려 볼 때 위와 같은 국민적 공분公憤과 염원을 도저히 외면할 수 없는 점, 그 밖에 이 사건 범행의 경위, 결과, 죄질, 태양, 이 사건 범행이 우리 사회에 끼친 악영향, 피곤인의 연령, 성행, 성격, 지능과 환경, 피해자와의 관계, 생명에 대한 존중감의 결여, 범행 후의 정황 등의 제반 사정들을 모두 종합하여 보면, 비록 사형이 인간의 생명 자체를 영원히 박탈하는 냉엄한 궁극의 형벌로서 문명국가의 이성적인 사법제도가 상정할 수 있는 극히 예외적인 형벌이고, 피고인에게 앞서 본 유리한 정상이 있음을 감안하더라도, 이 사건 범행에 대하여 피고인에게 엄중한 책임을 묻고 인간의 생명을 부정하는 극악한 범죄에 대한 일반예방을 위하여 피고인을 영원히 사회로부터 격리시키는 사형의 선택은 불가피하다.

3. 최근 '화성연쇄 살인사건'의 용의자가 드러나고, 그가 기존의 범죄보다 더 많은 범죄를 저질렀다고 자백함에 따라 이른바 '공소시효' 문제가 논란이 되고 있다. 흉악범죄에 대해서는 공소시효가 이미 만료된 경우라 하더라도 소급하여 처벌해야 한다는 주장이 나오고 있는 것이다. 다음 글을 읽고, '형벌 불소급의 원칙'에도 불구하고 공소시효가 만료된 뒤 새로 밝혀진 흉악범죄에 대해서는 법을 새로 만들어서라도 처벌하는 것이 과연 옳은지에 관해 토론해 보자.

영화 〈살인의 추억〉의 배경이 된 이른바 '화성연쇄 살인사건'의 용의자가 최근 특정되면서 범인에 대한 처벌 여부가 주목되고 있다. 1991년 4월 3일에 10차 사건을 마지막으로 볼 때 살인죄의 공소시효가 15년이므로 2006년 4월 2일자로 공소시효가 만료되었기 때문이다. 공소시효는 형사소송법 제249조에서 규정하는 것으로,

어떤 범죄에 대하여 일정 기간이 경과하면 더 이상 공소를 제기할 수 없도록 정한 것을 말한다. 과거 형사소송법은 살인죄의 경우 공소시효를 15년으로 정하고 있었으나, 지난 2015년 살인으로 사형에 해당되는 범죄의 경우 공소시효를 폐지하는 것으로 개정된 바 있다. 그러나 화성연쇄 살인사건의 경우 이러한 살인죄 공소시효 폐지 이전에 이미 공소시효가 만료되었기 때문에 개정된 형사소송법이 적용될 수 없다. 즉 2006년에 공소시효가 만료되어 범인을 잡는다 해도 더 이상 처벌이 어렵게 된 것이다.

그렇다면 공소시효의 의의와 필요성에 대해 생각해 보지 않을 수 없다. 공소시효 제도란 사법 효율적인 측면에서 장기 미제사건의 경우 더 이상의 새로운 증거 발견이 어렵고, 이러한 사건에 수사기관이 계속 매달리는 것은 경제적이지 못하다는 이유에서 생긴 것이다. 또한 형사사법제도의 목적은 오로지 범인을 적발해 처벌하는 것에 있지 않으며, 범인이 장기간 도피하여 형사처벌에 버금가는 고통을 받을 것이라는 의견도 있다.

그러나 DNA 분석 등 과학수사 기술 발전으로 범죄 후 오랜 시간이 경과하더라도 새로운 증거 발견을 통한 범인 검거 가능성이 높아졌고, 반인륜적인 흉악범죄가 증가함에 따라 이를 엄하게 처벌하기를 바라는 여론이 형성되면서 공소시효 폐지 또는 연장의 필요성이 대두되었다. 이에 따라 우리 형사소송법도 2007년 '사형에 해당하는 범죄'에 대하여 공소시효가 25년으로 연장된 바 있으며, 2015년에는 '살인으로 사형에 해당되는 범죄'의 경우 공소시효의 적용을 받지 않도록 개정된 것이다.

그러나 이러한 제도 정비에도 불구하고, 이번 '화성연쇄 살인사건'

같은 경우 용의자가 특정되었음에도 여전히 그에 대한 처벌이 불가능하기 때문에 특별법 제정을 통해서라도 처벌하자는 주장이 나오고 있다. … 물론 특별법을 만들 경우 형벌 불소급의 원칙 위반으로 인한 위헌 가능성과, 이미 공소시효가 완성된 다른 미제 연쇄살인사건들과의 형평성 문제 등의 지적을 피해갈 수 없을 것이다.

- (중략) -

공소시효 제도는 수사기법의 발전에 따른 범인 검거 가능성 증대와 강력범에 대해 적극적인 처벌을 원하는 국민의 법 감정 등을 고려할 때 좀 더 전향적으로 검토될 필요가 있다. 특히 이번 '화성 연쇄 살인사건'은 33년 만에 과거 현장 증거물의 DNA 채취 및 분석을 통하여 용의자를 특정한 것으로, 향후 다른 미제사건들에 대한 추가적인 해결 또한 기대할 수 있는 상황이 된 것이다. 그런데 범인 검거에도 불구하고 공소시효 만료를 이유로 처벌할 수 없는 경우가 반복된다면, 이는 그 자체로 형사사법제도의 불비不備라 할 것이며, 건전한 국민 법 감정에 정면으로 반反하는 결과라 할 것이다.

독일·일본·미국 등 다른 나라의 경우 살인범죄에 대하여 공소시효가 애초에 적용되지 않거나 폐지되고 있는 점을 참조하여, 우리나라 역시 흉악범죄의 경우 세월이 아무리 경과해도 범죄에 상응하는 처벌을 할 수 있도록 국민과 전문가들의 의견을 모아 대응 법률이 입법될 수 있도록 노력해야 할 것이다.[18]

18 신재훈(변호사), "화성연쇄 살인사건과 공소시효," 「대전일보」, 2019. 10. 8. 기사 참조.

찾아보기

ㅇ

ㅊ

ㅋ

ㅌ

생활 속의 응용 윤리

딜레마와 마주하다